COLLECTION
FOLIO/ESSAIS

Fernand Léger

Fonctions
de la peinture

*Édition revue et augmentée, établie,
présentée et annotée
par Sylvie Forestier*

Gallimard

Une édition de *Fonctions de la peinture* avait paru en 1965 aux Éditions Denoël-Gonthier. La présente édition reprend les textes dans leur ordre chronologique, corrigés selon les manuscrits originaux, annotés et présentés par Sylvie Forestier, ancien directeur du Musée national Fernand Léger.

© *ADAGP, Paris, 1996 et 2009, pour les textes et les œuvres de Fernand Léger.*
© *Éditions Gallimard, Paris, 1997, pour la présentation, les notes et les annexes et 2004 pour l'édition augmentée.*

PRÉSENTATION

Art et réalité, art et société, art et liberté, contradictions particulières à ce temps, ont en Fernand Léger un témoin qui ne se dérobe pas devant son témoignage, quelque protestation, que, peut-être, ce témoignage puisse soulever. Nous avons donc le devoir de l'entendre, au nom de la vie.

Léon Moussinac
*Discours d'introduction à la
conférence de Fernand Léger
prononcée à la Sorbonne
le 10 avril 1946.*

Depuis Léonard de Vinci et ses Carnets, *les propos d'artistes ont acquis dans l'histoire de la peinture une place incontestable. Ils apportent, au long des siècles, et au fil des plumes, un éclairage nouveau sur la pratique picturale ou sur une œuvre déterminée. Textes divers, notes éparses ou rédaction élaborée, ils témoignent, au vif, des intentions de leurs auteurs, reflètent l'aventure personnelle et parfois visent à une conception plus générale de l'art et de ses fonctions, comme activité humaine*

De Dürer à Poussin, Delacroix ou Gauguin, le propos d'artiste, non parfois dépourvu d'intention pédagogique, acquiert une légitimité théorique qui reflète le long processus historique de l'autonomisation progressive de la peinture comme langage.

Au XXe siècle, l'intérêt critique peut se porter sur une diversité de témoignages : journal intime, correspondances, entretiens, rubriques que développe une presse quotidienne qui se spécialise, le genre lui-même devient l'auxiliaire indispensable à l'exploration d'une œuvre.

Publiés en 1965, les textes de Fernand Léger, réunis et présentés par Roger Garaudy sous le titre Fonctions de la peinture, *révélèrent un théoricien dans l'artiste. La présentation thématique[1], qui fut le choix de l'éditeur, soulignait, dans la réflexion, une intentionnalité universaliste, qui pouvait se justifier par la volonté pédagogique de leur auteur.*

Le choix ici opéré est différent : nous avons opté, comme dans la version en langue anglaise[2], pour une classification chronologique des textes. Elle nous paraît rendre compte plus justement de la pensée foisonnante de Fernand Léger, de sa curiosité intellectuelle sans cesse en éveil, de sa lucidité. Elle rend compte surtout de la complémentarité existant entre sa pratique picturale et la conscience qu'il en a. Léger, en effet, expérimente ses théories, ou théorise ses expériences plastiques, comme si son œuvre même justifiait sa pensée. De cette mise à l'épreuve réciproque naît une tension de la vie et de l'œuvre profondément émouvante : sous le regard de l'autre, l'artiste est toujours en danger. Il avance à découvert, sans dérobade et sans concession complaisante vis-à-vis de lui-même, il accepte au contraire sa réalité d'être social et la proximité fraternelle qu'il souhaite établir avec chacun.

Cette dimension d'ordre éthique est peut-être la première impression qui s'impose à la lecture. Fernand Léger apparaît dans toute la force d'une personnalité généreuse et vivante. Le style — qui fait l'homme, on le sait... — possède une rythmique syncopée qui suggère parfois les scansions de la musique de jazz. Les manuscrits consultés sont rédigés d'une écriture rapide, le plus souvent à l'encre noire ; peu ponctués, ils semblent surgir de la plume elle-même sans médiation. Le flux de la phrase épouse une parole directe. La plupart des textes en effet sont la mise en forme de conférences ou de causeries faites par Léger : les interjections, les images — d'une incontestable poésie, ou d'un incontestable humour — font surgir la présence de l'auditoire qu'il convient de charmer ou de convaincre. Mais ce caractère oral ne nuit en rien à la cohérence de la pensée. De 1913 à sa mort Léger édifiera une conception de la peinture et de l'art qui épouse d'une certaine façon son temps. Empreinte d'une idéologie unanimiste généreuse, à la Jules Romains, elle se fonde sur deux notions principales qui organisent le discours tout entier : la peinture est un langage autonome ; l'art obéit à une mission.

Ces deux notions émergent peu à peu, semblent sur-

gir du sein de l'action picturale et de l'engagement social qui prendra de plus en plus d'importance à partir des années 1930. Elles s'expriment par images — celles des mots, dont il faut souligner la justesse, la verdeur, la spontanéité — celles des œuvres. Par le balancement de la phrase, ses ellipses, les textes reflètent souvent l'urgence d'une parole missionnaire qui entraîne le lecteur dans l'exercice d'un voir. Le discours théorique n'est pas le résultat d'une distanciation réflexive, mais se structure dans le flux vivant de la pratique picturale, dans la pâte de la création.

C'est ce qui rend Léger proche; ce qui actualise son exemple. Le peintre, à son insu, prolonge le temps de la modernité et pourrait reconnaître un héritage dans les préoccupations d'aujourd'hui, dans les problèmes qui se posent à l'art et à la société et qui s'énoncent — et se répètent — en termes simples : qu'est-ce que peindre ? Quel rôle l'artiste doit-il jouer ? Quelle est la fonction de l'art au sein d'un monde en perpétuelle évolution et qui n'a pas encore achevé sa révolution machiniste ?

C'est en 1913 et 1914 que Léger prononça à l'Académie Marie Wassilieff[3] les deux conférences majeures, Les origines de la peinture contemporaine et sa valeur représentative *et* Les réalisations picturales actuelles. *Il y formule les principes essentiels de son esthétique : le réalisme de conception — opposé au réalisme visuel — obtenu par la règle du contraste plastique. Il condamne vigoureusement un réalisme sentimental lié à la représentation du sujet, comme il condamne sans appel l'art imitatif issu de la Renaissance. « La valeur réaliste d'une œuvre est parfaitement indépendante de toute qualité imitative*[4]. »

Il s'efforce au contraire de définir un nouveau réalisme par les concepts fondamentaux de Lignes, Formes et Couleurs, purs concepts plastiques. Ainsi, il élabore un vocabulaire spécifique, qui vise à l'établissement du langage pictural moderne. Cette volonté d'adéquation du langage de la peinture à la réalité du monde qui lui est contemporain caractérise en particulier les œuvres de la série Contrastes de formes *datées de 1913 et 1914 vigoureusement non descriptives. Mais la loi du contraste plastique restera pour Léger le principe organisateur de toute son œuvre. Elle a valeur d'axiome parce qu'elle régit la vie elle-même : l'avènement du contraste pictural annoncé par Léger se fonde sur la nature du monde moderne. « Contraste = dissonances, par conséquent maximum dans l'effet d'expression*[5]*. »*

Le peintre dresse en effet le constat de la transformation irréversible du paysage. Si les poteaux télégraphiques, les cheminées d'usine ou les panneaux publicitaires peuvent en être considérés comme des éléments permanents, l'automobile, l'aéroplane, le chemin de fer y introduisent le mouvement. La perception visuelle s'en trouve dès lors affectée. Elle devient fragmentaire, multiple et simultanée. Au sens strict du terme, le monde, selon Léger, éclate.

Cette conception a son écho chez Cendrars ou chez les Futuristes italiens. Mais c'est l'expérience de la guerre qui affectera définitivement l'artiste, qui se révèle un observateur impitoyable des horreurs du combat[6]. *La description des corps torturés, brisés, surgissant de la boue des tranchées, ou dispersés comme autant de fragments épars, peut apparaître d'une froideur clinique ; l'émotion y est cependant présente à travers la pudeur des mots ou leur rigoureuse précision descriptive. C'est que l'expérience vécue — et relatée — est en fait double. Elle est d'abord, à l'évidence, une expérience humaine exceptionnelle qui engage la conscience morale tout entière ; mais elle est aussi une expérience d'ordre esthétique aussi paradoxal que cela puisse paraître. Léger constate la suprématie de la machine sur l'homme et l'objectivation de l'homme par la machine. « C'est l'artillerie qui domine tout. » Avec ses soldats, un monde meurt. La guerre est un spectacle qui offre l'image décomposée de la réalité. La machine n'a pas d'âme, elle est pur objet technique et renvoie à sa propre contemplation. Il convient d'en tirer les conséquences plastiques.*

De 1918 à 1920 des œuvres comme Les Disques, Le passage à niveau, Le Typographe *ou* La Ville *marquent après la guerre, chez Léger, un certain retour au sujet. Elles témoignent surtout d'une conception nouvelle — issue de l'expérience de la guerre — qui vient s'articuler sur celle de la loi des contrastes. Léger l'exprime plus précisément dans les trois textes complémentaires que sont* Note sur la vie plastique actuelle, L'esthétique de la machine, l'objet fabriqué, l'artisan et l'artiste, *et* L'esthétique de la machine, l'ordre géométrique et le vrai[7].

Le rôle du fragment pris comme motif à peindre, traité comme élément plastique que la loi des contrastes organise et recompose en unité picturale, y est essentiel.

L'œuvre, comme objet créé, atteint à la beauté plastique par la tension introduite entre ses toutes ses parties. « Si je me place face à la vie avec toutes ses possibilités, j'aime ce qu'il est convenu d'appeler l'état de guerre, qui n'est autre que la vie au rythme accéléré... La valeur-homme, la valeur-objet, la valeur-machine prennent leur hiérarchie naturelle, impitoyablement. La vie actuelle c'est l'état de guerre, voilà pourquoi j'admire profondément mon époque, dure, aiguë, mais qui, avec ses immenses lunettes, voit clair et veut voir toujours plus clair, quoi qu'il advienne[8]. »

Le fragment, compris comme motif à peindre et à organiser selon la loi des contrastes, prend donc dans l'œuvre de Léger, à partir des années 20, une importance de plus en plus grande. Il devient un élément déterminant du Nouveau réalisme. De l'expérience de la guerre l'artiste tira une leçon esthétique. L'après-guerre va lui permettre de participer plus directement à la création collective qui marque « les années folles ».

Léger, contrairement à certains artistes comme Matisse ou Chagall, ne fut pas un solitaire. La passion qu'il vouait à la vie sous toutes ses formes, un appétit intellectuel jamais assouvi, le portait au com-

pagnonnage électif. Dès son installation à La Ruche, il se lie d'amitié avec Cendrars, Delaunay, Apollinaire, Marcel Duchamp. Après la guerre il se lie avec des personnalités qui le séduisent par leur différence même : architecte comme Le Corbusier, musicien comme Darius Milhaud ou Honegger, danseur comme Jean Börlin, directeur de compagnie comme Rolf de Maré, cinéaste comme Marcel L'Herbier. C'est que Léger commence à prendre conscience de la dimension restrictive de la peinture de chevalet et cherche à exprimer une vision totalisante et collective du monde moderne.

Le spectacle lui semble alors susceptible de concrétiser ses idées, de les mettre en scène et en mouvement à l'image de la vie même. La saison des Ballets russes est toujours à Paris un événement, comme le fut, en 1921, la création par une jeune compagnie d'avant-garde des Mariés de la tour Eiffel[9]*. Avec la pièce de Jean Cocteau, Rolf de Maré et ses Ballets suédois se font connaître de la jeune création parisienne par leur audace. Grâce à Nils de Dardel, Léger rencontre un de ses premiers collectionneurs et accepte de collaborer avec lui.* Skating Rink, *ballet sur un poème-argument de Riciotto Canudo, est sa première expérience de la scène, son premier travail sur l'espace scénique. Il va y appliquer la notion de contraste plastique et dynamise la chorégraphie du danseur étoile Jean Börlin. Les costumes qu'il crée introduisent des ruptures de ton et de mouvement ; les danseurs eux-mêmes, sur une toile de fond abstraite, évoluèrent* *comme autant d'éléments géométriques déshumanisés. « J'ai cherché à obtenir la plus grande intensité scénique uniquement par la technique des tons purs appliqués à plat... », déclara-t-il en 1932*[10]. *Le ballet cependant n'eut pas le succès escompté, suscitant d'ailleurs dans la presse une véritable querelle entre « anciens » et « modernes ». Rolf de Maré lui-même fut déçu par la partition d'Honegger qui n'épousait pas l'innovation chorégraphique et plastique de Börlin et Léger. Il faudra attendre en 1923* La Création du monde[11] *et en 1924* Ballet mécanique[12] *pour que la conception du spectacle selon Léger trouve son expression scénique et cinématographique.* Le ballet-spectacle, l'objet-spectacle[13] *et surtout* Le spectacle, lumière, couleur, image mobile, objet-spectacle[14] *sont les textes contemporains du ballet et du film. Leur importance ne se mesure pas seulement à ce qu'ils explicitent les intentions esthétiques de l'artiste dans son dessein créateur et que résume encore la règle du contraste et du corps-objet. Ils font apparaître en Léger une capacité exceptionnelle à comprendre les mécanismes et la technologie propre à l'expression spectaculaire. La réflexion — prolongée par les textes sur le cinéma*[15], *— pourrait être celle d'un professionnel de la scène ou de l'écran. L'actualité de Léger se définit donc aussi par cette aptitude à comprendre un langage radicalement nouveau, et qui n'était pas le sien. La fascination que le cinéma exerçait sur lui, son admiration pour Eisenstein, Von Stroheim ou Chaplin montrent à l'évidence* *qu'il assigne au cinéma son statut de septième art, et qu'il le tient pour l'innovation technique peut-être la plus importante du monde moderne, celle qui permet à l'imaginaire de « créer l'aventure à l'écran comme elle se crée chaque jour en peinture et en poésie*[16] *».*

Le cinéma en effet semble résoudre un débat qui prend de plus en plus d'acuité dans les années 30, celui d'une expression populaire et élitiste à la fois. Il raconte des histoires et attire les foules ; il expérimente des formes inouïes et provoque les élites.

Un cinéma d'avant-garde et un cinéma populiste coexistent comme coexistent un théâtre d'avant-garde et un théâtre de boulevard. Léger perçoit cette contradiction qui nourrit sa propre réflexion sur la peinture. Il ne cesse de tonner contre le récit romanesque ou historique et cependant reconnaît dans le cinéma la force de la jeunesse et de la liberté, « il est de plain-pied avec la rue, avec la vie, il est en bras de chemise[17] *» comme il participe en acteur véritable de la création théâtrale au spectacle de Jean-Richard Bloch* Naissance d'une cité, *véritable opéra de masse qui mêle l'expression dramatique, musicale et chorégraphique. Les courants les plus novateurs qui traversent alors l'art du théâtre se posent aussi la question fondamentale du spectacle populaire. Le travail du Cartel, groupant Charles Dullin, Georges Pitoëff, Gaston Baty et Louis Jouvet, succède à celui de Copeau. Léger d'ailleurs connaît Jouvet, fréquente un auteur dramatique comme Fernand Crommelynck. Le problème d'un art populaire est donc celui qui se pose* *à tout créateur quel qu'il soit. À l'exemple du cinéma ou du théâtre, comment, tout en maintenant la spécificité de l'expression picturale, rapprocher le peuple de la peinture ? Par un combat quotidien de plus en plus engagé, par un travail sur l'espace même du tableau qui, de la peinture de chevalet, conduit le peintre à l'art mural.*

Dans les années 30 Léger multiplie les conférences et les articles; il développe son enseignement aidé par Nadia Khodassievitch, son assistante, et Georges Bauquier, son directeur. Il accompagne Le Corbusier dans une réflexion sur l'architecture comme forme sociale de l'art qui trouve son expression dans la conférence prononcée à Zurich en 1933, Le mur, l'architecte, le peintre [18]. *Il reproche publiquement aux architectes d'avoir perdu le contact avec les réalités humaines et sociales de leur temps et souligne l'ampleur d'une crise qui nécessite l'union conjuguée de leurs forces respectives. Il plaide donc avec force pour une collaboration active entre les architectes et les peintres. Cette démarche illustre bien tout d'abord le goût de Léger pour le travail en équipe, déjà éprouvé dans le spectacle. Elle s'inscrit surtout dans un contexte historique qui voit s'affirmer jusqu'à l'engagement personnel son adhésion naturelle à l'idéologie de gauche. Léger publie dans la revue* Plans, *fondée par Philippe Lamour, revue de militantisme syndicaliste; il adhère en 1932 à L'Association des écrivains et artistes révolutionnaires (A.E.A.R.), fondée par Vaillant-Couturier, qui regroupe communistes et sympathisants. Il signe le manifeste* Misère de la poésie *(1933) que font circuler les surréalistes pour la défense d'Aragon, inculpé de meurtre pour son poème* Front rouge. *Entre 1930 et 1932 il entretient une correspondance avec S. M. Eisenstein; en 1933, il publie, dans* Feuille rouge, *une déclaration contre la montée du fascisme aux côtés d'André Gide, Henri Barbusse, Romain Rolland, Darius Milhaud, Jean-Richard Bloch. Avec l'arrivée au pouvoir du Front populaire, il multiplie les conférences dans les centres populaires. Il organise au sein de son atelier des cours spéciaux pour les ouvriers de chez Renault. S'il s'élève contre la conception du réalisme socialiste que prône Aragon, il n'en recherche pas moins ardemment ce contact qui lui semble désormais indispensable avec la masse ouvrière, avec le peuple. Du peuple cependant, il garde une vision romanesque et optimiste qui est loin des concepts marxistes, plus proches de ces « petites gens » tendres ou pittoresques du cinéma et de la littérature populiste de l'époque. Le peuple est gai, inventif, poète; il est généreux, gouailleur, il est de plain-pied avec la modernité, il a — surtout — le goût de la couleur. Rencontré dans les bals musettes de Paris ou dans les rues de Brooklyn, il a l'élégance naturelle des artisans du Moyen Âge, ceux qui bâtissaient les cathédrales à qui il rendra hommage dans* Les Constructeurs.

C'est dans un tel contexte que se situe l'intérêt de Léger pour l'art mural, c'est-à-dire pour une peinture échappée de son cadre, une peinture en liberté, inves-

tissant le mur, prenant possession de l'espace intime comme de l'espace public. De 1933 à sa mort, Léger développe une œuvre qui participe étroitement de l'aventure architecturale et sociale de son temps. Ses amis architectes, Le Corbusier, William Harrison, Paul Nelson ne cesseront de le solliciter; il y répondra toujours, même si les programmes imposés par l'idéologie du Front populaire ou la commande privée peuvent introduire des contraintes à sa liberté créatrice. Léger les accepte, par conviction éthique, ou par défi esthétique. Sa principale préoccupation reste avant tout celle du sens : comment toucher le plus grand nombre sans renoncer à l'exigence plastique qui est la sienne. Son optimisme l'accompagne. Il croit à une sorte de génie naturel du peuple comme il croit à la mission éducatrice de l'art.

À l'exemple de l'image publicitaire, l'art mural peut être un art populaire. Sa force plastique réside d'abord en sa monumentalité; son efficacité dans la simplicité davidienne de ses figures proches de chacun, personnages de cirque, acrobates, clowns, ou de ses motifs. Ses finalités sont au service du peuple dont il proclame la joyeuse célébration. Le monde est là, réel, pesant, avec l'humble vérité du quotidien, celle des hommes et des femmes qui aiment, travaillent, se réjouissent, vivent enfin, proches et fraternels, dignes d'être hissés à la dimension mythique de figures antiques.

Leger n'est cependant pas dépourvu de contradiction : il œuvre pour le Front populaire et accepte les commandes d'un Nelson Rockefeller ; il chante les loisirs et la noblesse du travail ouvrier et répond aux sollicitations du père Marie-Alain Couturier. Il n'adhère d'ailleurs au Parti communiste qu'en 1945, à son retour en France. Il élabore le réalisme de conception et refuse la théorie du Réalisme socialiste défendue par Aragon.

C'est que le peintre reste d'abord un plasticien attaché au travail sur la forme, menant une réflexion novatrice sur le fait plastique. S'il se réfère constamment à des systèmes de représentation de l'espace autres que celui édifié par la Renaissance, c'est qu'il en perçoit la richesse expressive. En son temps, il défend l'art abstrait du purisme géométrique mais en mesure rapidement les limites. Il reste aussi un esthète. Ainsi Les Spartakiades, *énorme mélodie colorée, sont d'abord un spectacle. Il s'en émerveille autant qu'il en est ému.*

Il aura été beaucoup dit sur la modernité de Léger. À la lumière de son enseignement s'épanouirent des personnalités aussi diverses que celles des Suédois Otto G. Carlsund, Erik Olson, Franciska Clausen, des Françaises Marcelle Cahn ou Aurélie Nemours, du Russe Nicolas de Staël. Le peintre trouve sa postérité dans la vibration des couleurs du pop art américain comme dans les recherches graphiques du dessin animé, de la publicité ou du photomontage. Moderne, il le fut car il a partagé et accepté, pour les transcender dans l'acte créateur, les bouleversements et les tremblements de l'histoire. Là est peut-être l'ultime leçon qu'il nous donne. Son attachement à rendre à l'art sa mission éducatrice et civilisatrice, son rôle de ciment social dépasse la simple conviction idéologique. Elle puise à la vérité profonde de l'homme, à sa générosité, à son indéfectible optimisme dont la naïveté même est grandeur.

La leçon de Léger a valeur universelle parce qu'elle reste valeur d'espérance et d'éternité.

«Empoigne vite ce dont tu as besoin; avale et digère posément le morceau de ton choix, et file en vitesse crier quelque part quelque chose de bien à toi[19]*. »*

Sylvie Forestier

AVERTISSEMENT DE L'ÉDITEUR

Les textes réunis pour la présente édition ont été classés chronologiquement.

Les manuscrits consultés ont permis quelques modifications et certains ajouts qui ne figurent pas dans l'édition de 1965 et qui sont restitués entre ∗. Léger laissant des blancs dans son texte et utilisant généralement le tiret ou le point-virgule, il nous a semblé utile de restituer une ponctuation habituelle pour une meilleure lecture. L'orthographe a été, par contre, respectée.

Les titres d'œuvres apparaissent en italiques. Les notes sont en fin de volume.

Des informations complémentaires concernant des personnalités citées par Léger sont données en page 369 et 370. Des notes générales ont été insérées en regard de certains textes.

La bibliographie, sélective, tient compte des travaux les plus récents qui ont contribué notablement à établir une nouvelle perspective critique des œuvres de l'artiste.

La présente édition est dédiée à la mémoire de Georges Bauquier, qui en avait soutenu le projet.

*Les origines
de la peinture contemporaine
et sa valeur représentative*[1]
(1913)

Sans avoir la prétention d'expliquer le but et les moyens d'un art arrivé déjà à une réalisation assez avancée, je vais tâcher de répondre, autant que cela est possible, à une des questions les plus souvent posées devant les tableaux modernes. Je transcris cette question dans toute sa simplicité : « Qu'est-ce que cela représente ? » Je me fixe donc comme but cette simple interrogation et je vais m'efforcer dans un exposé très court d'en prouver la parfaite inanité.

Si l'imitation de l'objet dans le domaine de la peinture avait une valeur en soi, tout tableau du premier venu ayant une qualité imitative aurait plus de valeur picturale. Comme je ne crois pas qu'il soit nécessaire d'insister et de discuter un cas semblable, j'affirme donc une chose déjà dite, mais qu'il est nécessaire de redire ici : la valeur réaliste d'une œuvre est parfaitement indépendante de toute qualité imitative[2].

Il faut que cette vérité soit admise comme un dogme et fasse axiome dans la compréhension générale de la peinture.

J'emploie à dessein le mot réaliste dans son sens le plus propre, *car la qualité d'une œuvre picturale est en raison directe de sa qualité de réalisme.*

En quoi consiste en peinture ce que l'on appelle réalisme[3] ?

Les définitions sont toujours dangereuses, car pour enfermer en quelques mots tout un concept, il faut une concession qui souvent manque de clarté ou est trop simpliste.

J'en risquerai une malgré tout et je dirai qu'à mon sens, le réalisme pictural est l'ordonnance simultanée des trois grandes quantités plastiques : les Lignes, les Formes et les Couleurs[4].

Aucune œuvre ne peut prétendre au pur classicisme, c'est-à-dire à la durée indépendamment de l'époque de création, si l'on sacrifie complètement une de ces quantités au détriment des deux autres.

Je sens très bien le côté dogmatique d'une pareille définition, mais je la crois nécessaire pour bien différencier les tableaux à tendance classique d'avec ceux qui ne la réalisent pas.

Toutes les époques ont vu des productions faciles d'un succès aussi immédiat qu'il est éphémère, l'une sacrifiant totalement la profondeur pour donner un charme de surface colorée, l'autre se contentant d'une écriture et d'une forme extérieures, qui fut même baptisée « Peinture de Caractère ».

Je le répète, toutes les époques ont eu de ces productions, et de telles œuvres, même avec tout le talent qu'elles comportent, ne restent que comme des manifestations d'époque. Elles datent, elles peuvent étonner, intriguer les générations présentes, mais comme elles ne possèdent pas les qualités qui doivent atteindre au réalisme pur, elles doivent finalement disparaître. Ces trois qualités indispensables dont j'ai parlé plus haut ont été, chez la plupart des peintres qui ont précédé les impressionnistes, liées étroitement à l'imitation d'un sujet qui comporte en lui-même une valeur absolue. À part les portraits, toutes les compositions aussi bien décoratives qu'autres se sont toujours asservies à la description des grandes manifestations humaines illustrant soit des dogmes religieux et mythologiques, soit les faits historiques contemporains.

Les impressionnistes, les premiers, ont rejeté la *valeur absolue du sujet pour ne plus en considérer que la valeur relative*[5].

Là est le lien qui rattache et explique toute l'évolution moderne. Les impressionnistes sont les grands novateurs du mouvement actuel, ils en sont les primitifs[6] en ce sens que, voulant se dégager du côté imitatif, ils n'ont considéré la peinture que dans sa couleur, négligeant presque, dans leurs efforts, toute forme et toute ligne.

Leur œuvre admirable, sortie de cette conception, impose la compréhension d'une couleur nouvelle. Leur recherche d'atmosphère réelle est déjà relative au sujet ; les arbres, les maisons se confondent et sont étroitement liés, enveloppés dans un dynamisme coloré que leurs moyens ne permettaient pas encore de développer.

L'imitation du sujet que comporte encore leur œuvre n'est donc déjà plus qu'une raison de variété, un thème, et rien de plus. Une pomme verte sur un tapis rouge n'est plus pour les impressionnistes le rapport de deux objets, mais le rapport de deux tons, un vert et un rouge.

Lorsque cette vérité fut formulée par des œuvres vivantes, le mouvement actuel devait fatalement se produire. J'insisterai tout particulièrement sur cette époque de la peinture française, car je pense que c'est à ce moment que les deux grands concepts picturaux, le *réalisme visuel* et le *réalisme de conception*, se rencontrent, le premier finissant sa courbe qui comprend toute la peinture ancienne jusqu'aux impressionnistes, et l'autre, le réalisme de conception, commençant avec eux[7].

Le premier, je l'ai dit, comporte la nécessité de l'objet, du sujet, de moyens perspectifs qui sont considérés actuellement comme négatifs et antiréalistes.

Le second négligeant tout ce bagage encombrant est déjà réalisé dans de nombreux tableaux actuels.

Un peintre parmi les impressionnistes, Cézanne[8], comprit tout ce qu'il y avait d'incomplet dans la peinture ancienne. Il sentit la nécessité d'une forme et d'un dessin nouveaux s'adaptant étroitement à une couleur nouvelle. Toute sa vie, toute son œuvre, se passent dans cette recherche.

J'emprunterai au livre si bien documenté d'Émile Bernard[9] quelques observations faites par lui sur le Maître d'Aix et aussi quelques réflexions tirées de la conception de Cézanne lui-même. « Son optique, dit-il, était bien plus dans sa cervelle que dans son œil. » Il interprétait trop ce qu'il voyait, en somme, ce qu'il faisait sortait absolument de son génie et s'il avait eu l'imagination créatrice il eût pu se dispenser d'aller « au motif », suivant sa propre expression, ou de poser des natures mortes devant lui. Je relève dans les lettres de Cézanne des idées comme celles-ci : « Il faut que les objets tournent, s'éloignent et vivent. J'ai voulu faire de l'impressionnisme quelque chose de durable comme l'art des musées », et plus loin, il écrit encore, ce qui vient à l'appui de ce que j'ai dit plus haut : « Peindre d'après nature n'est pas pour un impressionniste peindre l'objet, mais réaliser des sensations. » Il pleura de désespoir devant les dessins de Signorelli et s'écria : « Je n'ai pu réaliser, je reste le primitif de la voie que j'ai découverte. »

Dans ces moments de doute et de dépression, Cézanne crut momentanément à la nécessité des formes anciennes. Il fréquenta les musées, il étudia les moyens d'expression des peintres qui l'avaient précédé ; il fit des copies, il espéra trouver de ce côté ce que sa sensibilité inquiète cherchait. Son œuvre, toute belle et admirable qu'elle est, porte fréquemment en elle la marque de cette inquiétude. Il vit le danger de cette culture, il comprit qu'il est périlleux de revenir en arrière et que la valeur traditionnelle d'une œuvre est personnelle et subjective. Il écrit d'ailleurs dans une de ses lettres (je cite textuellement) : « Après avoir vu les grands maîtres il faut se hâter d'en sortir et vérifier en soi les instincts, les sensations qui résident en nous. »

Cette annotation du grand peintre mérite d'être relevée attentivement.

Tout peintre, devant des œuvres aux conceptions anciennes, doit conserver toute sa personnalité, il faut les regarder, les étudier, mais au sens le plus objectif.

Il doit les dominer, les analyser, mais non être absorbé par elles ; c'est le fait de l'amateur d'art de substituer sa propre personnalité à l'œuvre qui s'impose.

L'artiste doit toujours être en accord avec son époque[10] et équilibrer par ce fait le besoin toujours naturel d'impressions variées.

Cézanne tiendra dans l'histoire de la peinture moderne la même place que Manet quelques années auparavant. Ce furent des peintres de transition.

L'un, Manet, par ses recherches et par sa sensibilité, abandonne petit à petit les moyens de ses prédécesseurs pour arriver à l'impressionnisme dont il est incontestablement le grand créateur.

Plus on examine l'œuvre de ces deux peintres, plus on est frappé par leur analogie historique.

Manet s'inspira des Espagnols, de Vélasquez, de Goya, des plus lumineux, pour aboutir aux formes nouvelles.

Cézanne trouve une couleur et, au rebours de Manet, s'efforce à la recherche d'un dessin et d'une forme que Manet a *détruits* et qu'il sent absolument nécessaires pour exprimer la grande réalité.

Tous les grands mouvements picturaux de tendances différentes ont toujours procédé par révolution, par réaction, et non par évolution.

Manet a détruit pour arriver à sa création. Remontons plus haut. Aux peintres du XVIIIe siècle trop sensuels et trop maniérés, succèdent David, Ingres et leur école, réaction par l'abus des formules contraires.

Cette école se termine dans l'abus équivalent de ces formules et nécessite Delacroix qui, rompant violemment avec le concept précédent, revient au sensualisme dans la couleur et au grand dynamisme dans les formes et le dessin[11].

Ces exemples me suffiront pour faire voir clairement que le concept moderne n'est pas une réaction contre les idées impressionnistes, mais au contraire leur développement et l'agrandissement du but par l'emploi de moyens négligés par eux.

Au divisionnisme de la couleur, aussi timide soit-il, mais qui existe chez les impressionnistes, succède non un contraste statique, mais une recherche semblable dans le divisionnisme de la forme et du dessin[12].

L'œuvre des impressionnistes n'est donc pas la fin d'un mouvement, mais bien le commencement d'un autre dont les peintres modernes sont les continuateurs[13].

Les rapports de volumes, de lignes et de couleurs vont être à l'origine de toute la production de ces dernières années et de toute l'influence exercée sur le milieu artistique, aussi bien français qu'étranger.

Tout désormais peut concourir à une intensité de réalisme obtenue par des moyens purement dynamiques.

Les contrastes picturaux employés dans leur acception la plus pure (complémentaires de couleurs et de lignes, de formes) sont désormais les armatures des tableaux modernes[14].

Comme dans l'histoire des peintres, avant les impressionnistes, les artistes nordiques chercheront plutôt leurs moyens dynamiques en développant la couleur, les peintres méridionaux donneront probablement plus d'importance aux formes et aux lignes.

Cette compréhension de la peinture actuelle née en France est d'un concept universel qui permet à toutes les sensibilités de se développer; le mouvement futuriste italien en est une des preuves[15]. Le tableau, logiquement, va s'agrandir, et la production doit se restreindre.

Toute tendance dynamique doit forcément s'orienter vers un élargissement des moyens pour pouvoir se manifester dans toute son ampleur.

Beaucoup de personnes attendent patiemment que ce qu'ils appellent *un moment* dans l'histoire de l'art soit passé; elles attendent *autre chose* et pensent que la peinture moderne passe par une étape peut-être nécessaire, mais reviendra à ce qu'il est convenu d'appeler « la peinture comme tout le monde ».

C'est une très grosse erreur. Lorsqu'un art comme celui-ci est en possession de tous ses moyens, qui lui permettent de réaliser des œuvres absolument complètes, il doit s'imposer pendant très longtemps.

Nous arrivons, j'en suis persuadé, à une conception d'art aussi vaste que les plus grandes périodes précédentes : même tendance aux grandes dimensions, même effort partagé par une collectivité. Cette dernière remarque mériterait qu'on s'y arrêtât plus longtemps. Elle a son importance [16].

La plupart des mouvements littéraires et artistiques français se sont, en général, manifestés de la même manière. C'est une preuve de grande vitalité et de puissance de rayonnement. Si l'on peut mettre en doute une création isolée, la preuve vitale en est faite lorsqu'elle se traduit collectivement dans des moyens d'expression personnelle très distincts.

La conception sentimentale en art plastique est certainement celle qui tient le plus au cœur des grosses majorités. Les peintres anciens devaient, en plus des qualités plastiques, satisfaire à ce besoin avec leurs tableaux et réaliser une œuvre complète et sociale ; ils devaient aider l'architecture dans ce qu'elle avait d'expression populaire ; il leur fallait une valeur littéraire propre pour instruire, éduquer et amuser le peuple. Dans ce but ils illustrèrent les églises et monuments, les palais, de fresques décoratives et de tableaux représentant les grands faits de l'humanité. La qualité descriptive était une nécessité d'époque.

Il fallait donc, pour que des peintres vivent comme tout le monde, dans une époque ni plus ni moins intellectuelle que les époques précédentes mais seulement autre, il fallait, pour imposer une pareille manière de voir, pour détruire tout ce que la perspective et le sentimentalisme avaient aidé à édifier, il fallait autre chose que leur audace et que leur concept individuel.

Si l'époque ne s'y était pas prêtée, je dis plus, si leur art ne se fût pas trouvé en rapport avec l'époque et en évolution avec les époques précédentes, il n'eût pas été viable.

La vie actuelle, plus fragmentée, plus rapide que les époques précédentes, devait subir comme moyen d'expression un art de divisionnisme dynamique, et le côté sentimental, l'expression du sujet dans son sens d'expression populaire, est arrivé à un moment critique qu'il est nécessaire de bien préciser [17].

Pour trouver une époque de comparaison, je remonterai au XVe siècle, époque de l'apogée du style gothique et de la décadence ; l'architecture fut pendant toute cette période le grand moyen d'expression populaire ; l'armature des cathédrales s'orna de tout ce que l'imagination française put trouver et inventer comme ornementation vivante.

Mais l'invention de l'imprimerie devait révolutionner et changer intégralement ces moyens d'expression.

Je citerai le passage fameux de Victor Hugo dans *Notre-Dame de Paris*, au chapitre « Ceci tuera cela » :

« Au XVe siècle, la pensée humaine découvre un moyen de se perpétuer non seulement plus durable et plus résistant que l'architecture, mais encore plus simple et plus facile ; aux lettres de pierre d'Orphée vont succéder les lettres de plomb de Gutenberg. »

« Le livre va tuer l'édifice. »

Sans vouloir comparer l'évolution actuelle avec ses inventions scientifiques à la révolution accomplie à la fin du Moyen Âge par l'invention de Gutenberg dans le domaine des moyens d'expression de l'humanité, je tiens à faire remarquer que les réalisations mécaniques modernes telles que la photographie en couleurs, le cinématographe, la profusion des romans plus ou moins populaires, la vulgarisation des théâtres, remplacent efficacement et rendent désormais parfaitement inutile, en art pictural, le développement du sujet visuel, sentimental, représentatif et populaire.

Je me demande vraiment à quoi peuvent prétendre tous ces tableaux plus ou moins historiques ou dramatiques du Salon Français devant le premier écran de cinématographe venu[18].

Jamais le réalisme visuel n'a été rendu aussi intensément.

L'on pouvait soutenir encore, il y a quelques années, qu'il leur manquait tout au moins la couleur; mais la photographie en couleurs est inventée[19]. Les tableaux à sujet n'ont même plus cette ressource; le côté populaire de leur œuvre, le seul qui leur donna une raison d'être, disparaît, et les quelques ouvriers que l'on pouvait apercevoir dans les musées établis devant une charge de M. Detaille ou une évocation de M. J.-P. Laurens, on ne les voit plus : ils sont au cinématographe[20].

Le bourgeois moyen, lui aussi, le petit commerçant qui faisaient vivre, il y a cinquante ans, tous ces petits maîtres de quartiers et de province, se passent maintenant parfaitement de leurs services.

La photographie exige moins de pose que le portrait, rend plus fidèlement la ressemblance et coûte moins cher. Le peintre de portraits se meurt, les peintures de genre et d'histoire mourront non pas de leur belle mort, mais tués par leur époque.

Ceci aura tué cela.

Les moyens d'expression s'étant multipliés, l'art plastique devait se restreindre logiquement à son but : le *réalisme de conception* (il naît avec Manet, se développe chez les impressionnistes et chez Cézanne et arrive aux grandes généralisations avec les peintres actuels).

L'architecture elle-même, dépouillée de tous ses agréments représentatifs, parvient, après plusieurs siècles de faux traditionalisme, à un concept moderne et utilitaire.

L'art architectural se renferme dans ses moyens, les rapports de lignes et les équilibres de grands volumes; la partie décorative devient elle-même plastique et architecturale.

Chaque art s'isole et se limite à son domaine.

La spécialisation est chose moderne, et l'art pictural, aussi bien que toutes les autres manifestations du génie humain, doit en subir la loi; elle est logique, car en imposant à chacun la restriction à son but propre, elle permet d'intensifier les réalisations[21].

L'art pictural y gagne en réalisme. Le concept moderne n'est donc pas une abstraction passagère bonne pour quelques initiés seulement; il est l'expression totale d'une génération nouvelle dont il subit les nécessités et répond à toutes les aspirations.

*Les réalisations picturales
actuelles*[1]
(1914)

Après avoir développé dans une conférence précédente, faite l'année dernière dans cette même Académie : « Les origines de la peinture actuelle et sa valeur représentative », je terminais cette conférence en affirmant que les réalisations picturales actuelles étaient la résultante de la mentalité moderne et étroitement liées à l'aspect visuel des choses extérieures qui sont pour le peintre créatives et nécessaires.

Je vais donc essayer, aujourd'hui, avant d'aborder des questions purement techniques, d'expliquer pourquoi la peinture actuelle est représentative au sens moderne du mot du nouvel état visuel imposé par l'évolution des moyens de production nouveaux[2].

Une œuvre d'art doit être significative dans son époque, comme toute autre manifestation intellectuelle quelle qu'elle soit. La peinture, parce qu'elle est visuelle, est nécessairement le reflet des conditions extérieures et non psychologique. Toute œuvre picturale doit comporter cette valeur momentanée et éternelle qui fait sa durée en dehors de l'époque de création[3].

Si l'expression picturale a changé, c'est que la vie moderne l'a rendue nécessaire. L'existence des hommes créateurs modernes est beaucoup plus condensée et plus compliquée que celle des gens des siècles précédents. La chose imagée reste moins fixe, l'objet en lui-même s'expose moins que précédemment. Un paysage traversé et rompu par une auto ou un rapide perd en valeur descriptive, mais gagne en valeur synthétique ; la portière des wagons ou la glace de l'auto, joints à la vitesse acquise, ont changé l'aspect habituel des choses[4]. L'homme moderne enregistre cent fois plus d'impressions que l'artiste du XVIIIe siècle ; par exemple, à tel point que notre langage est plein de diminutifs et d'abréviations. La condensation du tableau moderne, sa variété, sa rupture des formes est la résultante de tout cela. Il est certain que l'évolution des moyens de locomotion et leur rapidité sont pour quelque chose dans le visuel nouveau. Nombre de gens superficiels crient à l'anarchie devant ces tableaux, parce qu'ils ne peuvent suivre dans le domaine pictural toute l'évolution de la vie courante qu'elle fixe ; l'on croit à une solution brusque de discontinuité quand, au contraire, la peinture n'a jamais été autant réaliste et collée à son époque, comme aujourd'hui. Une peinture réaliste dans son sens le plus haut commence à naître et ne s'arrêtera pas de sitôt[5].

C'est une autre mesure qui apparaît pour répondre à un nouvel état de choses. Les exemples de rupture et de changement survenus dans l'enregistrement visuel sont innombrables[6].

Je prendrai les plus frappants comme exemple. Le panneau-réclame imposé par les nécessités commerciales modernes, coupant brutalement un paysage, est une des choses qui ont fait le plus tempêter les gens dits... « de bon goût ». Il a même fait naître cette stupéfiante et ridicule société qui s'intitule pompeusement *La Société de protection des paysages*. Connaît-on rien de plus comique que cet aréopage de braves gens chargés de décréter solennellement que telle chose fait bien dans le paysage et cela non ? À ce compte-là, il serait préférable tout de suite de supprimer les poteaux télégraphiques, les maisons, et ne laisser que des arbres, de douces harmonies d'arbres !... Les gens dits « de bon goût », les gens cultivés n'ont jamais pu digérer le contraste, il n'y a rien de plus terrible que l'habitude, et ces mêmes gens qui protestent avec conviction devant le panneau-réclame, vous les retrouvez au Salon des Indépendants se tordant de rire devant les tableaux modernes qu'ils sont incapables d'encaisser comme le reste.

Et pourtant cette affiche jaune ou rouge, hurlant dans ce timide paysage, est la plus belle des raisons picturales qui soient; elle flanque par terre tout le concept sentimental et littéraire et elle annonce l'avènement du contraste plastique[7].

Naturellement, pour trouver dans cette rupture de tout ce que l'habitude avait consacré une raison à une harmonie picturale nouvelle et un moyen plastique de vie et de mouvement, il fallait une sensibilité artistique qui devance toujours le visuel normal de la foule.

De même, les moyens de locomotion modernes ont complètement renversé les rapports connus de toute éternité. Avant eux, un paysage était une valeur en soi qu'une route blanche et morte traversait sans rien changer à l'entourage.

Maintenant, les chemins de fer et les autos, avec leur panache de fumée ou de poussière, prennent tout le dynamisme pour eux, et le paysage devient second et décoratif[8].

Les affiches sur les murs[9], les réclames lumineuses sont du même ordre d'idée; elles ont fait naître cette formule aussi ridicule que la société précédemment citée : *Défense d'afficher.*

C'est l'incompréhension de tout ce qui est nouveau et vivant qui a fait sortir cette police des murs. Aussi, ces interminables surfaces que sont les murs administratifs et autres sont-elles ce qu'il y a de plus triste et de plus sinistre que je connaisse. L'affiche est un meuble moderne, que les peintres aussitôt ont su utiliser. C'est le goût bourgeois que l'on retrouve encore là, le goût du monotone qu'ils traînent partout avec eux. Le paysan, lui, résiste à ces amollissements; il a encore gardé le goût des contrastes violents dans ses costumes, et une affiche dans son champ ne l'effraye pas[10].

Malgré toute cette résistance, le costume ancien des villes a dû évoluer avec le reste; l'habit noir qui s'oppose dans les réunions mondaines aux toilettes claires féminines est une manifestation certaine d'une évolution dans le goût. Le noir et le blanc chantent et se heurtent, et l'effet visuel des réunions mondaines actuelles est exactement contraire aux effets que les réunions semblables du XVIIIe siècle, par exemple, produisaient. Les costumes de ces époques étaient dans les mêmes tons, l'ensemble était plus décoratif, moins contrasté et plus monotone.

Malgré cela, le bourgeois moyen a encore gardé son concept ton sur ton, le concept décoratif. Le salon rouge, la chambre jaune seront encore longtemps, en province surtout, la dernière manifestation du bon ton. Le contraste a toujours fait peur aux gens paisibles et satisfaits; ils l'éliminent le plus possible de leur vie, et de même qu'ils sont heurtés désagréablement par une dissonance d'affiche ou autre, de même leur vie est organisée pour éviter tout contact rude. Ce sont les derniers milieux à fréquenter pour les artistes ; on enveloppe la vérité et on en a peur ; il ne reste plus que des politesses dans lesquelles un artiste peut vainement chercher à s'instruire.

L'application des contrastes n'a jamais pu être utilisée d'une manière intégrale par les époques précédentes pour plusieurs raisons : en premier, la nécessité de se soumettre rigoureusement à un sujet (j'ai développé cela dans une précédente conférence), qui devait avoir une valeur sentimentale.

Jamais, jusqu'aux impressionnistes, la peinture n'avait pu se dégager de l'envoûtement littéraire, par conséquent l'application des contrastes plastiques était forcément diluée dans une histoire qu'il fallait décrire, ce que les peintres modernes ont reconnu parfaitement inutile[11].

Au jour où les impressionnistes eurent libéré la peinture, le tableau moderne essaya tout de suite à s'échafauder sur des contrastes ; au lieu de subir un sujet, le peintre fait une insertion et utilise un sujet selon des moyens purement plastiques. Tous les artistes qui ont heurté l'opinion dans ces dernières années ont toujours sacrifié le sujet à l'effet pictural. Même Delacroix, et cela nous fait remonter plus haut, fut tant discuté pour cette raison, quand malgré son poids de romantisme littéraire, il réussit des tableaux comme *L'Entrée des Croisés à Jérusalem*, où le sujet est nettement dominé par l'expression plastique; il ne fut jamais admis par les gens qualifiés et officiels.

Cette libération laisse le peintre actuel libre de ces moyens devant un état visuel nouveau que je viens de décrire; il va devoir s'organiser pour donner un maximum d'effet plastique à des moyens qui n'y ont pas encore servi; il ne doit pas devenir un imitateur de l'objectif visuel nouveau, mais une sensibilité toute subjective de ce nouvel état de choses.

Il ne sera pas nouveau parce qu'il aura rompu un objet ou posé un carré rouge ou jaune au milieu de sa toile; il sera nouveau par le fait qu'il aura saisi l'esprit créatif de cette manifestation extérieure.

Du moment que l'on admet que seul le réalisme de conception est capable de réaliser dans le sens le plus pratique du mot ces effets de contraste, il faut laisser le réalisme visuel de côté et concentrer tous les moyens plastiques dans un but qualitatif[12].

La composition prime tout le reste; les lignes, les formes et les couleurs, pour prendre leur maximum d'expression, devront être employées avec le plus de logique possible. C'est l'esprit logique qui devra obtenir le plus grand résultat, et j'entends par esprit logique, en art, celui qui a la possibilité d'ordonner sa sensibilité. Savoir donner à la concentration des moyens un maximum d'effet dans le résultat.

Il est bien certain que si je regarde les objets dans leur ambiance, dans leur atmosphère réelle, je ne perçois pas de ligne limitant les zones de couleur, c'est entendu ; mais cela c'est du domaine du réalisme visuel et non de celui, tout moderne, du réalisme de conception. Vouloir éliminer de parti pris des moyens d'expression comme le trait et la forme en dehors de leur signification colorée, c'est enfantin et c'est revenir en arrière ; le tableau moderne ne peut avoir une valeur durable et meurt non dans une exclusivité de moyens au détriment d'un seul, mais au contraire en concentrant tous les moyens d'expression plastique possibles dans un but qualitatif. C'est un acquis des peintres modernes d'avoir compris cela ; avant eux, un dessin avait une valeur en soi et une peinture en elle-même ; désormais on rassemble tout, pour pouvoir arriver à une variété nécessaire et à une puissance réaliste maximum. Un peintre qui se dit moderne et qui considère à juste titre la perspective et la valeur sentimentale comme des moyens négatifs doit savoir remplacer cela dans ses tableaux par autre chose qu'un continuel rapport de tons purs, par exemple.

C'est absolument insuffisant pour justifier une dimension même moyenne et à plus forte raison des tableaux de plusieurs mètres carrés de surface, comme on a pu en voir quelques-uns au dernier Salon des Indépendants — c'est l'agrandissement à l'échelle de la formule néo-impressionniste.

Ce concept qui consiste à utiliser le contraste immédiat de deux tons pour éviter la surface morte est négatif dans la construction du grand tableau. La construction par la couleur pure est depuis longtemps jugée être arrivée à une neutralité parfaite et à l'égalité, c'est ce que j'appellerai la peinture additionnelle au rebours de la peinture multiplicative que je vais essayer de définir plus loin.

Les impressionnistes, en gens sensés, ont senti que leurs moyens assez pauvres ne permettaient pas la grande composition ; ils se sont maintenus dans des dimensions justifiées. Le grand tableau exige de la variété et par conséquent l'addition d'autres moyens que ceux des néo-impressionnistes.

Le contraste de tons peut se résumer par le rapport 1 et 2, 1 et 2 répété à l'infini. L'idéal dans cette formule serait de l'appliquer intégralement et cela nous conduirait à une toile divisée en une quantité de plans égaux dans lesquels on oppose des tons de valeur égale et complémentaire ; un tableau composé de cette sorte peut étonner pendant quelque temps, mais dix tableaux c'est la monotonie certaine.

Pour arriver à la construction par la couleur, il faut qu'au point de vue valeur (car en somme il n'y a que cela qui compte), les deux tons s'équilibrent, autrement dit se neutralisent, si le plan coloré vert, par exemple, est plus important que le plan coloré rouge, il n'y a plus construction. Vous voyez où cela mène. Les néo-impressionnistes ont fait l'expérience il y a longtemps, et il est suranné d'y revenir[13].

La composition par contraste multiplicatif, en employant tous les moyens picturaux, permet en plus d'une plus grande expérience réaliste une certitude de variété; en effet, au lieu d'opposer deux moyens expressifs dans un rapport immédiat et additionnel, vous composez un tableau de telle sorte que des groupes de formes similaires s'opposent à d'autres groupements contraires. Si vous distribuez votre couleur, elle aussi dans le même esprit, c'est-à-dire une addition de tons similaires, coloriant un de ces groupements de formes contre une même addition contraire, vous obtenez ainsi des sources collectives de tons, lignes et couleurs agissant contre d'autres sources contraires et dissonantes. Contraste = dissonances, par conséquent maximum dans l'effet d'expression[14].

Je prendrai un exemple dans un sujet quelconque. Je prends l'effet visuel des fumées courbes et rondes s'élevant entre des maisons et dont vous voulez traduire la valeur plastique. Vous avez là le meilleur des exemples pour appliquer cette recherche des intensités multiplicatives. Concentrez vos courbes avec le plus de variété possible, mais sans les désunir; encadrez-les par le rapport dur et sec des surfaces des maisons, surfaces mortes qui prendront de la mobilité par le fait qu'elles seront coloriées contrairement à la masse centrale et qu'elles s'opposent à des formes vives; vous obtenez un effet maxima.

Cette théorie n'est pas une abstraction, mais elle est formulée à la suite d'observations d'effets naturels que l'on constatera journellement. Je n'ai pas pris exprès un sujet dit «moderne», car je ne sais pas ce que c'est, un sujet ancien ou moderne; je ne connais qu'une interprétation nouvelle et c'est tout. Mais les locomotives, les automobiles, si vous y tenez, les panneaux-réclames, tout est bon à l'application d'une forme de mouvement; toute cette recherche vient, comme je l'ai déjà dit, de l'ambiance moderne. Mais avec le sujet le plus banal, le plus usagé, une femme nue dans un atelier et mille autres, vous remplacez avantageusement les locomotives et autres engins modernes, qu'il est difficile de faire poser chez soi. Tout cela ce sont des moyens; il n'y a d'intéressant que la manière dont on s'en sert.

Dans de nombreux tableaux de Cézanne, on peut voir, à peine ébauchée, cette sensibilité inquiète des contrastes plastiques. Malheureusement, et ceci vient corroborer ce que je disais tout à l'heure, son milieu très impressionniste et son époque moins condensée et moins rompue que la nôtre ne pouvaient l'amener au concept multiplicatif; il l'a senti mais ne l'a pas compris. Toutes ses toiles sont faites devant un sujet et dans ses paysages où des maisons s'écrasent maladroitement dans des arbres, il avait senti que la vérité était là. Il n'a pas pu la formuler et en créer le concept. Abandonner cette trouvaille qui est une certitude de développement et un commencement dans le créatif, pour revenir au néo-impressionnisme qui est un aboutissement et une fin, je dis que c'est une erreur que l'on doit dénoncer. Le néo-impressionnisme a tout dit, sa courbe fut infiniment courte, et ce fut même un cercle tout petit où il n'y a rien à prendre.

Seurat fut une des grandes victimes de cette médiocre formule dans de nombreux tableaux, et il y a perdu beaucoup de temps et de talent, en s'enfermant dans cette petite touche de couleur pure qui d'ailleurs ne colore pas du tout, car la question de la puissance dans l'effet de coloration est aussi à élucider. Par le fait que vous employez le contraste de ton comme moyen de mobilité dynamique pour éliminer le ton local, vous perdez théoriquement en puissance colorante; un jaune et un violet contrasté à volume égal sont constructifs, c'est entendu, mais au détriment de la puissance colorante qui, elle, a une valeur intrinsèque, qui n'est plus respectée car le mélange optique, c'est le gris. Seul le ton local a son maximum de coloration. Seul le système des contrastes multiplicatifs permet de l'utiliser; par conséquent la formule néo-impressionniste arrive à ce but assez paradoxal mais certain, celui d'employer des tons purs pour arriver à un ensemble gris[15].

Cézanne, je le répète, le seul de tous les impressionnistes, avait touché du doigt le sens profond de la vie plastique par sa sensibilité aux contrastes de formes.

Je m'arrêterai ici dans les explications techniques, mais je ne veux pas terminer cet exposé sans répondre à quelques objections qui ont été faites au sujet du Salon des Indépendants[16].

Le Salon des Indépendants, qui comme tous les ans a tenu sa place prépondérante dans la manifestation mondiale de peinture, est avant tout un Salon de peintres et pour les peintres. Par conséquent, toutes les personnes qui viennent là pour chercher des œuvres parfaitement réalisées n'ont rien à y faire. Elles se trompent complètement sur le but cherché par les exposants. D'autres personnes ont trouvé critiquable que des peintres d'avant-garde d'hier abandonnent aujourd'hui ce Salon et n'y exposent plus leurs tableaux. On croit à des calculs plus ou moins intéressés, ce qui est parfaitement faux. Juger ainsi, c'est avoir oublié que le Salon est avant tout un Salon de manifestation artistique. C'est le plus grand du monde entier (et je n'exagère rien en employant de pareils qualificatifs).

C'est justement son renouvellement perpétuel, à l'encontre des autres Salons, où l'on voit éternellement les mêmes peintres, qui fait sa raison d'être.

Ici, il doit y avoir toujours place pour les chercheurs et leurs inquiétudes, et ceci grâce aux artistes qui définitivement en possession de leurs moyens expressifs cèdent la place à de plus jeunes qui ont besoin de se voir accrocher dans une relativité. Si tous les peintres qui ont mené la bataille aux Indépendants continuaient à occuper des salles qui seraient certainement attractives, au détriment des plus jeunes, ils empêcheraient les manifestations nouvelles de se produire.

Le Salon des Indépendants est un Salon d'amateurs. Lorsque ces peintres possèdent leurs moyens d'expression, qu'ils se professionnalisent, ils n'ont plus rien à y faire. Ce Salon deviendrait comme tous les autres, un Salon de vente s'adressant aux acheteurs.

C'est ce perpétuel élément de nouveauté qui fait l'intérêt mondial qu'il suscite; c'est le seul qui puisse se permettre d'être l'éternel baladeur dont l'existence foraine, loin de le diminuer, lui redonne tous les ans un regain de vie. Où qu'il aille, il aura toujours son public de curieux et de peintres. Tout ce qui compte en art moderne a passé là, tous ceux qui cherchent et travaillent aspirent à y exposer. Paris devrait être fier d'être l'endroit choisi pour cette grande manifestation picturale. Ces pauvres salles en toiles et en planches ont vu éclore plus de talent que tous les musées officiels réunis. C'est le Salon des Inventeurs et, à côté des folies qui peut-être ne se réaliseront jamais, il y a quelques peintres qui seront l'honneur de leur époque. C'est le seul où le bon goût bourgeois n'ait pu pénétrer, c'est le grand salon moche, et c'est très beau, on n'y écrase pas de tapis, on y accroche des rhumes de cerveau en même temps que les tableaux. Mais jamais autant d'émotion, de vie, d'angoisse et de joie très pure n'ont été amoncelées dans un si modeste endroit.

Il faut avoir exposé là-dedans pendant des années de jeunesse, il faut y avoir apporté en tremblant, à l'âge de vingt ans, ses premières ébauches, pour savoir ce qu'il est. L'accrochage des tableaux, l'éclairage, le vernissage, cette lumière brutale qui vous heurte et ne laisse rien dans l'ombre, toutes ces choses inconnues qui, d'un seul coup, bousculent votre sensibilité et votre timidité. On s'en souvient toute sa vie. C'est tout ce que l'on a de plus cher que l'on apporte là. Les bourgeois qui viennent rire de ces palpitations ne se douteront jamais que c'est un drame complet qui se joue là, avec toutes ses joies et ses histoires. S'ils en avaient conscience, car au fond ce sont de braves gens, ils entreraient là avec respect, comme dans une église. J'ai d'autant plus de plaisir à dire ces choses-là, ce soir, que je les dis devant un public d'Européens qui me comprendront... car ce sont eux qui sont le Salon des Indépendants.

« *La Roue* », sa valeur plastique[1]
(1922)

Le film d'Abel Gance comporte trois états d'intérêt qui alternent en contrastes : un état dramatique, un état sentimental, un état plastique, et c'est cet apport plastique entièrement nouveau que je vais m'efforcer de dégager en en précisant la valeur réelle et ses conséquences dans le temps[2].

Les deux premiers états se développent tout le long du drame avec un intérêt croissant. Le troisième, celui qui m'intéresse, se focalise presque exclusivement dans les trois premières parties, là où l'élément mécanique joue un rôle prépondérant, là où la machine devient *personnage principal, acteur principal*. Ce sera l'honneur d'Abel Gance d'avoir imposé avec succès au public un *acteur objet*. C'est un événement cinématographique considérable que je vais examiner attentivement.

Cet élément nouveau nous est présenté avec une infinie variété de moyens, sous toutes ses faces : gros plans, fragment mécanique, fixe ou mobile, projetés à un rythme accéléré qui touche à l'état simultané et qui écrase, élimine l'objet humain, le réduit d'intérêt, le pulvérise. *Cet élément mécanique* que l'on voit disparaître à regret, que l'on attend avec impatience, est discret ; il apparaît comme des coups de projecteurs dans un drame énorme, long, angoissant, d'un réalisme sans concession aucune. L'événement plastique n'en est pas moins là, il n'est pas ailleurs, il est voulu, cadré avec soin, choisi et m'apparaît lourd de conséquences en soi et dans l'avenir[3].

L'avènement de ce film est d'autant plus intéressant qu'il va déterminer une place dans l'ordre plastique à un art qui jusqu'ici, à peu de chose près, reste descriptif, sentimental et documentaire. La fragmentation de l'objet, l'objet valeur plastique en soi, son équivalence picturale et poétique est depuis longtemps déjà du domaine des arts modernes. Abel Gance avec *La Roue* a haussé l'art cinématographique au plan des Arts Plastiques.

Avant *La Roue*, l'art cinématographique se développe presque constamment sur une route fausse : état de similitude du théâtre, mêmes moyens, mêmes acteurs, même dramatisme. On a l'air de vouloir « tomber le théâtre ». C'est l'erreur la plus lourde que l'art cinématographique puisse commettre, c'est le point de vue facile, l'art d'imitation, le point de vue du singe.

La raison d'être du cinéma, la seule, c'est *l'image projetée*. Cette image qui, colorée, mais immobile, captive toujours les enfants et les hommes, voilà qu'elle remue. On a suscité l'image mobile, le monde entier est à genoux devant cette merveilleuse image qui bouge. Remarquez bien que cette formidable invention ne consiste pas à imiter les mouvements de la nature ; il s'agit de tout autre chose, il s'agit de *faire vivre des images*, et le cinéma ne doit pas aller chercher ailleurs sa raison d'être. Projetez votre belle image, choisissez-la bien, qualifiez-la, mettez le microscope dessus, faites tout pour qu'elle donne un rendement maximum, et vous n'aurez plus besoin de texte, de descriptif, de perspective, de sentimentalisme et d'acteurs. Soit dans l'infini réalisme du gros plan, soit dans la pure fantaisie inventive (poétique simultanée par image mobile), l'événement nouveau est là avec toutes ses conséquences.

Jusqu'alors l'Amérique a su créer un *fait cinématographique* pittoresque : le film intensité, scènes de cow-boys, Douglas, le génie comique de Charlot ; mais là encore nous sommes à côté de la chose. C'est surtout « le Plan Théâtre », c'est-à-dire domination de l'acteur et tout le drame sous sa dépendance. Le cinéma ne peut pas lutter contre le théâtre, l'effet dramatique d'un être vivant et parlant avec émotion ne peut être égalé par sa projection directe, muette, en blanc et noir, sur un écran. La projection est battue d'avance, le ciné sera toujours du mauvais théâtre. Considérons donc uniquement le point de vue visuel. Où en est-on ?

À ceci : 80 % des éléments et objets qui nous aident à vivre ne sont qu'*aperçus* par nous dans la vie courante, tandis que 20 % sont *vus*. J'en déduis que le cinématographe fait cette révolution *de nous faire voir tout ce qui n'a été qu'aperçu.* Projetez ces éléments tout neufs, et vous avez vos drames, vos comédies dans un plan uniquement visuel et cinématographique. Le chien qui passe dans la rue n'est qu'aperçu. Projeté à l'écran, il est vu, tellement que toute la salle réagit comme si elle découvrait le chien [4].

Le seul fait de projeter l'image qualifie déjà l'objet, qui devient spectacle. Une image judicieusement cadrée vaut déjà par ce fait. Ne quittez pas ce point de vue. Là est le pivot, la base de ce nouvel art. Abel Gance l'a parfaitement senti. Il l'a réalisé, il est le premier à l'avoir imposé au public. Vous verrez des images mobiles présentées comme un tableau, centre de l'écran avec un choix judicieux dans l'équilibre des parties mobiles et immobiles (contrastes d'effets) ; une figure fixe sur une machine qui bouge, une main modulée en contraste avec un amas géométrique, des disques, formes abstraites, jeux de courbes et de droites (contrastes de lignes) ; éblouissante, admirable, une géométrie mobile qui vous étonne.

Gance va plus loin, puisque sa machine merveilleuse peut donner le fragment de l'objet. Il vous le donne à la place de cet acteur que vous avez *aperçu* quelque part et qui vous a émus par sa diction et son geste. Il va vous faire *voir* et vous émouvoir à son tour par la figure de ce fantôme que vous n'avez fait qu'*apercevoir*. Vous verrez son œil, sa main, son doigt, l'ongle de son doigt, il vous fera voir tout cela avec sa prodigieuse lanterne allumée. Vous les verrez tous ces fragments grandis cent fois, devenant un tout absolu, dramatique, comique, plastique, plus émouvant, plus captivant que le personnage du théâtre d'à côté. La locomotive vous apparaîtra avec tous ses éléments, ses roues, ses bielles, ses disques, ses volontés géométriques, verticales, horizontales et les gueules formidables des hommes qui l'habitent. Un écrou tordu à côté d'une rose vous évoquera tout le drame de *La Roue* (contrastes[5]).

Dispersé dans de nombreux films, on avait pu avoir peut-être, à de rares moments, le sentiment confus que là devait être la vérité. Avec *La Roue*, Abel Gance a réalisé complètement le *fait cinématographique*. Les fragments visuels collaborent étroitement avec l'acteur et le drame, le fortifient, le soutiennent, au lieu de le disperser, cela grâce à son *cadrement magistral*. Gance est un précurseur et un réalisateur à la fois. Son drame va faire date dans l'histoire du cinéma. Son rapport est avant tout d'ordre technique. Il absorbe objets, acteurs, il ne subit jamais des moyens qui ne doivent pas être confondus avec le but à atteindre. C'est surtout en cela que réside sa supériorité sur l'apport américain. Ce dernier, de qualité pittoresque et théâtrale, inféodé à quelques vedettes de talent, passera comme passe l'acteur. L'art de *La Roue* restera armé de sa technique nouvelle et dominera l'art cinématographique dans le présent et dans l'avenir.

Notes sur la vie plastique actuelle[1]
(1923)

On m'a violemment critiqué en 1918-1919 d'avoir abordé l'élément mécanique comme possibilité plastique.

Je tiens à mettre la chose au point, quoique je sois le premier à avoir tiré de cet élément moderne des réalisations picturales, et je n'ai nullement l'intention de prétendre « qu'il n'y a plus que cela ».

L'élément mécanique n'est *qu'un moyen et non un but.* Je le considère simplement « *matière première* » plastique comme les éléments d'un paysage ou d'une nature morte.

Mais suivant les volontés plastiques individuelles, suivant les besoins qu'un artiste peut avoir de l'élément réel, je pense que l'élément mécanique est extrêmement indiqué pour quiconque cherche *l'œuvre d'art d'ampleur et d'intensité.*

Un tableau comme je le comprends, qui doit équivaloir et dépasser en beauté « le bel objet » industriel, doit être un événement organique comme l'objet en question, comme toute manifestation intellectuelle humaine réalisée. Toute création plastique humaine est dans le même rapport[2].

Le rapport des volumes, des lignes et des couleurs demande une orchestration et un ordre absolus. Toutes ces valeurs-là sont indiscutablement en puissance et dispersées dans les objets modernes comme aéroplanes, automobiles, machines agricoles, etc. Nous sommes actuellement concurrencés par le «bel objet», c'est indéniable; quelquefois il est plastique, beau en soi, par conséquent inutilisable, on n'a qu'à admirer et se croiser les bras. Il y a aussi un art des devantures[3] qui est étonnant. Certaines des vitrines des magasins sont des spectacles très organisés qui ne sont plus du tout matière première et deviennent *inutilisables*.

Si, en poussant les choses aux extrêmes, la majorité des objets fabriqués et des «*magasins-spectacles*» étaient beaux et plastiques, à chaque fois nous n'aurions plus aucune raison d'être. Il y a un besoin de beauté épars parmi le monde, c'est une question de quantité et de demande. Il s'agit d'y satisfaire.

Actuellement, je reconnais que nous sommes encore *très utiles* «comme producteurs».

La concurrence de l'objet manufacturé n'est que *rarement* [le] *beau*.

C'est la situation actuelle. Mais l'avenir ? C'est assez troublant et nouveau comme situation. Je m'efforce personnellement d'en sortir par un procédé plastique qui m'est propre en cherchant *l'état d'intensité plastique organisé.*

Pour cela j'applique la loi des contrastes qui est éternelle comme moyen d'équivalence à la vie et la seule qui ait permis à des hommes comme Shakespeare et Molière et d'autres de franchir leur époque et d'être dans « la durée ».

Au lieu d'opposer des personnages comiques et tragiques, des états scéniques contraires, j'organise l'opposition des valeurs, des lignes et des courbes contraires.

J'oppose des courbes à des droites, des surfaces plates à des formes modelées, des tons locaux purs à des gris nuancés. Ces formes initiales plastiques s'inscrivent sur des éléments objectifs ou non, c'est sans importance pour moi. Ce n'est qu'une question de variété[4].

Là je pense pouvoir dominer la situation, car j'arrive à un état « multiplicatif » que tout objet fabriqué peut difficilement atteindre, n'ayant qu'un but strictement utile.

Remarquez qu'en peinture, dans les époques anciennes, il y a des velléités de contrastes surtout chez les Primitifs (opposition du personnage à des architectures [Giotto], plus tard chez Poussin). Mais c'est le sujet qui les a fait toucher cette chose, c'est le hasard d'un sujet et non une volonté plastique d'organisation.

D'ailleurs je reconnais que la vie moderne est souvent en état de contraste et facilite le travail. L'exemple le plus fréquent c'est le panneau-réclame dur et sec, couleurs violentes, lettres typographiques, qui coupe un paysage mélodieux. Les fumées molles qui s'élèvent dans un milieu mécanique sec ou d'architecture moderne produisent aussi un choc de contrastes.

Tous ces événements sont sujets à peindre. Je suis donc, je pense, très attaché à mon époque par mon procédé. Mais pourquoi ces cris dès que j'ai touché à l'élément mécanique, il y a quelques années[5]? Voyons comment a commencé la peinture. Je pense qu'on a découvert un ciel bleu et puis dedans des nuages blancs, et puis au-dessous des arbres, et puis ensuite on a construit des maisons, on a peint les maisons, et puis des routes avec des poteaux télégraphiques, tout cela a été peint et puis l'industrie moderne a créé des machines, alors pourquoi à ce moment de l'évolution humaine viendrait-on dire : Halte-là, on n'a pas le droit de peindre cela, d'utiliser cela ? C'est absurde.

L'art est subjectif, c'est entendu, mais une subjectivité contrôlée et qui s'appuie sur une matière première « objective », c'est mon opinion absolue.

L'œuvre plastique c'est « l'état d'équivoque » de ces deux valeurs, *le réel et l'imaginé*. Trouver l'équilibre entre ces deux pôles-là, là est la difficulté, mais couper la difficulté en deux et ne prendre que l'un ou l'autre, faire de l'abstrait pur ou de l'imitation, c'est vraiment trop facile, et c'est éviter le problème dans son total.

La question « *matière première* » en art est extrêmement grave.

Beaucoup d'artistes se perdent à cause de leur instinct initial qui est faussé et qui les fait se tromper dans le choix de la matière première.

La matière première utilisable est partout autour de nous, il s'agit de tomber juste.

On ne travaille pas avec des éléments trop ouvragés. La rue moderne avec ses éléments colorés, ses lettres typographiques m'a beaucoup servi (pour moi, c'est matière première). Le Douanier Rousseau utilisait fréquemment des photographies et des cartes postales. Les moyens sont partout, *c'est question de choix*[6].

L'énorme erreur des soi-disant peintres de la Renaissance, des officiels, de l'école des Beaux-Arts, c'est de courir après le « *beau sujet* ». Là est l'erreur capitale qui continue encore et contre laquelle surtout, nous les modernes, nous réagissons. Si un objet, un sujet est beau, il n'est plus matière première, il est valeur plastique, donc inutilisable; on n'a plus qu'à regarder et admirer, il n'est même pas « *copiable* ». L'expérience en est faite. Mettez cinquante copistes devant le même modèle dans le même éclairage et regardez l'exécution, *aucune n'est pareille*. Philosophiquement, on en déduit que rien n'existe en soi, que tout est relatif. Le beau sujet est donc condamné irrémédiablement. Ce n'est pas matière première.

Nous nous trouvons donc par la force des choses à l'état d'invention et d'équivalence, et là seulement est la raison plastique. Toutes les époques d'invention sont belles, les autres n'existent pas.

La subtilité est dans l'état de distinction car l'état d'invention peut approcher de très près l'état d'imitation. Certains primitifs et tableaux d'Ingres, de David, par exemple, sont très près de l'état d'imitation.

Là, la difficulté dans la destruction pour l'amateur égale celle du choix dans la matière première pour l'artiste. Nous touchons là au domaine du sensible. Nous quittons les sphères intellectuelles contestables pour une situation obscure où la critique la plus justifiée, la plus aiguë n'a plus d'action. *Je me réjouis de cela*. Car c'est une sauvegarde que dans une époque comme la nôtre, aussi aiguë, aussi analyste, elle ne puisse pénétrer, arguments et microscope en main, dans ce sanctuaire impénétrable. Cela sauve la vie et lui donne la peine d'être vécue.

Car si vraiment un jour un monstre arrive à nous prédire l'avenir et à nous disséquer un tableau comme un insecte, alors ce sera vraiment ce jour-là la « fin du monde ».

Comme hygiène morale et intellectuelle de la vie, je pense aussi que pour les créateurs, il faut à tout prix éviter les milieux adoucis (bourgeoisie moyenne, aristocratie usée). On n'a rien à prendre, on a tout à perdre, à s'alimenter sur ces gens-là; le mécanisme de leur existence est basé sur un « minimum de vie ». Peu d'effort et de distraction, c'est tout. Ils adorent l'état de paix au mauvais sens du mot. Leurs spectacles et distractions sont toujours « assez bien ». Jamais ou très mal ou très bien. On ne peut vivre dans l'« *assez bien* ». Les milieux populaires avec leur côté rude et dur, tragiques et comiques, toujours à hypertrophies, sont nos milieux indiqués. Pour ma part je vis dans ces endroits-là le plus possible et je m'en trouve bien.

Le ballet-spectacle, l'objet-spectacle[1]
(1923)

Les danseurs, les chanteurs, les vedettes de music-hall ont tous jusqu'ici sacrifié l'ensemble du spectacle à leur personnalité plus ou moins autorisée. On a presque tout dit et tout vu dans ce domaine, le *ballet réaliste* avec prédominance du type « humain caractérisé » est arrivé à son maximum. On peut varier, mais la courbe d'intérêt reste égale, on ne monte plus. *C'est étale.*

Un décor, une musique, un éclairage pour un accident dominant qui toujours volontairement se détache. Un homme, une femme avec ou sans talent, s'impose et règle tout le spectacle sur sa valeur scénique. On a cru cela, on le subit depuis que le spectacle existe. On devait pouvoir sortir de cet ordre scénique pour passer à un plan différent où la vedette rentre dans le rang plastique, où une chorégraphie mécanique étroitement liée à son décor et à la musique arrive à un tout d'unité voulue; où le décor jusque-là immobile devient mobile, où l'intérêt du spectacle se reporte sur toute la scène.

Le public devait lui-même tendre à cet état scénique parce qu'il y a là du nouveau dans l'effet et dans l'étonnement.

La course au «toujours plus dangereux» de l'acrobate est fausse en soi, car le danger ne devrait jamais être un point d'attraction, mais il indique l'intérêt du public devant le nouveau et l'imprévu.

Faites la chose belle à laquelle on ne s'attend pas et vous êtes le maître de la scène et des foules (Charlot est génial dans ce sens-là). On devine trop Douglas, on devine rarement Charlot. C'est un coefficient énorme d'intérêt. Si on accroche solidement le matériel humain au matériel décor mobile, on a un champ d'étonnement considérable. La surface se décuple, le fond de la scène lui *aussi est vivant*. Tout peut bouger, «la mesure humaine» qui, jusqu'ici, était dominante, disparaît. L'homme devient un mécanisme comme le reste, de but qu'il était, il devient un moyen (multiplication des moyens d'effet)[2].

Si je détruis la proportion humaine, si mon décor bouge, j'obtiens le maximum d'effet, j'obtiens un tout sur scène totalement différent de la salle.

L'axiome suivant doit prévaloir en fait de spectacle : *le maximum d'intérêt est obtenu lorsque la création scénique est dans un rapport contraire au visuel de la salle.*

Tout le génie du danseur n'empêchera pas un état de concurrence, de similitude entre le spectateur et lui. Par ce fait, il perd 50 % de l'effet de surprise.

Par le fait que l'homme de la salle et l'homme de la scène se ressemblent vous êtes dans un état-spectacle inférieur.

Le préjugé de l'individu-roi disparu, les moyens d'attraction sortent de l'ombre et sont innombrables. Les lumières, les projections cinématographiques entrent en jeu.

L'état mécanique peut être envisagé sérieusement, c'est-à-dire la minuterie exacte du geste, du mouvement et du projecteur.

La puissance des forces parallèles (20 personnages donnant le mouvement).

Les valeurs contrastes peuvent jouer à leur maximum[3].

Dix acrobates jaunes traversent la scène (rythme rapide) en faisant la roue, ils reviennent (même rythme), la scène est noire ; ils sont phosphorescents ; dans le même temps (rythme ralenti), la projection cinématographique anime le haut du décor, lever du rideau du fond ; apparition du bel objet mobile ou immobile qui tient la scène. Un temps X. L'escalier, la roue, l'appareil d'invention inattendu qui brille et disparaît.

Concevoir comme pivot d'intérêt les objets,

les objets si beaux qui ont une valeur-spectacle énorme, inconus et toujours sacrifiés par l'éternelle vedette. C'est aux acteurs du music-hall que revient l'honneur d'avoir senti l'intérêt des objets sur la scène[4].

Ils l'ont fait timidement, ils s'en entourent, ils ne les imposent pas, mais quand même, c'est là que je les ai vus pour la première fois : le jongleur de l'Olympia sait obscurément ce que vaut son appareillage comme valeur-spectacle. Par exemple, il n'en pèse pas la valeur, toutes ces belles choses sont derrière lui, il est devant et il s'impose.

Les music-halls sont les seuls endroits où il y ait de l'invention journalière, c'est une mine inépuisable comme matière première. Ce n'est qu'entrevu, jamais au point, mais c'est en puissance.

Je ne connais rien de plus beau que le « ciel du Nouveau Cirque » et lorsque le « petit bonhomme », perdu dans cette planète métallique où brillent les projecteurs, joue sa vie tous les soirs, je le trouve ridicule, je ne le vois plus, malgré toute sa volonté d'être vu, d'être « un état de danger » ; le spectacle est ailleurs, il est autour de lui.

L'événement actuel, c'est la personnalité des objets, ils viennent de plus en plus au premier plan, l'homme passe derrière et doit régler leur avènement.

Il y a autre chose que «l'homme, les animaux et les plantes», il y a les objets, il faut compter avec eux, ils sont fixes ou animés. Si je réagis devant l'acrobate faisant la roue, c'est plutôt comme tour de force. Mais qui vous dit que la roue elle-même traversant la scène mise en valeur-spectacle n'atteigne pas à plus de beauté et ne donne plus d'étonnement? Les objets ont une force plastique que rien ne peut troubler.

L'homme avec ses nerfs et sa fantaisie rompt et perd en volonté, l'objet *réglé* plastiquement rend son maximum sans aucun déchet, c'est la valeur fixe.

La domination de l'objet est partout dans la vie actuelle, les boutiques-spectacles se multiplient dans les villes.

La jolie vendeuse derrière sa loterie à la fête disparaît derrière la roue multicolore et lumineuse — c'est le bel objet qui fait attraction — chacun son temps.

Dans ce texte aux indéniables qualités littéraires, Léger fait, en filigrane, le procès du monde bourgeois. L'exaltation mystique d'un monde populaire y répond. Mais la description du corps en mouvement des danseurs, évoque plutôt l'esthétique de la Revue Nègre que Cendrars, Leiris et Léger admirent.

Le ballet La Création du Monde *dont Léger réalise les décors et les costumes est créé la même année et s'inscrit dans le courant de renouvellement des formes que l'art nègre inspire.*

Les bals populaires[1]
(1923)

Il y a des danseurs et des danseuses en France, il y aurait si l'on voulait s'en donner la peine une chorégraphie française — ce n'est pas chez M. Rouché ou au Claridge qu'il faut aller la chercher.

La danse, comme toutes les valeurs nationales, est exclusivement domaine du peuple.

Paris et la province sont des foyers d'origine. Mais il faut aller les trouver là où ils sont. C'est assez difficile. Dispersés aux quatre coins de la France et dans les bals musettes parisiens, il faut de la persévérance et un certain goût pour ces choses-là. Tous ces endroits sont très fermés, hostiles aux étrangers et aux spectateurs, souvent dangereux. Ils ont parfaitement raison, ils se défendent, ils sont sensibles eux aussi aux questions d'ambiance, d'atmosphère et d'éducation. Ils ont une éducation à eux, toute simple, directe, humaine.

La plupart des hommes que l'on y rencontre

sont jeunes, ont une tenue d'ouvrier soigné. La chemise blanche, sans faux col, limite le masque à hauteur des épaules. Cela donne un effet de médaille. Là seulement j'ai vu des profils d'hommes; les filles s'accentuent aussi par la sécheresse des cheveux plaqués et des yeux bien inscrits. Quand ils dansent, ils se détachent nettement sur les fonds blanc nu du bal, leur silhouette compte beaucoup comme effet plastique; on les voit en entier, ils sont bien debout, adossés au mur ou assis accoudés sur la table de leurs bras comme les ouvriers qui reposent leur torse.

Les danses d'hommes sont les plus curieuses. Tête contre tête, ils dansent droit en se tenant aux côtés, les mains à plat, les coudes collés au corps.

Ils tiennent à leur élégance, ils la soignent, ils grelottent en hiver, mais leur coquetterie est de ne pas avoir de gilet, ni de pardessus.

Leur tenue est nette, sèche; c'est ce qui crée l'atmosphère tragique et dure de l'endroit.

Ils ont leur mode et leurs goûts, ils choisissent leurs chaussures et leurs casquettes, leur coiffure est recherchée comme celle des femmes. Ils ont un goût très décidé, simple, ils sont froids et sceptiques à 15 ans.

Leur précocité vient de leur milieu; il est tout naturel qu'ils commencent à « travailler » les villas de banlieue à 16 ans, ils vont bien à l'usine au même âge. Ils ont été élevés dans un milieu où rien ne se cache, à la dure, en pleine vérité, ils sont des hommes avant l'âge et cela explique leur décision et leur sens du but. Leurs yeux voient tout aussitôt nés. À cette école-là on n'est pas jeune longtemps.

Ils jugent bien et vite, les sympathies et les antipathies se décident d'instinct en quelques minutes. C'est un monde parfait et total qu'une mauvaise littérature nous empêche de voir tel qu'il est. J'ai connu avant la guerre dans les bals de Grenelle une bande qui pratiquait le vol à l'étalage. J'admirais leur plan d'opération.

Le chef, un petit brun de 16 ans, à l'œil dur, jugeait et décidait; ils étaient trois. Un chez l'épicier pour «endormir» et les deux autres enlevant la marchandise. C'était un trio homogène avec une discipline intelligente et sûre. Une tactique «invisible». Ils avaient parfaitement observé que tout tenait dans la décision et dans la discrétion. Ils travaillaient dans «le rythme de la rue» en plein jour, leur politique était d'éviter le coup d'œil par le geste non habituel qui fait que le passant se détourne ou regarde. Leur admiration pour l'un d'eux se traduisait ainsi: «C'est un as, il est transparent.»

Tout ce monde-là est prodigieux de vie, d'ingénuité, de charme et d'esprit. Un esprit d'à-propos avec le mot juste. Le seul vrai, pas livresque, intraduisible. À cent coudées de nos «professionnels» de salon, lamentables, qui composent d'avance et ennuient l'humanité. Leur force est dans leur pureté. Leur sens du vrai — ils font très bien ce qu'ils font, c'est fini — bien exécuté.

J'en ai vu à la guerre, la plupart mal compris des officiers et sacrifiés stupidement ; mis à leur place, leur rendement aurait été étonnant.

Entrez donc dans un de leurs bals. La porte s'ouvre, vous êtes immédiatement visé par tous les yeux. L'homme qui entre est regardé, pesé avec infiniment de subtilité.

Dès l'entrée, vous jugez si la situation est possible ou non.

Malgré une grande habitude de ces endroits, «j'accroche» quelquefois et je dois sortir, il ne s'est échangé ni un mot ni un geste, mais sur des regards, sur des conversations qui s'étouffent, vous devez comprendre que «ça ne glisse pas» et vous en aller ; non que la situation soit dangereuse (elle peut l'être), mais votre but est manqué, le spectacle s'arrête, se transforme, vous brisez l'atmosphère fragile qui vaut la peine d'être vue.

Mais une fois dedans sans écorchure, vous avez le sentiment très net d'être avec des Français très purs, sans aucun mélange, où toutes les traditions sont conservées.

Les danses sont nettes, vives, augmentées de fantaisies parfaitement justifiées.

Les couples se touchent peu, lents ou rapides, ils dansent légèrement sans aucun sexualisme, les danses américaines et les déformations à la mode les ont peu touchés (tout au moins dans les bals très extérieurs).

L'impression dans ces endroits est belle et tragique, chargée d'intrigues passionnelles qui sont voilées ou éclatent avec une incroyable rapidité.

L'orchestre est simple : un accordéon et des grelots attachés à la cheville du joueur. L'homme-orchestre est collé au mur en bras de chemise, il domine les danseurs, il joue des mélodies populaires à la mode, qu'il agrémente de fantaisies personnelles. C'est un inventeur perpétuel qui aime son métier.

Ils ne sont pas deux à jouer la même chose, mais tous ont le sens du rythme et leur musique est essentiellement dansante.

J'ai vu plusieurs fois ceci : un couple s'impose, souvent deux hommes. L'orchestre les a vus et joue pour eux. Ces hommes-là ont dû faire le tour du monde comme matelots ou « hors-la-loi », ils ont vu danser devant eux toutes les danses du globe. Leur mesure et leur instinct de Français font un arrangement parfaitement équilibré, très réglé, sans exotisme.

J'ai fait connaissance, il y a deux ans, de l'inventeur de la « danse-tourbillon ». Début en valse lente, accélération progressive et accroupissement lent jusqu'à toucher le sol des genoux, se relever. Recommencer avec rythme rapide, le tout agrémenté de fantaisies acrobatiques juste au moment où la danse allait devenir monotone. Cette danse était en faveur dans les bals de la Convention.

Ce sont ces hommes-là, c'est dans ces milieux-là qu'il faut chercher les origines d'une chorégraphie nouvelle et française. Elle n'est pas ailleurs.

À *propos de l'élément mécanique*[1]
(1923)

Voici quelques notes en plus de l'article du *Kunstblatt*[2] concernant mon effort personnel (spécialement sur la question élément mécanique et emploi des contrastes).

On m'a violemment critiqué d'avoir abordé (en 1918) l'élément mécanique comme possibilité plastique. Je tiens à mettre les choses au point.

Quoique je sois le premier à avoir tiré de cet élément moderne des réalisations picturales, il n'est nullement dans mon intention de crier par-dessus les toits « qu'il n'y a plus que cela ».

L'élément mécanique comme tout le reste n'est qu'un *moyen, non un but.*

Mais si l'on désire faire œuvre de puissance, de fermeté, d'intensité plastique, si l'on veut faire œuvre organique, si l'on veut créer et obtenir l'équivalent du « bel objet » que l'industrie moderne produit quelquefois, il est très tentant de se servir de ces matériaux-là comme matière première.

Un tableau organisé, orchestré comme une partition, a des nécessités géométriques absolument semblables à toute création objective humaine (réalisation industrielle ou commerciale).

Il y a le poids des volumes, les rapports des lignes, les équilibres de couleurs. Toutes choses qui nécessitent un ordre absolu. Toutes ces valeurs-là sont en puissance dans l'objet commercialisé actuel, quelquefois (rarement) en réalités plastiques. Dans ce cas, il n'y a plus qu'à admirer et à se croiser les bras. Mais la plupart du temps, ces valeurs sont éparses, comme dans un pays ou une nature morte. Alors, l'apport du peintre entre en jeu et il organise, il met son ordre dans un désordre. Il crée, il arrive à l'équivalence.

La situation du créateur d'art[3] à l'heure actuelle est assez tragique. Il est « concurrencé » par l'objet utile qui est quelquefois beau. Ou tout au moins troublant. Il faut faire aussi bien ou mieux. Des rapports géométriques, volumes, lignes et surfaces colorées (aéroplanes, automobiles, machines agricoles, tous objets commerciaux, etc.) peuvent être beaux, c'est *absolument indiscutable.*

S'ils l'étaient toujours, le rôle de l'artiste n'aurait plus aucune raison d'être. Il y a des étalages, des arrangements modernes de vitrine absolument parfaits, impossibles à utiliser, ils ne sont plus matière première, c'est fait. Cela devient une question de nombre car si cette production répondait à la demande humaine, il n'y aurait plus rien à faire. On fournit à un besoin, on débite de l'art.

Je le répète, la situation de l'artiste devant ces objets est souvent inquiétante.

Je pense, personnellement, en sortir, en cherchant l'état d'intensité organisée.

Pour cela, j'applique la loi des contrastes plastiques qui, je pense, n'a jamais été appliquée jusqu'à ce jour. Je groupe des valeurs contraires, surfaces plates opposées à des surfaces modelées, personnages en volumes opposés à des façades plates de maisons, fumées en volumes modelés, opposées à des surfaces vives d'architecture, tons purs plats, opposés à des tons gris modelés ou inversement.

Je cherche entre ces deux rapports qui sont de toute éternité des sujets de peintre, un rapport d'intensité qui n'a jamais été réalisé précédemment.

L'inquiétude du sujet à rendre a toujours gêné les artistes précédents. Beaucoup ont eu obscurément le sens de la valeur des contrastes plastiques. Aucun n'a pu dominer assez son sujet pour les appliquer intégralement, c'est-à-dire déformer s'il le faut le sujet pour le résultat plastique.

Il découle de ce principe que personnellement je puis faire un tableau concret représentatif ou déformé ou même abstrait avec le même résultat d'intensité et de force.

De ce fait j'obtiens un *état intensif organisé* et je suis certainement au-dessus de la plupart des phénomènes commerciaux (produits d'industrie). Il est infiniment rare que les éléments utiles s'associent dans un rapport tel qu'ils entrent en concurrence d'état de Beauté avec ma volonté d'organisation par contraste. Ces réalisations s'appuient sur l'observation de la vie moderne. Nous vivons *dans un monde géométrique, c'est indéniable et aussi dans un état fréquemment contrasté.* L'exemple le plus frappant est le panneau-réclame dur, fixe, local, violent, qui coupe le paysage tendre et mélodieux. Une fête mondaine actuelle met en contraste les habits noirs des hommes, durs et cassants, avec les costumes féminins plus jolis et nuancés. Époque de contrastes.

Une fête au XVIIIe siècle était simplement ton sur ton, costumes semblables. Époque de la mélodie.

Je suis donc conséquent avec mon époque et en fin de compte c'est le résultat qui importe. Tout est bon pour moyens.

Les premiers peintres ont peut-être commencé à peindre le ciel, puis des nuages, puis des arbres, puis des maisons, puis le dessin de la première route, puis le poteau télégraphique et la voiture sur cette route. Pourquoi voudrait-on à un moment donné de l'évolution humaine, crier halte-là à un homme qui utilise l'élément mécanique ? Pourquoi ? Que signifie ce geste ? C'est absurde. L'art est subjectif, c'est entendu, mais une subjectivité contrôlée, appuyée sur une matière première objective.

L'œuvre d'art c'est *l'équivoque* de ces deux quantités. Arriver à l'état fixe, l'état de durée pas trop à droite, pas trop à gauche, au milieu, — c'est extrêmement difficile. Il faut un équilibre parfait entre son instinct et son contrôle. Le romantique pousse à gauche — excès de subjectivité (état chaud). L'autre pousse à droite — excès d'objectivité (état froid).

Critique historique autant qu'idéologique, les trois textes datés de 1924 doivent être considérés comme un ensemble cohérent où s'exprime la pensée de l'artiste. Léger y dessine en effet sa conception d'un art moderne au sein de la « société de lumière » dont il souhaite l'avènement. Conception d'un peintre et d'un moraliste. La prééminence de la couleur « valeur de vie », et du mouvement sur celle du mur blanc de l'architecte, est affirmée avec force. La hiérarchie des genres qui fait de l'expression populaire la vassale des conventions du langage savant, est niée, et les propos de l'artiste se concluent sur le rêve d'une cité idéale qui accorderait à la couleur une véritable fonction sociale.

L'esthétique de la machine, l'objet fabriqué, l'artisan et l'artiste[1]
(1923-1924)

L'homme moderne vit de plus en plus dans un ordre géométrique prépondérant.
Toute créature mécanique et industrielle humaine est dépendante des volontés géométriques.

Je veux parler surtout des *préjugés* qui aveuglent les trois quarts des gens et les empêchent totalement d'arriver au libre jugement des phénomènes, beaux ou laids, qui les entourent.

Je considère que la beauté plastique, en général, est totalement indépendante des valeurs sentimentales, descriptives et imitatives. Chaque objet, tableau, architecture, organisation ornementale, a une valeur en soi, strictement absolue, indépendante de ce qu'elle représente[2].

Nombre d'individus seraient sensibles à la beauté (objet visuel) *sans intention* si l'idée préconçue de *l'objet d'art* n'était un bandeau sur les yeux. C'est la mauvaise éducation visuelle qui en est cause, et la manie moderne des classements à tout prix, des catégories d'individus comme des outils. Les hommes ont *peur du libre arbitre* qui est, pourtant, le seul état d'esprit possible pour l'enregistrement du beau. Victimes d'une époque critique, sceptique, intelligente, ils s'acharnent à vouloir comprendre au lieu de se laisser aller à leur sensibilité. « Ils croient *aux faiseurs d'art* », parce qu'ils sont professionnels. Les titres, les distinctions les éblouissent et leur bouchent la vue. Mon but est d'essayer d'imposer ceci : qu'il n'y a pas de Beau catalogué, hiérarchisé ; que c'est l'erreur la plus lourde qui soit. Le Beau est partout, dans l'ordre de vos casseroles, sur le mur blanc de votre cuisine, plus peut-être que dans votre salon XVIIIe siècle ou dans les musées officiels.

J'aurai donc à causer d'un ordre architectural nouveau : *l'architecture de la mécanique.* Toute l'architecture ancienne et moderne procède, elle aussi, des volontés géométriques[3].

L'art grec a fait dominer les lignes horizontales. Il a influencé tout le XVIIe siècle français. Le Roman, les lignes verticales. Le Gothique a réalisé l'équilibre souvent parfait entre les jeux de courbes et de droites, le Gothique est même arrivé à cette chose surprenante, de l'architecture mobile : il y a des façades gothiques qui bougent comme un tableau dynamique, c'est le jeu des lignes complémentaires qui agissent, étant opposées par contraste.

On peut affirmer ceci : une machine ou objet fabriqué peut être beau lorsque les rapports de lignes qu'inscrivent ces volumes sont équilibrés dans un ordre équivalent à celui des architectures précédentes. Nous ne sommes donc pas devant un phénomène d'ordre nouveau proprement dit, c'est tout simplement une manifestation architecturale comme les autres.

Où la question devient plus délicate, c'est lorsqu'on envisage la création mécanique avec toutes ses conséquences, c'est-à-dire son *but*. Si le but des architectures monumentales précédentes était le Beau prédominant sur l'utile, il est indéniable que, dans l'ordre mécanique, le but dominant est *utile*, strictement utile. Tout tend à l'utilité avec le plus de sévérité possible. *La poussée à l'utile n'empêche donc pas l'avènement d'un état de beauté*[4].

Le cas de l'évolution de la forme automobile est un exemple troublant de ce que j'avance ; elle est même curieuse par ce fait que, plus la voiture s'est approchée de ses fins utiles, plus elle a été belle. C'est-à-dire que, lorsque les lignes verticales ont dominé au début, étant en cela contraire à son but, elle était laide, on cherchait le cheval, on disait les voitures sans chevaux. Lorsque, par sa nécessité de vitesse, elle s'est abaissée et allongée, lorsque, par conséquent, les lignes horizontales équilibrées par les courbes ont dominé, elle est devenue un tout parfait, organisé logiquement pour son but, elle était belle.

Cette constatation entre le rapport beau et utile de l'auto ne déduit pas que la perfection utile doit amener la perfection beau, je le nie jusqu'à démonstration du contraire.

J'ai eu sous les yeux, mais non à la mémoire, des exemples fréquents de la perdition en beauté par l'accentuation à l'utile.

Le hasard seul préside à l'événement de beauté dans l'objet fabriqué.

La fantaisie que, peut-être, vous regrettez, l'état de sécheresse géométrique qui pouvait vous indisposer est compensé par le jeu de la lumière sur le métal blanc. Chaque objet-machine comporte deux qualités de matières, une souvent peinte et absorbant la lumière qui reste fixe (valeur architecturale); et une autre (métal blanc le plus souvent) qui renvoie la lumière et qui joue le rôle de la fantaisie illimitée (valeur peinture). La lumière est donc déterminante de la valeur variété dans l'objet-machine. Cette autre partie colorée m'amène à considérer ce second événement plastique de la machine. *C'est-à-dire l'événement de l'architecture mécanique polychrome*[5].

Là, certainement, nous nous trouvons devant la naissance d'un goût plastique assez obscur, mais tout de même certain; une *renaissance de l'artisan* ou, si vous préférez, la naissance d'un nouvel artisan.

L'objet fabriqué absolument nécessaire n'avait pas besoin utilement parlant, commercialement parlant, d'être coloré ; il se vendait tout de même, répondant à un besoin absolu. *Précédemment à cet événement, que voyons-nous ?* L'enluminure de l'objet utile a toujours plus ou moins existé, depuis le paysan qui orne le manche de son couteau, jusqu'aux industries modernes d'«art décoratif». Le but était et est encore : hiérarchie dans l'objet, plus-value artistique et commerciale dans la valeur de l'objet.

C'est ce domaine qui est exploité par ces productions d'objets (arts décoratifs), c'est dans le but de créer *l'objet de luxe* (qui est une erreur, à mon sens) et intensifier le marché créant une hiérarchie d'objets. Cela nous a amenés à une telle décadence de l'«objet décoratif» (artistes professionnels) que les quelques gens qui ont le goût sûr et sain, découragés, vont tout naturellement à l'objet courant en série, en bois blanc ou métal brut, beau en soi, ou qu'ils peuvent travailler ou faire travailler à leur goût.

L'objet machine polychromée, c'est un recommencement, une espèce de renaissance de l'objet initial.
La machine, je le sais, crée elle aussi des ornements ; mais, étant, par sa fonction, condamnée à travailler dans l'ordre géométrique, je lui fais

plus confiance qu'au monsieur à cheveux longs et a lavallière, ivre de sa personnalité et de sa fantaisie.

Le charme de la couleur agit, ce n'est point négligeable; commercialement parlant et au point de vue de la vente, le fabricant le sait bien. C'est tellement important que la question est à envisager sous cet aspect : « *Réaction du public devant l'objet en question.* » Comment le public juge-t-il l'objet ainsi présenté ? Juge-t-il beau d'abord ou utile ? Quel est l'ordre de son jugement ? Je pense personnellement ceci : le premier jugement, en particulier dans le peuple, sur l'objet fabriqué aperçu est fréquemment sur sa valeur beau. L'enfant, c'est indiscutable, juge beau, tellement qu'il porte à la bouche l'objet qui lui plaît et veut le manger pour prouver son désir de possession. Le jeune homme dit : « La jolie bicyclette », et, ensuite, il l'examine au point de vue utile. On dit : « La belle auto », de la voiture qui passe et qui disparaît (naissance, par conséquent, du jugement beau, libre arbitre par-dessus le préjugé beau professionnel).

Le fabricant a senti cette valeur et l'utilise de plus en plus pour son but commercial. De là à enluminer les objets strictement utiles, il a franchi le pas. Nous sommes actuellement devant une invasion sans précédent de l'objet utile multicolore. La machine agricole elle-même devient un personnage agréable et s'habille comme un papillon ou un oiseau. La couleur est une telle nécessité vitale que, partout, elle reprend ses droits.

Tous ces objets enluminés compensent la perte en couleur que l'on constate dans le costume moderne. Les modes anciennes si colorées ont disparu, le vêtement actuel est gris et noir. La machine s'habille et devient un spectacle et une compensation. Cette constatation nous amène à envisager l'objet fabriqué *beau en soi* comme valeur ornementale dans la rue. Car, après le fabricant, qui a utilisé la couleur comme moyen d'attraction et de vente, il y a l'homme de seconde main, le magasinier, le détaillant qui va, à son tour, organiser sa vitrine.

Nous arrivons à *l'art des devantures* qui a pris une grosse importance depuis quelques années. La rue est devenue un spectacle permanent d'une intensité toujours croissante[6].

La devanture-spectacle est devenue une inquiétude majeure dans l'activité du revendeur. Une concurrence effrénée y préside : *être plus vu que le voisin est le désir violent* qui anime nos rues. Vous doutez-vous du soin extrême qui préside à ce travail ?

En compagnie de mon ami Maurice Raynal nous avons assisté à ce labeur de fourmi. Non sur les boulevards, dans l'éclat des lampes à arc, mais au fond d'un passage mal éclairé. Les objets étaient modestes (au fameux sens hiérarchique du mot) : *c'était des gilets*, c'était une petite devanture de chemisier. Cet homme, cet artisan avait à disposer dans sa vitrine dix-sept gilets ; autour, autant de boutons de manchettes et de cravates. Il passait, montre en main, environ onze minutes à chaque, nous sommes partis fatigués après le sixième, nous étions là depuis *une heure* devant cet homme qui, après avoir déplacé ces objets d'un millimètre, sortait pour voir l'effet ; il sortait, à chaque fois tellement absorbé qu'il ne nous voyait pas. Avec un doigté d'ajusteur, de metteur au point, il organisait son spectacle, le front tendu, l'œil dur ; comme si toute sa vie du lendemain en dépendait. Quand je pense au lâché, au débridé des œuvres de certains artistes, peintres renommés, et dont les tableaux se vendaient très cher, nous admirions profondément ce *brave artisan*, forgeant avec peine et avec conscience son œuvre à lui qui vaut plus que l'autre, qui va disparaître, et qu'il devra renouveler dans quelques jours avec le même soin et la même acuité. Chez ces hommes-là, chez ces artisans, il y a un concept d'art incontestable, lié étroitement au but commercial, un fait plastique d'un ordre nouveau et équivalent des manifestations artistiques existantes quelles qu'elles soient.

Nous nous trouvons devant une renaissance, tout à fait admirable, d'un monde d'artisans créateurs qui font la joie de nos yeux et transforment la rue en un spectacle permanent et variable à l'infini. Je vois très bien les salles de spectacle se vider et disparaître, et les gens vivre dehors si le préjugé *hiérarchique d'art* n'existait pas. Le jour où l'œuvre de tout ce monde de travailleurs sera comprise et sentie par des gens exempts de préjugés, qui auront des yeux pour voir, vraiment on assistera à une révolution surprenante. Les faux grands hommes tomberont de leur piédestal et les valeurs seront enfin à leur place. *Je le répète, il n'y a pas* hiérarchie d'art. Une œuvre vaut ce qu'elle vaut en elle-même et un critérium est impossible à établir, c'est une affaire de goût et de capacité émotive individuelle.

Devant ces réalisations d'artisans, quelle est la situation de l'artiste dit «professionnel»?

Avant d'envisager la situation en question, je me permettrai de jeter un regard en arrière sur une erreur plastique monstrueuse qui pèse encore de tout son poids sur les jugements artistiques du monde.

L'avènement de la beauté mécanique, de tous ces objets beaux sans intention d'art, m'autorise à une révision rapide des valeurs anciennes à intention, et classées comme définitives.

La Renaissance italienne (*La Joconde*, le

XVIe siècle) est considérée par le monde entier comme une apogée, un sommet, un idéal à atteindre ; l'école des Beaux-Arts base sa raison d'être sur l'imitation servile de cette époque ; *c'est l'erreur la plus colossale qui soit.* Le XVIe siècle est une époque de décadence à peu près totale dans tous les domaines plastiques.

C'est l'erreur de *l'imitation,* de la copie servile du sujet opposée à l'époque dite «primitive» et précédente qui est grande et immortelle justement parce qu'elle invente ses formes et ses moyens. La Renaissance a pris le moyen pour le but, a cru de plus au beau sujet ; elle a donc additionné deux erreurs capitales, l'esprit d'imitation et la copie du *beau sujet.*

Les hommes de la Renaissance ont cru être supérieurs aux Primitifs, leurs prédécesseurs ; en imitant les formes naturelles au lieu d'en chercher l'équivalence, ils ont décrit avec complaisance dans des tableaux immenses les gestes et les actions les plus marquants, les plus théâtrals de leur époque. *Ils ont été victimes du beau sujet. Si un sujet est beau,* une forme est belle, c'est une valeur absolue en soi, rigoureuse, intangible.

On n'imite ni ne copie une chose belle, on admire et c'est tout ; on peut, tout au plus, créer par son talent une œuvre équivalente.

C'est la Renaissance qui a engendré cette espèce de maladie qui est l'École des Beaux-

Arts, en courant extasiée après le *beau sujet*. Ils ont voulu une chose qui est même matériellement impossible ; un objet beau est incopiable, irreproduisible au sens scientifique du mot ; l'expérience banale des trente élèves devant le bel objet dans la même lumière, en même temps et faisant tous les trente une copie différente, est assez concluante ; les moyens scientifiques comme le moulage ou la photographie ne sont pas plus heureux. Toute manifestation de beau, quelle qu'elle soit, comporte en elle une inconnue qui sera toujours mystérieuse pour l'admirateur ; elle l'est déjà pour le créateur qui, pris entre son conscient et son inconscient, est incapable de délimiter les cadres de ces deux sentiments ; l'objectif et le subjectif se heurtent continuellement, se pénètrent de telle sorte que l'événement qui est la création reste une énigme toujours partielle pour l'artiste. *La belle machine* c'est le *beau sujet* moderne, elle est aussi incopiable.

Deux producteurs sont donc en présence, vont-ils se détruire ?

Je crois que le besoin de beauté est plus répandu qu'il n'en a l'air. Depuis l'enfant jusqu'à nous, la demande de Beau est considérable, les trois quarts des gestes et aspirations journaliers sont inquiets de ce désir. Là aussi la loi de l'offre et de la demande fonctionne ;

mais la demande, à l'heure actuelle, s'adresse surtout à *l'artiste professionnel*, grâce au préjugé dont j'ai parlé plus haut et qui lui profite, qui fait que les yeux sont à peine ouverts encore sur tout bel objet d'artisan fabriqué ; parce qu'il n'est pas œuvre d'« artiste ».

Je viens de voir le spectacle de la Foire de Paris où l'invention bouillonne à chaque pas, où l'effort de mise en valeur de l'exécution est prodigieux.

Je suis stupéfié de voir que tous ces hommes qui, par exemple, ont organisé ces admirables panneaux de pièces détachées, ces fontaines étonnantes de lettres et de lumières, ces machines puissantes ou furieuses, ne comprennent pas, ne sentent pas qu'ils sont les vrais artistes, qu'ils ont bouleversé toutes les données plastiques modernes. Ils ignorent la qualité plastique qu'ils créent, ils ne le savent pas.

L'ignorance, en pareil cas, est peut-être salutaire, mais c'est un drame vraiment douloureux que cette question si troublante de l'inconscient dans la création artistique et qui troublera longtemps encore les chercheurs de mystère.

Supposons tout de même, comme je le disais tout à l'heure, que tout ce monde immense d'ingénieurs, d'ouvriers, de commerçants, d'étalagistes, prennent conscience de la beauté qu'ils fabriquent et dans laquelle ils vivent. La demande de beau serait presque satisfaite pour eux : le paysan serait satisfait de la belle machine à faucher polychrome et le vendeur de sa mélodie de cravates. *Pourquoi faut-il que ces gens-là aillent s'extasier le dimanche sur des tableaux douteux du Louvre ou d'ailleurs ? Sur mille tableaux, deux sont-ils beaux ? Sur cent objets fabriqués, trente sont beaux* et résolvent cette difficulté d'Art, beaux et utiles à la fois.

L'artisan regagne sa place, qu'il aurait toujours dû garder, car c'est lui le vrai créateur, c'est lui qui journellement, modestement, inconsciemment, crée et invente ces jolis bibelots, ces belles machines, qui nous font vivre. Son inconscient le sauve. L'immense majorité des artistes professionnels sont haïssables par leur orgueil d'individus et par leur état conscient ; ils dessèchent tout. C'est toujours dans les époques décadentes qu'on a constaté l'hypertrophie hideuse de l'individu chez les faux artistes (la Renaissance).

Faites un tour dans les Salons de la Machine, car la machine a ses Salons annuels, comme ces Messieurs les artistes, allez voir le Salon de l'Automobile, de l'Aviation, la Foire de Paris, qui sont les plus beaux spectacles du monde. Regardez bien le travail, chaque fois que l'exécution est l'œuvre d'un artisan elle est bien, chaque fois qu'elle est violée par un professionnel elle est mauvaise.

Il ne faudrait jamais que les fabricants quittent leur terrain et s'adressent à des artistes professionnels, *tout le mal vient de là.*

Ils croient, ces braves gens, qu'il y a au-dessus d'eux une catégorie de demi-dieux qui font des choses admirables, bien plus belles que les leurs, qui annuellement exposent ces immortels chefs-d'œuvre aux Artistes français, au Salon de la Nationale ou ailleurs. Ils y vont en redingote à ces vernissages, et ils s'extasient humblement devant ces imbéciles qui ne leur arrivent pas à la cheville.

S'ils pouvaient faire crever le stupide préjugé, s'ils *savaient que les plus beaux Salons annuels d'art plastique ce sont les leurs*, ils feraient confiance aux hommes admirables qui les entourent, *les artisans*, et ils n'iraient pas chercher ailleurs des incapables prétentieux qui massacrent leur œuvre.

Que conclure en définitive de tout cela ? Que l'artisan est tout ? Non. je pense qu'au-dessus de lui quelques hommes, très peu, sont capables de l'élever dans leur concept plastique à une hauteur qui domine ce premier plan de Beau. Ces hommes-là doivent être susceptibles de considérer l'œuvre de l'artisan et celle de la nature comme matière première, de l'ordonner, de l'absorber, de fondre tout dans leur cerveau avec un équilibre parfait des deux valeurs, conscient et subconscient, objectif et subjectif.

La vie plastique est terriblement dangereuse, l'équivoque y est perpétuelle. Aucun critérium n'est possible, aucun tribunal d'arbitrage n'existe pour trancher le différend du Beau.

Le peintre impressionniste Sisley, à qui on présentait deux de ses tableaux pas tout à fait identiques, ne put dire lequel était faux. Nous devons vivre et créer dans un trouble perpétuel, dans cette équivoque continue. Celui qui manie les belles choses l'ignore ; à ce propos, je me rappellerai toujours une année où, plaçant au Salon d'Automne, j'avais l'avantage d'être voisin avec le Salon de l'Aviation qui allait s'ouvrir. J'entendais à travers les cloisons les marteaux et les chansons des hommes de la machine. Je franchis la frontière, et jamais, malgré mon habitude de ces spectacles, je ne fus autant impressionné. Jamais pareil contraste brutal n'avait frappé mes yeux. Je quittais d'énormes surfaces mornes et grises, prétentieuses dans leur cadre, pour les beaux objets métalliques durs, fixes et utiles, aux couleurs locales et pures, l'acier aux infinies variétés jouant à côté des vermillons et des bleus. La puissance géométrique des formes dominait tout cela[7].

Les mécaniciens m'avaient vu passer, ils savaient qu'ils avaient des artistes comme voisins, ils me demandèrent à leur tour l'autorisation de passer de l'autre côté, et ces braves types, qui n'avaient jamais vu un Salon de Peinture de leur vie, qui étaient propres et fins, élevés dans la belle matière première, tombèrent en extase devant des œuvres que je ne qualifierai pas.

Je reverrai toujours un gamin de seize ans, les cheveux rouge feu, une veste en treillis bleu toute neuve, un pantalon orange et une main tachée de bleu de Prusse, contemplant béatement des femmes nues dans des cadres dorés; sans s'en douter le moins du monde, avec son accoutrement d'ouvrier moderne éclatant de couleurs, il tuait tout le Salon, il ne restait plus rien sur les murs que des ombres vaporeuses dans des cadres vieillis; le gamin éblouissant qui avait l'air d'être enfanté par une machine agricole, c'était le symbole de l'exposition d'à côté, de la vie de demain, quand le Préjugé sera détruit.

L'esthétique de la machine,
l'ordre géométrique et le vrai[1]
(1924)

Chaque artiste possède une arme offensive lui permettant de brutaliser la tradition. Cherchant l'éclat et l'intensité, je me suis servi de la machine, comme il arrive à d'autres d'employer le corps nu ou la nature morte. On ne doit jamais être dominé par le sujet. On est devant sa toile et non dessus, ou derrière. Sinon on date. L'objet fabriqué est là, absolu, polychrome, net et précis, beau en soi ; et c'est la concurrence la plus terrible que jamais artiste ait subie. Question de vie ou de mort, situation tragique, mais combien neuve ! Je ne me suis jamais amusé à copier une machine. J'invente des images de machines, comme d'autres font, d'imagination, des paysages. L'élément mécanique n'est pas pour moi un parti pris, une attitude, mais un moyen d'arriver à donner une sensation de force et de puissance. Le peintre est pris entre un chiffre *réaliste* et un chiffre *invention,* qui deviennent le subjectif, l'objectif. Il s'agit de centrer, la tête étant, si l'on veut, au ciel, les pieds demeurant à terre. Il faut garder du sujet ce qui est utilisable, et de cet utilisable tirer le meilleur parti possible. J'essaie, avec des éléments mécaniques, de créer *un bel objet.*

Créer le bel objet en peinture, c'est rompre avec la peinture sentimentale. Un ouvrier n'oserait livrer une pièce autrement que nette, polie, brunie. Rien n'y est éparpillé, tout fait bloc. Le peintre doit chercher à réaliser le tableau propre, possédant le *fini.* Les Primitifs songeaient à ces choses. *Ils avaient la conscience professionnelle.* La peinture est jugée au décimètre, alors que la mécanique l'est au dixième de millimètre. L'artiste met sa sensibilité au service d'un travail. Il y a des ouvriers et des ingénieurs. Rousseau est un ouvrier, Cézanne un petit ingénieur.

Le ton pur implique l'absolue franchise et la sincérité. Avec lui, on ne triche pas. Tout au plus un ton neutre, s'il voisine dans une de mes toiles, renaît sous l'influence d'un ton pur. Comme je cherche, dans mes toiles, à donner l'impression du mouvement, j'oppose, aux surfaces planes, des volumes qui les font jouer. J'ai collaboré à des motifs architecturaux, je me contentais alors d'être ornemental, les volumes *étant donnés par l'architecture et les personages évoluant autour.* Je sacrifiais le volume à la surface, le peintre à l'architecte, n'étant qu'enlumineur de surfaces mortes. Il n'est pas question, dans des œuvres de ce genre, d'hypnotiser par la couleur, mais de sublimer des surfaces, de donner au bâtiment, à la ville, *une physionomie de joie.* À nous, peintres français, notre époque nous échappe. En Allemagne, la collaboration des architectes et des peintres est étroite. Là seulement, la vie plastique existe. Elle est nulle à Paris, et sera nulle tant qu'on n'admettra pas la possibilité de *l'enluminure des murs.*

Dans le *Ballet*, je ne conçois que l'ornemental. De simples surfaces couvertes de tons plats. C'est ce que je fis pour *Skating Ring*, ce que je fis pour la *Naissance du monde*. En collaboration avec Darius Milhaud et Blaise Cendrars nous créâmes un drame africain. Tout y est transposé. Comme point de départ, je prends des statues nègres de haute époque. Comme documents, des danses originales. On y assista, sous l'égide de trois dieux nègres de huit mètres de hauteur, à la naissance des hommes, des plantes et des animaux[2].

La beauté plastique est totalement indépendante des valeurs sentimentales, descriptives et imitatives. Chaque objet, tableau, architecture, organisation ornementale, a une valeur en soi, absolue, indépendante de ce qu'elle peut représenter. Tout *objet créé* peut comporter lui-même une beauté intrinsèque, comme tous les phénomènes d'ordre naturel, admirés par le monde de toute éternité. Il n'y a pas le *beau*, catalogué, hiérarchisé. Le beau est partout, dans l'ordre d'une batterie de casseroles sur le mur blanc d'une cuisine, aussi bien que dans un musée.

La beauté moderne se confond presque toujours avec la nécessité pratique. Exemples : la locomotive, de plus en plus près du cylindre parfait, la voiture automobile qui, par nécessité de la vitesse, s'est abaissée, allongée, *centrée*, est parvenue à un rapport équilibré de lignes courbes et horizontales, né de *l'ordre géométrique*[3].

La forme géométrique est dominante, sa pénétration de tous les domaines, son influence visuelle et psychologique. L'affiche brise le paysage, le compteur électrique sur le mur tue le calendrier.

Il faut utiliser plastiquement toutes ces valeurs nouvelles, en chercher l'équivalence. Je conçois deux modes d'expression plastique :

1°) *L'objet d'art* (tableau, sculpture, machine, objet), valeur rigoureuse en soi, faite de concentration et d'intensité, antidécoratif, contraire d'un mur. Coordination de tous les moyens plastiques possibles, groupement des éléments en contrastes, multiplication dans la variété, rayonnement, lumière, mise au point, intensité-vie, le tout bloqué dans un cadre, isolé, personnifié.

2°) *L'art ornemental*, dépendant d'une architecture, valeur rigoureusement relative (tradition presque) se pliant aux nécessités du lieu, respectant les surfaces vives et n'agissant que comme destruction des surfaces mortes. (Réalisation en surfaces plates colorées abstraites, les volumes étant donnés par les masses architecturales et sculpturales.)

Il faut distraire l'homme de son effort énorme et souvent désagréable, l'envelopper, le faire vivre dans un ordre plastique nouveau et prépondérant.

Je trouve l'état de guerre beaucoup plus normal et plus souhaitable que l'état de paix. Naturellement tout dépend du point de vue où l'on se place. Chasseur ou gibier. Si je me place au point de vue sentimental, j'ai l'air d'un monstre. *Ce point de vue-là, je veux l'ignorer toute ma vie.* C'est un bagage insupportable pour quiconque fait œuvre plastique. C'est un narcotique, une valeur négative comme la rime en poésie. Si je me place face à la vie, avec toutes ses possibilités, j'aime ce qu'il est convenu d'appeler l'état de guerre, qui n'est autre que *la vie au rythme accéléré.* L'état de paix étant la vie au rythme ralenti, c'est une situation d'embrayage, derrière les persiennes fermées, quand tout se passe dans la rue où le *créateur* doit être. La vie s'y révèle accélérée et profonde et tragique. Là, les hommes et les choses sont vus dans toute leur intensité, leur valeur hypertrophiée, examinée sous toutes les faces, tendue à craquer.

Avant la guerre, mon père faisait conduire ses bœufs à la Villette sous la garde de chiens qui leur mordaient les jarrets. Maintenant qu'un bœuf vaut 6 000 francs, il n'y a plus de chiens. Autrefois, un verre valait trois sous, il vaut trois francs aujourd'hui; chaque objet a pris une valeur en soi. Il n'y a plus de déchet.

Un clou, un bout de chandelle, un lacet de chaussure peuvent coûter la vie d'un homme ou d'un régiment. Si, dans la vie courante, on y regarde à deux fois, et c'est cela qui est admirable, *il n'y a plus de valeurs négligeables*, tout compte, tout concourt et l'ordre des valeurs usuelles et conventionnelles est renversé. Un officier nerveux est foutu, et un terrassier de sang-froid le remplace. La valeur-homme, la valeur-objet, la valeur-machine prennent leur hiérarchie naturelle, impitoyablement. La vie actuelle, c'est l'état de guerre, voilà pourquoi j'admire profondément mon époque, dure, aiguë, mais qui, avec ses immenses lunettes, voit clair et veut voir toujours plus clair, quoi qu'il advienne. C'est fini le brouillard, le clair-obscur, c'est l'avènement de l'état de lumière. Tant pis pour les yeux affaiblis. Le flou, l'arrangement des nuances va périr, et il faudra bien que les peintres y passent

Mes préférences littéraires vont aux hommes

qui ont suffisamment d'angle visuel pour envisager le drame humain dans son total et sans *œillères*. Balzac, Dostoïevski sont ceux que je relis toujours avec le même intérêt[4]. Leur œuvre est une boule dont toujours un aspect m'est caché. Il faut tourner pour voir ; alors je tourne, et il y a toujours du nouveau. Ils ont le sens du « gros plan ». Le cinéma de l'avenir est là aussi, vers la *personnification du détail grossi*, l'individualisation du fragment, où le drame se noue, se situe, s'agite. Le cinéma concourt à ce respect de la vie. La main est un objet multiple, transformable.

Avant de l'avoir vue au cinéma, je ne savais pas ce que c'était qu'une main ! L'objet par lui-même est capable de devenir une chose absolue, émouvante, tragique.

Le spécialisme en littérature, en art plastique, ne peut rien donner. L'art, fait uniquement d'esprit et de goût, tient en France une place considérable. Bien que je sois français, ces choses-là m'échappent. Je leur préfère des œuvres « de dimension ». Whitman, Rimbaud, Cendrars, malgré les erreurs qu'ils n'évitent pas toujours, sont des « gros plans » qui témoigneront de la réalité actuelle dans l'avenir[5].

*Le spectacle, lumière, couleur,
image mobile, objet-spectacle*[1]
(1924)

Avoir à parler du spectacle, c'est envisager le monde dans toutes ses manifestations visuelles journalières, c'est devenu un des besoins fondamentaux de l'existence. Il domine toute la vie courante.

L'œil, l'organe majeur aux mille responsabilités, commande plus que jamais l'individu; il enregistre sans arrêt du matin au soir, il doit être rapide, juste, subtil, infaillible, précis.

La vitesse est la loi du monde moderne, l'œil doit « savoir choisir » dans la fraction de seconde où il joue son existence, soit au volant de la machine, soit dans la rue, soit derrière le microscope du savant.

La vie roule à une telle allure que tout devient mobile.

Le rythme est tellement dynamique que la « tranche de vie » vue de la terrasse d'un café est un spectacle. Les éléments les plus divers s'y choquent, s'y heurtent. Le jeu des contrastes est si violent qu'il y a toujours hypertrophie dans l'effet entrevu.

Sur les boulevards deux hommes transportent dans une voiture à bras d'immenses lettres dorées ; l'effet est tellement inattendu que tout le monde s'arrête et regarde. *Là est l'origine du spectacle moderne.* Le saisissement par l'effet de surprise, organiser un spectacle basé sur ces phénomènes quotidiens nécessite de la part des artistes prétendant à distraire les foules un renouvellement continu ; c'est un dur métier, le plus dur des métiers[2].

Il faut un état de choix et d'invention constant. Heureusement nos moyens modernes sont décuplés grâce aux inventions journalières.

Les objets, les lumières, les couleurs de fixes et restreintes qu'elles étaient, deviennent vivantes et mobiles.

Précédemment et autour de nous, l'élément humain domine la scène ; il s'impose partout comme valeur-spectacle, depuis le danseur éblouissant qui commande la scène par son talent jusqu'aux ensembles sexuels des music-halls. Mais les super-revues, la course au toujours nouveau, ont usé, vulgarisé les moyens déjà restreints dont ils disposent.

Ils ont « touché le plafond ». La source s'épuise.

Nous sommes à fin de crise.

Essayons d'agir avec des matériaux plus neufs, tout neufs.

Un spectacle doit être rapide, son unité ne permet pas plus de 15 à 20 minutes, cherchons dans cette courte durée «des moyens nouveaux».

On a trouvé celui de concurrencer, de renouveler mécaniquement l'homme-spectacle. On peut faire bouger, agir les matières mêmes.

L'industrie et le commerce, entraînés dans une course effrénée à la concurrence, ont fait main basse les premiers sur tout ce qui peut faire attraction. Ils ont admirablement senti qu'une vitrine, qu'un grand magasin doit être un spectacle. Ils ont eu l'idée de créer une atmosphère enveloppante, pressante en utilisant uniquement les objets dont ils disposent. Une femme qui entre chez eux est à demi conquise; il faut qu'elle achète, elle achètera car son état de défense est anéanti par le «truc génial du marchand».

C'est un envoûtement, une fascination, savamment réglée, les magasins veulent une victime, ils l'ont souvent. Le bar lumineux, coloré, est celui qui fait le plus d'affaires[3].

La religion catholique a su, elle aussi, se servir de ces moyens pour mener les hommes d'après ses directives. En possession de ses admirables églises elle a poussé très loin l'art du spectacle, elle aussi a subjugué les foules par l'ordonnance savante et voulue de ses manifestations culturelles intérieures et extérieures.

Elle a compris, il y a longtemps, que l'homme va d'instinct à l'objet brillant, lumineux et coloré. Elle s'est approprié la musique et le chant. Si elle s'est imposée au monde, c'est qu'elle n'a négligé aucun des moyens visuels et auditifs de son époque.

Écrasé par l'énorme mise en scène de la vie, que va faire l'artiste prétendant conquérir son public? Une seule chance lui reste à courir: s'élever au plan de beauté en considérant tout ce qui l'entoure comme matière première, choisir, dans le tourbillon qui roule sous ses yeux, les valeurs plastiques et scéniques possibles, les interpréter dans un sens spectacle, arriver à l'unité plastique et dominer à tout prix. S'il ne s'élève pas suffisamment, s'il n'atteint pas le plan supérieur, il est immédiatement concurrencé par la vie même qui l'égale et le dépasse. Il *faut inventer coûte que coûte*[4].

L'adaptation à la mode est inférieure et loin du problème à résoudre. J'adapte, tu adaptes, il adapte, c'est la formule élégante, le minimum d'efforts, la position assise. La vie actuelle n'adapte jamais, elle crée tous les matins sans cesse, bien ou mal, mais elle invente. Si l'adaptation est défendable au point de vue théâtre, elle ne l'est pas au point de vue spectacle.

Il n'y a place actuellement, sur la scène immense du monde, aussi bien que sur celle, plus restreinte, d'une scène publique, que pour les inventeurs et non les arrangeurs.

L'effort commercial est à un tel cran qu'un défilé de mannequins chez un couturier de qualité égale et dépasse même, comme valeur-spectacle, nombre de scènes moyennes.

Jamais une époque n'a été aussi frénétique de spectacle que la nôtre. La ruée des foules vers l'écran ou la scène est un phénomène constant. Dans les quartiers populaires, les places sont retenues d'avance.

Cette frénésie, ce besoin de distraction à tout prix, doit tenir à une nécessité de réaction contre la dureté et l'exigence de la vie moderne.

C'est une vie dure, sèche, précise, le microscope sur toute chose, l'objet, l'individu fouillé, examiné sous toutes ses faces, le temps, la dimension pris au sérieux, la seconde et le millimètre, mesure courante, une course à la perfection telle que le génie inventif est poussé à ses extrêmes limites. Époque résultant d'une guerre éducatrice où toutes les valeurs ont été mises à nu. Révision totale des valeurs morales et matérielles. L'endurance humaine éprouvée et poussée au maximum. Après quatre années de ce paroxysme, l'homme moderne se retrouve sur un plan social qui n'est pas la paix, il se retrouve sur un autre plateau où la guerre économique ne lui laisse pas de répit, c'est un autre état de guerre aussi impitoyable que le premier.

Tant que l'évolution économique n'aura pas donné à l'homme l'équilibre nouveau espéré, tant qu'il sera victime de la machine au lieu d'en être bénéficiaire, on assistera à ce phénomène journalier des gens qui se bousculent pour aller au travail, pour manger et qui le soir se ruent au spectacle pour chercher une distraction à l'éreintement quotidien. Ils vont là comme les mouches à la lumière, fascinés, espèce de soûlerie qui se place entre celle des bistrots et celle des stupéfiants, poussés aussi par un sentiment obscur, peu saisissable, mais certain, un besoin de Beauté sur lequel je reviendrai tout à l'heure.

Qu'a-t-on à offrir en pâture à cette demande énorme ?

Les music-halls, les cirques, les revues, les troupes de ballets et les fêtes populaires ou mondaines sont les terrains d'action (le théâtre, proprement dit, étant hors de mon sujet) ; je citerai cependant comme une des manifestations théâtrales les plus originales *Les six messieurs en rang* de Jules Romain.

Précédemment à notre époque, que voit-on ?

La scène antique est surtout théâtrale, la gesticulation, le déclamatoire, le dramatisme sont leurs moyens. Comme procédé plastique, celui qui nous intéresse et qui nous touche, c'est son masque ; elle a inventé le masque.

Le masque domine la scène antique, et les peuples les plus primaires l'utilisent comme moyen de spectacle. Ils envisageaient donc déjà, avec leurs faibles moyens, que la similitude humaine sur la scène était une gêne à l'état lyrique, à l'état d'étonnement.

Déjà, ils voulaient transformer la figure.

Je vais m'efforcer de me relier à cet événement car c'est un des points importants de cette conférence.

Rompre entre le visuel de la salle et celui de la scène, faire disparaître l'individu pour utiliser le matériel humain. Créer une scène d'invention. Le matériel humain apparaît, mais égal comme valeur-spectacle à l'objet et au décor[5].

Nos moyens actuels, c'est entendu, sont multiples, mais à une condition, je le répète, que l'individu-roi veuille bien devenir un moyen comme le reste. L'artiste-vedette, avec tout le talent qu'il faut avoir, est un obstacle fréquent à l'unité. Il a toutes nos sympathies, ce danseur qui « fait tout ce qu'il faut » depuis des siècles, pour arracher l'enthousiasme au public, mais malgré tout son génie, il n'a pas mille autres manières de sourire, de tourner, de jeter la jambe, de bondir ; il a, pour ainsi dire, tout fait et tout dit. Que tous ces artistes de grand talent consentent modestement à regarder autour d'eux, à envisager les moyens qui leur permettent de se renouveler, ils seront toujours à leur place sur la scène, ils pourront y briller, mais qu'ils regardent le document humain ; la vie journalière pleine de faits plastiques les aidera sans qu'ils aient besoin d'aller « prendre » dans les musées.

Pourquoi n'acceptent-ils pas la leçon des acrobates, des modestes acrobates ? Dans dix minutes de spectacle acrobatique, il y a plus de « passages plastiques » que dans beaucoup de scènes de ballet. Demandez donc à ces messieurs les danseurs-vedettes de faire « la roue » ou de marcher sur les mains, ou encore de faire le « saut périlleux », *ils ne savent pas*, ils manquent tous de vitesse. Pourtant quelle richesse d'effets scéniques ils auraient trouvé là. Être gracieux, voilà le programme de la plupart. Ils savent bien qu'il y a de la grâce et du charme autour de nous, partout, dans la rue, du haut en bas des maisons, ils sentent qu'il peut y avoir un plan spectacle fait de charme et de grâce et qui n'a rien à voir avec l'éternel rond de bras, rond de jambe et joli sourire.

Qu'ils se décident à être plus chorégraphes que vedettes, qu'ils consentent à devenir partie du spectacle « à égalité », qu'ils acceptent le rôle de décor-mobile, qu'ils dirigent eux-mêmes l'avènement de l'objet-spectacle. Alors vous verrez apparaître sur la scène nombre de moyens entièrement nouveaux qui jusque-là étaient restés dans l'ombre, «dans la coulisse», alors vous aurez le mécanisme des inattendus plastiques, qui pourront jouer et animer la scène[6].

Prenons le problème à son origine. Nous avons une salle morte, inanimée et noire : 30 % des spectateurs sont des gens distraits, froids, difficiles à saisir; devant eux une scène; entre eux et la scène un espace neutre dangereux, difficile à franchir : la rampe; obstacle qu'il faut pourtant franchir pour créer l'atmosphère indispensable à tout spectacle pour aller attraper le Monsieur qui allait s'en aller.

Pour arriver à ce point, il faut un maximum d'effets scéniques, il faut justifier cet axiome «que l'état d'une scène doit être *inversement proportionnel à l'état de la salle*».

Poussons le système jusqu'au bout, décrétons que la scène doit être d'invention complète. Salle = immobilité, obscurité, néant.

Scène = lumière, mobilité, vie.

Je dis une scène d'invention totale.

Vous ne reverrez même pas sur ma scène le nez du Monsieur qui vous a déplu dans l'autobus, ni le profil de la dame blonde, dont vous êtes jalouse.

L'individu a disparu, il devient décor-mobile ou... il passe dans la coulisse pour régler le théâtre nouveau du bel objet.

Remarquez bien que nombre d'artistes de

music-hall ont senti l'importance de l'objet-spectacle. Ils s'en entourent; les acrobates, les jongleurs le soignent et le mettent en valeur, mais toujours derrière eux en second plan.

Leur mise en scène, aussi restreinte qu'elle soit, est pour moitié dans leur effet-spectacle.

Le « Ciel » du Nouveau-Cirque est un monde tout à fait merveilleux. Lorsque, perdu dans cette étonnante planète métallique où brillent les projecteurs, le petit acrobate risque sa vie tous les soirs, je suis distrait. Malgré son jeu dangereux imposé par la cruauté d'un certain public qui a bien dîné et qui lui envoie des bouffées de cigare, je l'oublie. Je regarde le spectacle qui est autour de lui, toutes les gueules congestionnées je ne les vois plus, je suis pris par cette architecture singulière de mâts colorés, de tubes métalliques, de fils qui se croisent et qui agissent sous l'effet des lumières.

Ne perdez pas de vue cet événement. Tirez-en des conséquences au point de vue attraction.

Tout doucement, faites disparaître le « bonhomme », je vous jure que la scène ne sera pas vide, car nous allons faire *agir les objets*.

Prenons une scène avec minimum de profondeur. Tenir le plus possible le plan vertical, régler, montre en main, le temps d'action (minuterie du geste, du projecteur, du son). Un mouvement plastique qui vaut en dix secondes devient mauvais s'il dure douze. Le décor du fond est mobile. L'action se déclenche : six acteurs, « décor mobile », traversent la scène en faisant la roue (scène lumineuse), ils reviennent, ils sont phosphorescents (scène noire), le haut du décor s'anime de projections cinématographiques — décor du fond immobile, il disparaît — apparition du bel objet métallique et lumineux, il bouge et disparaît. Activité contrôlée de toute une scène où les surprises et les inattendus gracieux et violents jouent continuellement, se croisent et se multiplient au gré de l'animateur. Si une figure apparaît, qu'elle soit figée, fixe, rigide, comme un métal. La figure humaine peut jouer son rôle, mais son « expression » est absolument nulle sur la scène-spectacle ; fortement maquillée ou masquée, transformée, le geste réglé, elle a sa place comme valeur de variété, pas plus. Le matériel humain peut être employé par ensembles mobiles dans un rythme parallèle ou contrasté à condition qu'il ne sacrifie rien à l'action générale[7].

Ces moyens en jeu doivent franchir la rampe, créer l'atmosphère, prendre la salle, conquérir les spectateurs, car s'ils sont logiques, s'ils ont le sens de ce qu'ils désirent, ils doivent être satisfaits.

Rien sur la scène qui rappelle la salle. Une transposition complète, une féerie nouvelle est créée, tout un monde nouveau et inattendu évolue devant eux.

Ils sont des aveugles que, tout à coup, une baguette magique a guéris ; ils voient, émerveillés, un spectacle qu'ils n'avaient jamais vu.

La scène moderne peut aller, si l'on veut, jusque-là, on possède les moyens de le faire. Le public suivra, il a suivi, l'épreuve est faite. Le public est meilleur qu'on ne le pense, mais il y a souvent entre le public et l'animateur un personnage important et encombrant qui est l'organisateur ou l'imprésario qui, souvent, méconnaît son public et fausse tout. Ils ne sont pas tous ainsi, heureusement. Jacques Hébertot est un prodigieux animateur et je veux rendre ici hommage à Rolf de Maré, directeur des Ballets suédois, qui, le premier en France, a eu le courage d'accepter un spectacle où tout est machination, et jeux de lumière, où aucune silhouette humaine n'est en scène ; à Jean Börlin[8] et à sa troupe condamnée au rôle de décor-mobile.

C'est en acceptant le ballet *Création du monde* (ballet nègre) qu'il a osé imposer au public pour la première fois une scène vraiment moderne, comme moyens techniques tout au moins. Le succès a récompensé son effort, le public l'a suivi franchement, directement, pendant que des critiques officiels s'égaraient la plupart dans des considérations inutiles. Son œuvre de propagande française est considérable, ses créations, dont huit sur dix sont dues à des artistes d'avant-garde français, ont fait le tour du monde. Il revient d'Amérique où, malgré les grosses difficultés que comporte un pareil voyage, il aura encore été le premier à avoir risqué et imposé là-bas un programme presque entièrement français. Il faut que ce soient des étrangers comme Rolf de Maré et Serge de Diaghilew qui viennent choisir la qualité vive française pour l'imposer au monde.

J'ai entendu parler qu'il y a eu à Paris un service de propagande, qu'a-t-il fait? A-t-il jamais pris contact avec ces hommes courageux qui risquent d'énormes capitaux sans être pour une fois «des hommes d'affaires?» Je ne crois pas. Qu'a fait cette propagande? Qu'ont fait ces Messieurs pendant et après la guerre? Y a-t-il un document quelque part qui dévoile leur héroïsme?

Mais, malgré cela, tout avance, malgré cette lamentable incurie la vie marche et l'évolution se précipite. Le cinéma est venu avec ses possibilités plastiques illimitées, invention énorme et lourde de conséquences plastiques qui, malheureusement, sont souvent arrêtées par un point de départ entièrement faux.

Le roman à l'écran est une erreur fondamentale, cela tient à ce que la plupart des metteurs en scène sont d'origine et d'éducation littéraires.

Malgré leur talent indiscutable, ils sont pris

entre un scénario qui doit rester un moyen et l'image mobile qui doit être le but, ils confondent souvent les deux choses. Ils sacrifient cette chose admirable qu'est « l'image qui bouge » pour imposer une histoire qui est beaucoup mieux dans un livre. C'est encore cette funeste « adaptation » qui est si commode et qui arrête toute nouveauté. Leurs moyens sont pourtant infinis, illimités, ils ont cette possibilité étonnante de pouvoir personnifier et donner une vie totale à un fragment ; le gros plan c'est leur alphabet, ils peuvent identifier plastiquement un détail. C'est un tel champ de nouveautés qu'il est invraisemblable qu'ils le négligent pour un scénario sentimental. Là où les fantaisies de lyrisme d'image peuvent jouer, ils nous mettent des romans célèbres à l'écran. Eux aussi, ils adaptent « à tour de bras », ils sont déjà victimes du minimum d'efforts.

Le calcul médiocre se fait ainsi.

Pour faire un film, il faut de l'argent.

Pour en avoir, prenons Jeanne d'Arc ou Napoléon, personnages d'une certaine notoriété historique, prenons comme vedette un acteur célèbre, grosse notoriété parisienne et allons-y. On « amortira », on fera une bonne affaire et on ne se fatiguera pas. Le film est déjà fait. C'est le point de vue argent qui domine tout. Partant de là, le cinéma est fichu, et c'est même dangereux pour ces Messieurs les Princes de l'Écran, car ils devraient songer qu'en ravalant l'art cinématographique à ce niveau, ils sont sans aucune défense contre la concurrence. À ce plan-là, n'importe qui d'intelligence moyenne peut devenir un as de l'écran.

Ils seront débordés, noyés par «l'éclosion spontanée» des concurrents médiocres qui envahissent le marché. S'ils avaient le courage de hausser le plan artistique hors des possibilités moyennes, ils seraient des rois authentiques et inaccessibles. Mais ils subissent les capitalistes qui tremblent pour leur argent, ils sont dominés par eux et par la vedette monstrueuse qui exige pour sa jolie figure ou sa notoriété douteuse 5 000 francs par semaine.

Nous sommes actuellement dans un gâchis frénétique de millions pour des mises en scène ridicules et historiques[9].

Il devrait pourtant y avoir un cinéma sans millions et sans vedette. C'est un effort à tenter. Mais ce jour-là, il faudrait que Messieurs les metteurs en scène acceptent à côté d'eux un brave type sans prétention, d'origine plastique, qui, de temps en temps, modestement, leur dise: «Cher Ami, cette image un peu à droite, un peu à gauche, ce groupe lent plus rapide, cette charmante personne vraiment un peu trop vue. Restez blanc et noir. Assez de littérature, le public s'en fiche. Pas de perspective, pourquoi tous ces textes explicatifs? Vous êtes donc incapables de faire une histoire sans texte, rien que par l'image ? Mais les modestes humoristes l'ont fait à la dernière page d'un journal. Il faut arriver à cela et à bien d'autres choses encore qu'on verra plus tard et alors le bon cinéma est en route. »

Reconnaissons ceci :

L'Écran français a apporté la seule réalisation vraiment plastique qui ait été donnée jusqu'ici.

Abel Gance assisté de Blaise Cendrars dans *La Roue*, Jean Epstein dans *Cœur fidèle*, Marcel L'Herbier dans *Galerie de monstres* et dans *L'Inhumaine* (film auquel j'ai collaboré personnellement), Moujoskine dans *Keim* ont obtenu, réalisé et imposé au public avec succès l'émotion plastique par la projection simultanée des « fragments d'images » dans un rythme accéléré. Ils ont réalisé le plan d'équivalence par un moyen technique absolument nouveau ; le train emballé de Gance et Cendrars, la fête foraine d'Epstein, le cirque et les laboratoires de L'Herbier, la gigue de Moujoskine sont les raisons du succès de leurs films. C'est plastique, c'est l'image seule qui agit sur le spectateur et il la subit, ému et conquis. C'est une belle victoire et cela devant un public qui a réagi et applaudi autre chose qu'une intrigue sentimentale et littéraire.

Partout les valeurs nouvelles avancent. La Scène et l'Écran lentement se dégagent.

Le spectacle proprement dit évolue et on conçoit l'avènement prochain de possibilités nouvelles.

La tour Eiffel et la Grande Roue, ces deux énormes «objets-spectacles», qui dominent Paris, sont aussi admirées que les belles façades gothiques.

La disparition de la Grande Roue a été regrettée par tout le monde, c'était une silhouette familière. Sa supériorité sur la tour Eiffel tenait à sa forme. Tout objet ayant le cercle comme forme initiale est toujours recherché comme valeur attractive.

La roue lumineuse et colorée s'impose dans les fêtes foraines.

Le cercle satisfait l'œil humain : c'est totalité, il n'y a pas de solution de continuité.

La boule, la sphère, comme valeurs plastiques, sont énormes[10].

Mettez chez vous, dans votre appartement, une sphère, une boule, de n'importe quelle matière qu'elle soit. Elle n'est jamais désagréable et sera toujours à sa place où qu'elle soit. C'est le bel objet sans autre intention que ce qu'il est.

Nous vivons entourés de beaux objets qui, lentement, se dévoilent et que l'homme aperçoit; ils prennent de plus en plus une place importante autour de nous, dans notre vie intérieure et extérieure.

Cultivez cette possibilité, dégagez-la, dirigez-la, étendez-en les conséquences.

Que dès l'école, on conseille à l'enfant l'admiration des belles choses fabriquées.

L'affaissement des religions a causé un vide que le spectacle et le sensualisme ne peuvent combler.

Nos yeux, fermés pendant des siècles au véritable Beau réaliste, aux phénomènes objectifs qui nous entourent, commencent à s'ouvrir : quelque chose se termine, autre chose commence ; nous sommes à la soudure, à la transition, époque ingrate, cruelle, où toutes les erreurs et les réactions peuvent agir. Mais, dans toute cette cohue confuse de désirs, d'erreurs, apparaît une possibilité certaine, celle du culte du Beau. Je me rencontre là avec les théories chères à Ozenfant[11] ; la demande du Beau est partout, journalièrement, obsédante et indiscutable.

Prenons conscience des faits et gestes journaliers, l'inquiétude du Beau remplit les trois quarts de la vie quotidienne.

Depuis notre besoin d'ordonnance de la pièce dans laquelle nous vivons jusqu'à l'arrangement discret d'une mèche de cheveux sous un chapeau, le désir d'harmonie perce partout. Ne croyez pas, par exemple, que le goût dans l'habillement intéresse seulement les jeunes gens. Entrez chez une petite modiste de province. Ayez la patience d'assister jusqu'au bout à l'essayage d'une commerçante de l'endroit. Pour arriver à ce qu'elle désire, elle sera plus méticuleuse, plus exigeante que la Parisienne la plus élégante. Cette grosse dame de cinquante ans a, elle aussi, le désir de réaliser une harmonie en rapport avec son âge, son milieu et ses moyens. Elle aussi organise son spectacle qui doit faire son effet où elle le juge nécessaire, qui hésite entre la ceinture rouge ou bleue, fait acte de choix et, par conséquent, d'«inquiétude du Beau». À tout ce monde qui n'a plus pour les vieilles religions surannées qu'indifférence ou observance par routine. Aidons-les; travaillons pour eux : l'affranchissement approche. Ne cessons pas de dénoncer ces Écoles des Beaux-Arts officielles et autres, inutiles et ridicules, qui s'acharnent à restaurer des époques disparues et qui les démarquent mal.

Ces sociétés grotesques de protection des paysages français qui ont la prétention d'arrêter la vie et d'empêcher le bébé Cadum ou les pilules X de s'encadrer dans un paysage, — mais qu'est-ce qu'un paysage ? Où commence-t-il et finit-il ? Quel est le tribunal assez prétentieux pour définir les éléments qui le composent ?

Laissons tomber carrément tout ce petit monde falot et désuet et regardons les yeux grands ouverts la vie actuelle qui roule, bouge et déborde à côté de nous.

Essayons de l'endiguer, de la canaliser, de l'organiser plastiquement.

Tâche énorme, mais possible.

L'hypertension de la vie actuelle, sa crispation quotidienne est due pour 40 % à l'ambiance extérieure trop dynamique dans laquelle elle est obligée de vivre.

Le monde visuel d'une grande ville moderne, cet énorme spectacle dont je vous ai parlé au début, est mal orchestré ; il ne l'est même pas du tout. L'intensité de la rue brise les nerfs et rend fou.

Prenons le problème dans toute son étendue, organisons le spectacle extérieur. Ce n'est ni plus ni moins créer de toutes pièces « l'architecture polychrome » englobant toutes les manifestations de publicité courante.

Si le spectacle est intensité, une rue, une ville, une usine doivent tendre à une sérénité plastique évidente.

Organisons la vie extérieure dans son domaine : forme, couleur, lumière.

Prenons une rue : dix maisons rouges, six maisons jaunes. Mettons en valeur les belles matières, la pierre, le marbre, la brique, l'acier, l'or, l'argent, le bronze, évitons tout dynamisme. Un concept statique doit être de règle — toutes les nécessités commerciales et industrielles, au lieu d'être sacrifiées, mises en valeur — une inquiétude sociale constante.

La couleur et la lumière fonction sociale, fonction nécessaire.

Le monde du travail, le seul intéressant, vit dans une ambiance intolérable. Pénétrons dans les usines, les banques, les hôpitaux. Si la lumière y est exigée, qu'est-ce qu'elle éclaire ? Rien. Faisons entrer la couleur, nécessité vitale comme l'eau et le feu, dosons-la savamment, qu'elle soit une valeur plus agréable, une valeur psychologique, son influence morale peut être considérable. Une ambiance belle et calme.

La vie par la couleur.
L'hôpital polychrome.
Le médecin coloriste.

L'hôpital lépreux et glacial s'habille et devient multicolore.

Nous ne sommes pas dans des prophéties nuageuses, nous touchons de très près la réalité de demain.

Une société sans frénésie, calme, ordonnée, sachant vivre naturellement dans le Beau sans exclamation ni romantisme.

Voilà où nous allons tout simplement.

C'est une religion comme une autre. Jusqu'à preuve du contraire, je la crois utile et belle.

Autour du « Ballet mécanique »[1]
(1924-1925[2]*)*

Le *Ballet mécanique* date de l'époque où les architectes ont parlé de la civilisation machiniste. Il y a dans cette époque un *nouveau réalisme* que j'ai personnellement utilisé dans mes tableaux et dans ce film. Ce film est surtout la preuve que les machines et les fragments, que les objets usuels fabriqués sont *possibles* et plastiques.

Il n'y a pas que les éléments naturels comme le ciel, les arbres et le corps humain ; il y a autour de nous ce que l'homme a créé qui est notre nouveau réalisme. Au jour où le goût public a accepté une maison dans un paysage c'était le commencement. Une maison n'est pas un élément naturel, alors aucune raison de s'arrêter et puis continuer à remplacer *le grand sujet* par *l'objet* qui est le problème plastique actuel. Dans ce film il y a au milieu de ces recherches de nouveau réalisme des éléments de repos, de distraction et de contrastes. Le film a été projeté dans le monde entier plusieurs fois. Son influence est incontestable sur le développement du cinéma moderne (Russie, Allemagne), sur *l'art des vitrines* et sur le développement des albums photographiques où les éléments géométriques et mécaniques sont développés[3].

Le fait de donner du *mouvement* à un ou plusieurs objets peut les rendre plastiques. Il y a aussi le fait de réaliser un événement plastique beau en lui-même sans être obligé de chercher ce qu'il représente. Pour le prouver j'ai tendu une fois un piège à des gens. J'avais cinématographié l'ongle poli d'une femme et grossi cent fois. Je l'ai projeté. Le public étonné a cru reconnaître une photo astronomique. Je le leur ai laissé croire et quand ils ont eu admiré cet effet de planète, comme ils disaient, je leur ai dit : « *C'est l'ongle du pouce de la dame qui est à côté de moi.* » Ils partirent fâchés. J'avais prouvé à ces gens que le sujet ou l'objet n'est rien ; c'est l'effet qui compte.

L'histoire des films d'avant-garde est très simple. C'est une réaction directe contre les films à scénario et à vedette.

C'est la *fantaisie et le jeu* à l'encontre de l'ordre commercial des autres. Ce n'est pas tout. C'est la *revanche des peintres et des poètes*. Dans un art comme celui-là où *l'image doit être tout* et où elle est sacrifiée à une anecdote romanesque, il y avait à *se défendre* et à prouver que les *arts d'imagination*, relégués aux accessoires, pouvaient, tout seuls, par leurs propres moyens, construire des films sans scénario en considérant *l'image mobile* comme *personnage principal*.

Naturellement les auteurs de ces films n'ont jamais eu la prétention d'en faire des œuvres à grand public et à rendement commercial. Il y a tout de même en ce monde une minorité pour nous, qui est beaucoup plus étendue qu'on ne le pense, et qui préfère la qualité à la quantité.

Que ce soit le *Ballet mécanique*, quelque peu théorique, ou une fantaisie burlesque comme *L'entr'acte* de Francis Picabia et de René Clair[4], le but est le même, *s'évader des moyennes*, se libérer des *poids morts* qui sont la raison d'être des autres. S'affranchir des éléments qui ne sont pas purement cinématographiques. Laisser courir la fantaisie avec tous ses risques, créer l'aventure à l'écran comme elle se crée chaque jour en peinture et en poésie.

Nos *contraintes* nous nous les donnons nous-mêmes ; peu d'argent, peu de moyens.

Le gâchis financier qui préside aux grands films commerciaux est scandaleux. Que von Stroheim dépense une fortune pour réaliser *Les Rapaces*, ce film admirable et si peu connu, tant mieux[4] ; mais 99 % des films tournés ne méritent pas ces énormes dépenses. L'argent est *contre l'art*. Le génie créateur a l'habitude de vivre avec la contrainte; il connaît cela, et les meilleures œuvres sont généralement d'origine pauvre.

Toutes les décadences artistiques ont l'enrichissement pour origine.

Savoir *faire jouer les contraintes* au milieu de l'abondance, ce n'est pas donné à tout le monde.

C'est difficile d'être riche.

Le cinéma risque d'en crever. Dans ses salles en or avec ses vedettes en argent, il ne se donne même plus la peine de réaliser des scénarios, il démarque le théâtre, il copie les pièces. Alors vous vous imaginez que ce recrutement du matériel humain nécessaire à ces sortes d'entreprises n'est pas difficile à faire. N'importe qui. J'y ajoute une vedette très connue, je mélange, j'agite légèrement et je vous sors un de ces petits chefs-d'œuvre *Boulevard Paramount* dont vous me direz des nouvelles.

La curiosité actuelle est de savoir jusqu'où le cinéma commercial va tomber. La moyenne du théâtre est moins basse. Elle est soutenue par une espèce de tradition et par la vanité et l'acteur qui devant la rampe, en chair et en os, donne « tous ses gaz ». S'il faiblit un soir, le lendemain il se sauve. Le cinéma c'est la mécanique qui ne permet *pas ces repêchages.*

Je vais vous parler un peu du *Ballet mécanique*. Son histoire est simple. Je l'ai réalisé en 1923-1924. À cette époque je réalisais des tableaux avec, comme éléments actifs, des *objets* dégagés de toute atmosphère et dans des rapports nouveaux.

On avait déjà, les peintres, *détruit le sujet*. Comme dans les films d'avant-garde on allait détruire le scénario descriptif.

J'ai pensé que *cet objet* négligé, pouvait, au cinéma, prendre aussi sa valeur. Partant de là, j'ai travaillé à ce film. J'ai pris des objets très usuels que j'ai transposés à l'écran en leur donnant une mobilité et un rythme *très voulus* et très calculés.

Contraster les objets, des passages lents et rapides, des repos, des intensités, *tout le film est construit là-dessus*. Le *gros plan*, qui est la seule invention cinématographique, je l'ai utilisé. Le *fragment* d'objet lui aussi m'a servi ; en l'isolant on le *personnalise*. Tout ce travail m'a conduit à considérer *l'événement d'objectivité* comme une valeur très actuelle et nouvelle.

Les documentaires, les actualités sont remplis de ces faits objectifs très beaux qu'il n'y a qu'à prendre et à savoir présenter. Nous vivons *l'avènement* de l'objet qui s'impose dans ces *boutiques qui ornent les rues*.

Un troupeau de moutons en marche, tourné et pris d'en dessus, projeté en plein écran, c'est comme une mer inconnue qui bouleverse le spectateur.

C'est cela l'objectivité.

50 cuisses de girls roulant avec discipline, projetées en gros plan, c'est beau et *c'est cela l'objectivité.*

Le *Ballet mécanique* m'a coûté environ 5 000 francs et m'a donné beaucoup de mal pour le montage. Il y a des répétitions de mouvements longues à régler. Il fallait surveiller la minuterie très attentivement à cause des répétitions d'images.

Par exemple, dans *La femme qui monte l'escalier,* je voulais d'abord *étonner* le public, puis lentement l'inquiéter et puis pousser l'aventure jusqu'à l'exaspération. Pour le « réglage » je m'entourais d'ouvriers et de gens du quartier et j'étudiais sur eux l'effet *produit*. En huit jours je savais ce que je pouvais obtenir. Ils réagissaient *presque tous vers le même temps.*

La femme à la balançoire c'est la *carte postale* en *mouvement.* Pour le matériel j'ai eu aussi des complications. Très difficile de louer des chapeaux de paille, des jambes artificielles, des chaussures. Les commerçants me prenaient pour un fou ou un farceur.

J'avais réuni tout mon matériel dans un coffre. Un matin je m'aperçois qu'on m'avait « barboté » mes casseroles : j'ai dû les rembourser et cette fois en acheter d'autres[5].

Époque vivante de recherche, de hasard, qui peut-être se termine. Elle continue par le dessin animé qui est sans limites pour exercer notre fantaisie et notre humour. C'est à lui qu'est « la parole[6] ».

La rue, objets, spectacles[1]
(1928)

De la rue considérée comme l'un des beaux-arts ? Peut-être, mais, en tout cas, l'élément *actuel*, l'élément central de la rue c'est l'objet bien plus que l'affiche, laquelle passe au second plan et disparaît. *L'avènement direct de l'objet comme valeur décorative,* n'en déplaise à Jean Cocteau, n'a rien à attendre des peintres ses amis. Il appartient au domaine plastique pur, au domaine sculptural et constructif[2].

À Paris, si la rue moderne a un style, c'est bien grâce à ce goût nouveau pour l'objet lui-même, pour la forme.

Du jour où une tête de femme a été considérée comme un objet ovale à mettre en valeur, les cheveux ont disparu, on a soigné plus que jamais le maquillage, l'œil, la bouche... et, naturellement, le mannequin d'étalage a suivi le mouvement[3].

Époque de nu, de lumière. Plus aucun penchant pour la séduction douteuse mystico-orientale, le clair-obscur.

Le projecteur indiscret. Les sunlights de studios. Soleil. Le détail détaché et grossi mille fois.

La pression économique a mis le vendeur à genoux devant sa marchandise ; il l'a découverte ; il s'est aperçu que ses objets ont une beauté. Un beau jour, prenant du recul, il a exposé chaussure ou gigot dans sa vitrine. Son imagination, son goût font le reste. Un style est né, très actuel — une révolution s'est faite sans tambour ni trompette. La rue peut alors être considérée comme un des beaux-arts, car elle se trouve habillée magistralement par les mille mains qui journellement font et défont ces jolies mises en scène qui s'appellent les magasins modernes. L'affiche n'est plus à la hauteur. Seul le bébé Cadum, cet énorme objet, persiste ; l'affiche de Cappiello restera comme le type classique de l'erreur murale. Le châssis d'automobile, tout nu sur le mur blanc... Époque dure, exacte, incompatible avec la neurasthénie religieuse. Suivez la rue. Partez du centre jusqu'à l'extérieur, vous allez voir la bande se dérouler...

C'est difficile, cette esthétique de l'objet isolé. Elle ne se trouve réalisée pleinement qu'aux alentours de l'Opéra et des Champs-Élysées. Il est amusant de voir, en déambulant, partout ailleurs, sur les trottoirs, les recherches, les efforts dans le même sens, qui se continuent.

Les quartiers populaires n'ont pas pu suivre, ils ont gardé le goût de la diversité, de l'intensité. *Le plus possible dans le minimum de place.* Malgré quoi ils obtiennent des résultats.

Remontez le faubourg du Temple; vous entrez dans le royaume des chaussures et des cravates... Jack, de New York, rue de Belleville, vous séduira par ses poésies de casquettes. C'est joli comme un air d'accordéon. Toutes les nuances sont orchestrées mélodieusement. Ces messieurs du quartier sont très intransigeants. Entrez assister à l'essayage et vous m'en direz des nouvelles.

Le soulier cubiste, vous le trouverez aux pieds des danseurs de La Chapelle. Leurs chemises, qui vont du rose pâle au tango vous inquiètent un peu. Très «fin XVIIIe», ce faubourg. Là, le style est mort.

Toutes les grandes époques ont recherché cette disposition verticale de l'objet isolé comme valeur décorative ou plastique.

C'est l'armature des mosaïques du VIIe siècle, des gravures populaires des XIIe et XIVe siècles[4].

Avec la Renaissance italienne, le goût du sujet a chassé le goût de l'objet, détruit le style.

*C'est le goût du sujet de Corneille et Racine, étouffé dans ses unités de temps et de lieu qui est à l'origine du style pompier... La mélodie alexandrine et verbale.

143

Shakespeare est le point de tradition du vrai théâtre objectif avec ses situations contrastées.

Le jeune théâtre actuel cherche cette position des situations dans l'espace. «L'armoire à glace un beau soir.» De tous Aragon est l'extrême pointe dans ce dispositif... on frôle le précipice, le vertige...

«Départs» chez Baty marque une réalisation plus tempérée mais curieuse par son succès mérité — et qui situe l'époque — c'est le grand dramaturge anglais qui est derrière...

Cette position est difficile aussi bien au théâtre qu'en peinture. Il y a le maximum de risque, mais l'aventure vaut la peine d'être courue[5*].

Les belles pharmacies du boulevard Sébastopol, les boucheries chevalines de la rue de la Roquette — et bloqué dans tout cela — réduit — absorbé — le bon vieux magasin 1880 émouvant à pleurer, caché dans l'ombre des cent gigots alignés militairement par ordre de taille, comme à la parade.

De l'art abstrait[1]
(1931)

La couleur est un élément vital comme l'eau et le feu. C'est incontestablement un besoin essentiel.

On coupe les fleurs du jardin pour les avoir à côté de soi dans l'appartement, avec des tableaux. Ces derniers sont des objets d'art dans lesquels la couleur entre pour 60 %. Toutes les écoles picturales ont utilisé la couleur. Il reste la manière de s'en servir. Le « ton local » est souverain jusqu'à l'impressionnisme.

Ces derniers ont commencé à théoriser ouvertement sur la division du ton (couleurs complémentaires) et ont appliqué le principe à une plastique nouvelle.

Toute l'œuvre impressionniste tourne autour d'une observation scientifique. Naturellement les néo-impressionnistes sont apparus tendancieux et logiques pour terminer l'aventure; et l'école s'est éteinte doucement, dans un petit jeu théorique des couleurs complémentaires et constructives.

Le cubisme, né d'une nécessité de réaction, débute en grisaille et ne se colore que quelques années après.

Mais le ton local reprend sa place. Le ton local a plus de force colorante. L'impressionnisme, qui oppose un rouge à un vert, ne colore pas; il construit. Cette construction délicate ne peut jouer deux rôles à la fois; elle donne «gris». Seul, par exemple, un bleu pur reste bleu s'il voisine avec un gris ou un ton non complémentaire. S'il s'oppose à un orange, le rapport devient constructif mais ne colore pas.

Trop de couleur, pas de couleur.

Le ton local est donc en question. C'est lui qui s'impose dans l'œuvre des cubistes et des néo-plasticiens[2].

Ces derniers ont raison de dire que l'œuvre cubiste ne pouvait aller jusqu'à leurs recherches. Personnellement, je suis resté à la «frontière», sans jamais m'engager totalement dans leur concept radical, qui va boucler la boucle des recherches tendancieuses. La porte restant entrouverte, ils ont mené leur expérience jusqu'au bout.

À chacun son œuvre.

Les vrais puristes ce sont eux. Le dépouillement est total. L'activité extérieure réduite à sa plus simple expression. L'évolution devait aller jusque-là. Ils ont créé un fait plastique indiscutable. Le néo-plasticisme devait exister. C'est fait.

Que l'on aime ou que l'on n'aime pas, la question n'est pas là.

Je rends hommage à ces artistes nordiques pour leur foi et leur désintéressement.

Devant la poussée douteuse du n'importe quoi pourvu que cela se vende, ces hommes restent debout et continuent leur œuvre en dépit de l'incompréhension presque totale du monde. Ils ont raison car ils répondent quand même à certaines préoccupations de leur époque si multiple dans ses aspirations.

Antiromantiques et volontairement inexpressifs, ils ont essayé de «compenser» par une technique sévère et traditionnelle. Le plan coloré, qui hante les peintres novateurs depuis 1912, ils l'ont audacieusement utilisé comme «personnage principal»; l'inscription géométrique le limite rigoureusement, il n'a pas le droit de sortir; c'est fermé à clé, la couleur doit rester fixe et immobile.

Le néo-plasticisme signifie une libération presque totale des préoccupations picturales moyennes, par leur sens du diminutif et du restrictif et par la contrainte des éléments choisis.

Le culte de l'équilibre coloré géométrique est poussé à un point tel que l'on a l'impression que c'est arrêté, que rien ne va plus.

Cela a l'air, mais cela n'est pas.

C'est un art muet, essentiellement statique, qui fonctionnera toujours pour quelques initiés dégagés des moyennes et aptes à se satisfaire d'un coefficient de beauté qui n'évolue pas et même qui n'apparaît pas.

Il est curieux que ce problème d'un rationalisme plastique nouveau soit résolu par des septentrionaux dont les proches origines sont follement romantiques et nébuleuses. L'inquiétude actuelle du précis et de l'exact, dans le domaine pictural, est une œuvre délicate à résoudre; si cette inquiétude a l'avenir pour elle, elle va au rebours des goûts impressionnistes, qui dominent encore le monde actuel.

L'abstraction pure, poussée dans ce nouvel esprit à ses extrêmes limites, est une partie dangereuse qu'il fallait jouer.

Le néo-plasticisme en est la preuve.

Des différentes orientations plastiques qui se sont développées ces quelque vingt-cinq ans, l'art abstrait est la plus importante, la plus intéressante. Ce n'est pas du tout une curiosité expérimentale; c'est un art qui a une valeur en soi, qui s'est réalisé et qui répond à une demande, car un certain nombre de collectionneurs sont des passionnés de cet art. Cela prouve que cette tendance est dans la vie.

Peut-être l'avenir classera-t-il cet art dans le nombre des «paradis artificiels» mais je ne le crois pas. Cette directive est dominée par ce désir de perfection et de libération totales qui fait les saints, les héros et les fous. C'est un état extrémiste où seuls quelques créateurs et admirateurs peuvent se maintenir. Le danger de cette formule est son élévation même.

La vie moderne, tumultueuse et rapide, dynamique et contrastée, vient battre rageusement ce léger édifice lumineux, délicat, qui émerge froidement du chaos. N'y touchez pas, c'est fait; cela devait être fait; cela restera.

Cette vision éblouie que Fernand Léger donne de New York dessine une cité qui incarne déjà la modernité que le peintre appelle de ses vœux. Mais « dans ce débordement de spectacles », il descerner aussi la puissance d'un capitalisme en marche qu'il sait devoir combattre.

New York[1]
(1931)

Le plus colossal spectacle du monde. Ni le cinéma ni la photographie ni le reportage n'ont pu ternir cet événement surprenant qui est New York, la nuit, vu d'un quarantième étage. Cette ville a pu résister à toutes les vulgarisations, à toutes les curiosités des hommes qui ont essayé de la décrire, de la copier. Elle garde sa fraîcheur, son inattendu, sa surprise pour le voyageur qui la regarde pour la première fois[2].

Le paquebot, au ralenti, déplace doucement les perspectives; on cherche la statue de la Liberté, le cadeau de la France; c'est une petite statuette modeste, oubliée au milieu du port devant ce nouveau continent audacieux et vertical. On ne la voit pas, elle a beau lever le bras le plus haut possible. C'est inutile, elle éclaire un peu comme une veilleuse des choses énormes qui bougent, des formes qui, indifférentes et majestueuses, la couvrent de leur ombre...

Six heures du soir. Le paquebot avance lentement. Une masse droite, haute, élégante comme une église apparaît au loin, enveloppée de brume, bleue et rose, estompée comme un pastel, étroitement serrée dans un ordre gothique, projetée vers le ciel comme un défi. Quelle est cette nouvelle religion ?

C'est Wall Street qui domine de toute sa hauteur ce monde nouveau. Après six jours de traversée dans l'eau fluide et insaisissable, mobile, souple, étale, on arrive devant cette montagne, abrupte, œuvre des hommes qui, lentement, se dégage, devient plus nette, se précise avec ses angles coupants, ses fenêtres en ordre, sa couleur métallique. Elle se dresse violemment au-dessus du niveau de la mer. Le bateau tourne... elle disparaît lentement, de profil luisant comme une armure.

C'est l'apothéose de l'architecture verticale ; une combinaison hardie d'architectes et de banquiers sans scrupule, poussés par la nécessité. Une élégance inconnue, pas voulue se dégage de cette abstraction géométrique. Serrés dans deux angles en métal, ce sont des chiffres, des nombres qui montent, rigides, vers le ciel, domptés par la perspective déformante...

Un monde nouveau !...

Brooklyn ! ses quais massifs, jeux d'ombre et de lumière, les ponts avec leurs projections de lignes verticales, horizontales, obliques... La naissance de New York dans la lumière qui augmente petit à petit, à mesure qu'on avance dans la ville... New York aux millions de fenêtres lumineuses... Combien de fenêtres ? Quel Allemand établira cette originale statistique ?

Étonnant pays où les maisons sont plus hautes que les églises, où les nettoyeurs de fenêtres sont millionnaires, où l'on organise des matches de football entre les prisonniers et la police !

La beauté de New York, le soir, est faite de ces innombrables points lumineux et du jeu infini de la publicité mobile.

La rigueur des architectures est brisée par la fantaisie sans limites des feux colorés. Le grand spectacle commence lorsqu'on s'élève et cette vision radieuse a ceci de particulier qu'aucun artiste, le plus génial soit-il, n'y a mis la main, aucun metteur en scène n'y a contribué. Personne n'en a « réglé le jeu ». Cette pièce émouvante est jouée par des maisons qu'habitent des locataires comme vous et moi. Ces milliers de feux, qui nous étonnent, éclairent des gens qui travaillent modestement à leur besogne ingrate et journalière. Ces architectures cyclopéennes sont strictement utiles, rationnelles ; la poussée verticale est d'ordre économique.

On a élevé des étages parce que le terrain est petit et cher, et qu'on ne peut pas s'étendre ; obligatoirement on s'est échafaudé en hauteur.

Il n'y a aucun sentiment romantique dans tout cela, pas l'ombre d'orgueil mal placé. Toute cette orchestration surprenante est strictement utile. Le plus beau spectacle « in the world » n'est pas le fait d'un artiste.

New York a une beauté naturelle, comme les éléments de la nature, comme les arbres, les montagnes, les fleurs. C'est sa force et sa variété. Vouloir tirer parti artistiquement d'un pareil sujet est une folie. On admire modestement et c'est tout.

À l'intérieur de cette vie multiple et organisée court un personnage indispensable à cette ville illimitée ; le téléphone, acteur principal. Il fait partie de la famille. L'enfant américain en fait son jouet ; il le traîne comme une poupée et cette poupée parle, sonne, rit. C'est une chaîne ininterrompue qui relie, comme des alpinistes ; tout ce monde rapide est pressé.

S'il meurt un jour subitement, il n'y aura personne à son enterrement, car on ne saura pas le jour et l'heure des funérailles.

New York et le téléphone sont venus au monde le même jour, par le même bateau, pour la conquête du monde.

La vie mécanique est là à son apogée. Elle a « touché le plafond », dépassé le but... crise !

La vie américaine est une succession d'aventures poussées avec optimisme jusqu'au bout.

On y a tout risqué, tout essayé ; ses réalisations sont définitives. Naturellement, le volume de l'architecture devait les tenter. *Tout ce qui se voit*, avant tout. L'architecture et la lumière sont les deux pôles de leur expression plastique ; dans le baroque, ils atteignent le monstrueux.

New York et Atlantic City possèdent des cinémas qu'il est difficile de décrire, si l'on n'a pas vu ; un entassement invraisemblable de tous les styles européens et asiatiques ; un chaos de colossal, pour frapper l'imagination, pour faire publicité, pour faire « plus qu'en face » ; l'Énormité dans le « plus riche que toi. »

Des escaliers inutiles, des employés en nombre incalculable, étonner, attirer et encaisser. C'est le but de tout ce vertige qui va jusqu'à l'écœurement et jusqu'à la Beauté.

J'aime tant ce débordement de spectacles, toute cette force non contenue, cette virulence même dans l'erreur. C'est très jeune. Avaler un sabre en souriant, se couper un doigt parce qu'il est sale...

Jusqu'au bout, c'est l'Amérique. Naturellement, si je m'arrête à réfléchir, si je ferme les yeux, j'entrevois des drames qui rôdent autour de ce dynamisme exagéré, mais je suis venu pour regarder et je continue.

Les lettres jetées dans les tubes postaux du cinquantième étage s'échauffent par le frottement et prennent feu en arrivant au rez-de-chaussée. Nécessité de glacer les tubes — trop froids, elles arriveront dans la neige.

Tout le monde fume à New York, « même les rues ». Des jeunes filles m'ont soutenu que fumer pendant le repas vous distrait et empêche de grossir, un rapport inattendu entre la cigarette et l'élégance.

Le jour, New York est trop sévère ; il manque de couleurs et si le temps est gris, c'est une ville en plomb.

Pourquoi ne pas colorer les maisons ? Au pays de toutes les inventions, quelle est cette lacune ?

Fifth Avenue Rouge — Madison, Bleu — Park Avenue, Jaune. Pourquoi pas ? Et le manque de verdure ? New York n'a pas d'arbres. La médecine a décrété depuis longtemps que le vert, en particulier, est une couleur indispensable à la vie ; on doit vivre dans la couleur : c'est nécessaire comme l'eau et le feu.

On pourrait obliger les marchands de costumes à lancer en séries des robes vertes, des costumes verts...

Tous les mois un dictateur à la couleur décréterait les couleurs mensuelles ou trimestrielles ; le trimestre bleu, la quinzaine rose ! On promènerait des arbres dans les rues pour ceux qui ne peuvent aller à la campagne. Des paysages mobiles ornés de fleurs tropicales, promenés lentement par des chevaux empanachés.

Deux heures du matin, au hasard des rues... quartier populaire... Avenue «A» ou «B»... un immense garage de camions, tous pareils, par rangs de six, astiqués comme pour une parade, comme des éléphants, une lumière fixe. Rien ne bouge : j'entre et je regarde... un bruit de grelots ridicule... au fond à gauche, je découvre le cheval tout attelé. La seule chose vivante dans ce silence de fer... Le plaisir de le toucher, de le voir remuer, de le sentir chaud. Cette bête prenait une telle valeur par contraste que j'aurais pu enregistrer tous les bruits que peut faire un cheval au repos; bruits minuscules, jamais alternés; j'entendais sa respiration... des mouvements délicats... ses oreilles... ses yeux nègres, une tache blanche sur le front... son sabot ciré et le genou qui, de temps en temps, remuait lentement.
Le dernier cheval de transport, bientôt. On l'exposera dans une vitrine, le dimanche, et les enfants seront étonnés que Napoléon ait conquis le monde, monté là-dessus.

Chez l'architecte Corbett avec Kiessler[3]. C'est un des plus grands constructeurs de l'édifice américain. Un grand bonhomme long, simple... 20 000 personnes à faire vivre dans un building, me dit-il, voilà mon travail actuel. Ne croyez pas que la solution soit une question d'étage ! Non, c'est plus compliqué, c'est une question d'ascenseur. Faire manœuvrer verticalement cette armée ! Les descendre tous les jours dans les quatre salles à manger qui se trouvent à vingt mètres sous terre... Faire glisser tout cela aux heures voulues.

Comme jeu, la seconde, pas plus ; les projeter dehors sans arrêter la circulation... Six mois de travail. Dix ingénieurs spécialisés, pas encore trouvé la solution.

Problème spécifique américain, ils sont imbattables dans la rationalisation, dans la série, dans les nombres. Partir du nombre pour donner le confortable à l'unité... Nouveau monde !

Ils donnent l'impression de ne s'attarder sur rien ; vie successive et rapide. Détruisez New York, ils le reconstruiront tout autrement. D'ailleurs, ces architectures, quelles cibles admirables. Démolir New York ! Il n'est pas possible que le maréchal Pétain n'en ait pas eu une seconde, une demi-seconde, la tentation. Quel magnifique boulot pour un artilleur ! Pas question de guerre, n'est-ce pas, mon Général ? J'ai fait Verdun sous ses ordres, c'est suffisant, mais pour le sport, pour l'amour du métier ! Les Américains seraient les premiers à applaudir et alors que verriez-vous ? Quelque temps après une nouvelle ville s'édifierait, devinez comment ?

Je vous le donne en mille ! En verre, en verre !

Leur dernière invention est celle-ci. Des ingénieurs ont trouvé le moyen de faire du verre avec du *lait caillé*, moins cher que le béton. Vous imaginez le problème ! Toutes les vaches américaines travaillant à la reconstruction de la capitale !

New York transparent, translucide, les étages bleus, rouges, jaunes ! Une féerie sans exemple, la lumière déchaînée par Edison transperçant tout cela et pulvérisant les architectures.

Les quartiers populaires sont beaux à toutes les heures. Il y a une crudité, une telle richesse de matières premières. Quartiers russes, juifs, italiens, chinois. Troisième Avenue, le samedi soir et le dimanche, c'est Marseille !

Des chapeaux roses pour les nègres. Des vitrines où vous trouvez une bicyclette accrochée au-dessus d'une douzaine d'œufs, piqués en ordre dans un sable vert...

Des poulets plumés, suspendus à contre-jour, présentés sur fond noir... danse macabre !

Une vie décorative intense valorise à l'infini l'objet à vendre.

La tenue des sans-travail. Rien ne les distingue que le fait qu'ils marchent moins vite que les autres. Entassés dans les squares, coude à coude, ils ne se causent pas. Ces foules sont silencieuses : l'individu reste isolé, ne communique pas ; il lit ou dort !

Wall Street, le jour, trop décrit, mais allez-y voir !

Wall Street, la nuit, Wall Street à deux heures du matin. Dans la lune éclatante et sèche. Le silence est absolu. Personne dans ces rues étroites et étranglées par la projection violente des lignes coupantes et des perspectives multipliées à l'infini vers le ciel. Quel spectacle ! Où est-on ? Un sentiment de solitude vous oppresse comme dans une immense nécropole. Le pas résonne sur le pavé. Rien ne bouge. Anéanti au milieu de cette forêt de granit, un tout petit cimetière avec de toutes petites tombes, si humbles, si modestes, la mort se faisant petite devant l'exubérance de la vie qui l'entoure. Le terrain de ce petit cimetière est certainement le plus cher au monde.

Les « businessmen » n'y ont pas touché. Il reste là comme un point d'arrêt, une cassure dans le torrent vital... Solutionner la mort, ultime problème !

Wall Street dort. Continuons la promenade... J'entends un faible murmure régulier. Wall Street ronfle ? Non, c'est une perforeuse qui, harmonieusement, commence son travail, comme un travail de termite. Aucun bruit! C'est la seule partie de New York qui dorme vraiment. Il faut digérer les chiffres de la journée, les additions, les multiplications, l'algèbre financière et abstraite de ces milliers d'individus, tendus vers le grand problème de l'or. Wall Street dort profondément. Ne le réveillons pas. À trente mètres sous terre, dans le rocher, les caves d'acier de l'Irving Bank. Au centre, des coffres-forts aux serrures magnifiques et brillantes, complexes comme la vie même, un poste de police où quelques hommes veillent. Des microphones ultrasensibles leur apportent les moindres bruits de la rue, et les bruits perçus sous les voûtes d'acier de la banque moderne. Une mouche qui vole... Ils entendent voler la mouche... Un vieux nègre déambule dans les rues en chantant doucement une vieille mélodie du Sud. Une chanson monte, se perd dans les architectures, mais elle aussi descend aux microphones qui, sous terre, enregistrent discrètement la vieille chanson du Sud.

Wall Street ne dort pas... Wall Street est mort. Je repasse devant le petit cimetière. Ce ne sont pas les plus grandes banques du monde! Non, ce sont les plus orgueilleux tombeaux de famille des grands milliardaires. Là reposeront les Morgan, les Rockefeller, les Carnegie. Comme de nouveaux pharaons, ils ont édifié leurs pyramides. Ils seront enterrés debout, comme des demi-dieux; et comme ces géants modernes deviennent légendaires et immortels, on leur a creusé mille fenêtres pour que le peuple sache que, peut-être, ils ne sont pas morts, qu'ils respirent, qu'ils reviendront encore une fois pour étonner le monde par de nouvelles conceptions cyclopéennes.

Wall Street est l'image de l'Amérique audacieuse, de ce peuple qui agit toujours et ne regarde jamais derrière lui.

New York... Moscou...[4]

Les deux pôles de l'activité moderne... La vie actuelle est concentrée là...

Là seulement on ose l'expérience dangereuse dont les autres profiteront.

New York... Moscou!

Moscou... New York!

Paris en observateur!

Georges Duhamel est venu en Amérique avec, dans sa valise, sa conception de Français moyen et, à côté, dans la même valise, il avait des pantoufles. Peut-être n'a-t-il pu s'en servir, et cela l'a mis de mauvaise humeur. On ne se sert pas encore de cela ici. C'est pour cela que les Américaines ont de jolis pieds et sont des reines. Il ne faut jamais en vouloir à la locomotive qui, en passant à cent à l'heure, fait envoler votre chapeau.

À propos du cinéma[1]
(1930-1931)

Le cinéma a 30 ans, il est jeune, moderne, libre et sans traditions. C'est sa force. Il pousse à tous les coins de quartier comme les mômes du peuple, comme les bistrots ; il est de plain-pied avec la rue, avec la vie, il est en bras de chemise. Fabriqué en série, en confection, c'est un nombre.

Les succursales américaines lui font maintenant des salles sur mesure ; il n'a pas l'air d'y être encore très à son aise, cela viendra, il va s'adapter. Il devient riche, mais son luxe est nouveau riche et hâtif. C'est très moderne.

À côté de lui, dans la même rue, le théâtre « a l'air » d'un vieux truc solennel et lent, un peu moisi, fatigué, et qui marche à pied.

Le cinéma et l'aviation vont bras dessus bras dessous dans la vie, ils sont nés le même jour...

La Vitesse est la loi du monde.

Le Cinéma est gagnant parce qu'il est vite et rapide. Il est gagnant parce qu'il fait sauter des tas de chiffons à retardement comme le programme et le rideau. Le drame ou la comédie s'avalent d'un seul coup, sans fermer l'œil, il s'encadre dans le rythme actuel tout naturellement.

Reconnaissons qu'il a pour lui des moyens étonnants, tellement riches qu'il gaspille à tort et à travers. On vient de lui apporter la voix, la voix humaine; l'image parle, se colore, paraît en relief.

Tous les mois, une nouvelle invention vient s'ajouter aux autres, c'est la congestion. Il avale de travers, il s'étouffe comme un pauvre devenu subitement riche...

Le théâtre, lui, reste avec son héritage traditionnel, modeste et sans espoir. — L'écart s'accentue journellement : il reste fixe, l'autre file à toute vitesse, au risque de se casser la figure, il est jeune... Il est romantique naturellement, il doit étonner, angoisser, faire rire et pleurer; il est sexuel avec ses belles filles et ses beaux garçons qui s'embrassent en « gros plan » avec des bouches d'un mètre cinquante et qui s'arrêtent à temps pour que dans la salle sombre l'imagination achève l'histoire...

Seuls les faits romantiques « à gros volumes » peuvent émouvoir les foules. Le cinéma doit être populaire pour gagner la partie, populaire comme une guerre, un tremblement de terre, un beau navire, un général victorieux.

Le cinéma doit être de cette classe d'événements pour pouvoir vivre et pour amortir les sommes énormes engagées et qu'il dévore tous les jours.

Au théâtre, le personnage est tout ; l'acteur ou l'actrice tiennent le jeu dans leurs mains avec toutes les chances ou faiblesses que comportent les situations : un rhume de cerveau de l'interprète et la pièce est remise. Fragilité ! Vous voyez l'Écran à la merci de ces histoires-là !

Le cinéma, ce sont des machines compliquées avec des éclairages donnés et voulus. On met le petit bonhomme dans une position de... et la belle mécanique qui brille entre en jeu... elle va jouer avec lui, l'attraper de face, de profil, d'en dessus, d'en dessous, d'en dedans (rayons X), en détail, en fragment, couché, debout, flou ou précis, comme vous voudrez. Ce sera digéré, avalé et rendu à l'écran sous une forme dramatique, comique, plastique, vous avez le choix...

Le cinéma, c'est l'âge de la machine.

Le théâtre, c'est l'âge du cheval.

Ils ne s'entendront jamais, souhaitons-le d'ailleurs, car le mélange est déplorable.

Malgré toute sa puissance, ses moyens, ses banques, ses machines à calculer, sa lumière, le cinéma n'a pas tué le théâtre. Le théâtre reste debout. Meyerhold[2] l'a prouvé au Théâtre Montparnasse et Crommelynck[3] dans ses œuvres même les plus discutées. Ces deux hommes-là n'ont pas mélangé, ils ont réagi, au contraire ; ils n'ont pas eu peur. Ils ont compris que leur vie est belle et assurée s'ils évitent le contact.

Le théâtre continue ; il va devenir précieux et reposant, on y parle moins fort qu'à l'écran. Le cinéma veut l'avaler, il n'avalera rien. Ils ne sont pas du même monde. Il lui chipe ses acteurs, mais les acteurs tournent pour « faire du dollar », un point, c'est tout. Ils « s'en fichent », car ils voient bien qu'ils ne sont pas faits pour ce nouveau truc à spectacle. Ils jouent mal et quelconque. Ils ne sont dans tous leurs moyens, avec toute leur vanité et leur orgueil, que devant la rampe en chair et en os.

Le cinéma pourrait s'en porter mal d'aller chercher à côté ce qu'il devrait fabriquer lui-même. Il doit monter une usine à acteurs muets et parlants et ne pas chercher à utiliser des gens de théâtre. Pourquoi ces riches sociétés n'ont-elles pas des studios d'expérience dans lesquels on chercherait, où on éviterait avec soin des individus de tradition, des gens de théâtre, où l'on dresserait à la baguette du matériel humain tout neuf ?

La force des « mimes » comme Charlot et B. Keaton, c'est leur admirable ignorance et leur puissance d'instinct. Ils ont senti qu'ouvrir la bouche est stupide du moment qu'elle ne parle pas, et par cela ils sont devenus les plus populaires.

Maintenant que le cinéma parle, c'est une autre histoire. Attendez un peu. Les «as», j'espère, vont sortir et nous apporter du nouveau. Un peu de patience. Ils nous viendront de Russie ou d'Amérique, des pays où l'animal humain est plus «matière première» et le plus loin possible des nobles et vieilles traditions latines. Mais n'espérez rien de ces messieurs et dames de la Comédie-Française...

C'est la course aux «moyennes» et la pression financière qui de temps en temps font que le cinéma se fiche dedans — comme il doit faire de l'argent à tout prix, il s'inquiète trop du public, du succès, il n'ose pas «risquer». Comme on sait qu'un joli garçon et une charmante fille, s'ils sont vedettes, feront le succès, on joue sur eux gagnant; le reste est sans importance, on bâcle un scénario et le tour est joué. C'est tout de même un peu facile, aussi la «moyenne» descend-elle plus bas que terre... Jamais le théâtre ne «tombe» dans de pareilles proportions. Les «moyennes» de théâtre sont supérieures et souvent plus près de l'émotion vraie.

L'émotion vraie, la chose qui touche juste est difficile à mettre en scène, car elle est au rebours de la vie décorative que nous cultivons pour cacher et envelopper le vrai.

Les diplomates ont inventé le monocle pour empêcher la face de réagir et d'avouer. «Un pantalon est vrai lorsqu'il n'a pas de pli», la politesse a été inventée pour «tromper sur la marchandise».

La peur du vrai est la base de l'organisation sociale. «La vie décorative» l'habille comme un gant, la dissimule, et on aime s'endormir dans cette situation trompeuse. Peu de gens aiment le vrai avec tous les risques qu'il comporte, et pourtant le cinéma est une terrible invention à faire du vrai quand vous voudrez. C'est une invention diabolique qui peut fouler et éclairer tout ce que l'on cache, projeter le détail grossi cent fois. Saviez-vous ce que c'était qu'un «pied» avant de l'avoir vu vivre dans une chaussure sous une table, à l'écran? C'est émouvant comme une figure. Jamais avant cette invention vous n'aviez ombre d'idée de la personnalité des fragments.

Le cinéma personnalise «le fragment», il l'encadre et c'est un «nouveau réalisme» dont les conséquences peuvent être incalculables.

Un bouton de faux col, placé sous le projecteur, grossi cent fois, devient une planète irradiante. Un lyrisme tout neuf de l'objet transformé vient au monde, une plastique va s'échafauder sur ces faits nouveaux, sur cette nouvelle vérité.

Sentir et oser le faire.

J'ai rêvé au film des «24 heures», d'un couple quelconque, métier quelconque... Des appareils mystérieux et nouveaux permettent de les prendre «sans qu'ils le sachent» avec une inquisition visuelle aiguë pendant ces 24 heures, sans rien laisser échapper : leur travail, leur silence, leur vie d'intimité et d'amour. Projetez le film tout cru sans contrôle aucun. Je pense que ce serait une chose tellement terrible que le monde fuirait épouvanté, en appelant au secours, comme devant une catastrophe mondiale. La fin du monde serait-elle au bout de cette épreuve ?

Le mur, l'architecte, le peintre[1]
(1933)

Le monde actuel est surtout *ivre de compréhension.*

Un orgueil humain né des réalisations certainement étonnantes de ces derniers siècles veut tout absorber par logique ou déduction. Pourtant il faut s'arrêter devant l'œuvre d'art — et se rappeler que nos « instincts » sensoriels doivent là entrer en jeu.

L'œuvre d'art reste pour les *sensibles*, c'est leur revanche sur les *intelligents*.

Il y a, entre l'artiste qui crée et l'amateur qui apprécie, un lien, une atmosphère délicate qui est *inexplicable*, qui est le véhicule des grandes amitiés qui nous entourent. *On n'explique pas cela*, et c'est justement cette enveloppe assez mystérieuse qui permet la durée et l'admiration par les hommes d'autres générations. La *valeur fixe* de l'œuvre d'art est possible parce que aucun savant, aucun intellectuel n'a encore pu mettre *son microscope dessus* et expliquer le *pourquoi du Beau*, et souhaitons que jamais l'esprit d'analyse ne franchisse ce domaine car il détruirait cette merveille qu'est *le Beau*, qui surclasse la mêlée de la vie tumultueuse et mortelle.

La tendance au «déterminisme» actuel, à *la clarté*, est donc difficile à enrayer, lorsqu'elle arrive au pied du tableau. Mais il y a là des équivoques qu'il faut tâcher de dissiper. Je vous parle en vulgarisateur, mais il faut quelquefois mettre les points sur les i.

Il n'a jamais été question, en œuvre d'art, de copier la nature. Il est question d'une équivalence de la nature, c'est-à-dire de ramener dans un cadre à la fois de la vie, du mouvement et une harmonie créée par l'assemblage de lignes, de couleurs et de formes indépendamment *de la représentation.*

C'est l'harmonie de l'œuvre qui justifie tout, *et non son plus ou moins de ressemblance avec la nature*. Si l'imitation était valable, tout bon élève de l'école des Beaux-Arts qui a appris soi-disant à copier la nature pourrait se déclarer un *génie*. D'autre part, si vous mettez devant le même modèle, dans la même lumière, à la même heure plusieurs copistes, aucun ne fera la même chose, même plusieurs photographies du même objet, dans la même disposition, les résultats sont différents. Donc qu'est cette histoire de ce que les Académistes appellent «la

Nature ? » *Elle n'existe pas.* Nous sommes tous des subjectifs, c'est-à-dire que les objets qui nous entourent sont vus à travers nos yeux et *jugés à l'intérieur.* L'intérieur de chacun est différent ; tous les jugements sont individuels, comme tous les goûts. Personne ne voit le même objet sous sa même forme. Donc, il faut éliminer ce fameux point de *comparaison,* qui fait que les gens intelligents et de jugement croient se satisfaire en *comparant* le tableau avec la nature ; cela ne vaut rien du tout. On ne peut juger par comparaison.

Si vous avez, devant vos yeux, un dessin d'Ingres et un autre de Delacroix, par exemple, il ne peut être question de comparer et de dire : celui-ci est mieux que celui-là ; ce sont deux dessins de même qualité, mais différents et réalisés par des artistes dont la sensibilité était contraire. Votre subjectif vous entraînera vers l'un ou l'autre. Vous préférez l'un ou l'autre, mais il vous est défendu de dire *celui-là est mieux que l'autre.*

Le monde est victime de cette équivoque colossale à cause de la Renaissance italienne. La majorité des humains croit que c'est *une époque plus grande que les autres, une époque de progrès.* Il n'y a pas de progrès en art — et la Renaissance qui a créé cette erreur de jugement en rendant possible le point de *comparaison* est coupable et inférieure. Les grandes époques qui ont précédé la Renaissance italienne sont *libres* du point de vue d'imitation. Elles ont inventé la forme (gothique, roman, chinois, indochinois, égyptien, aztèque, etc.). Ces époques, au lieu d'être inférieures au XVe siècle, lui sont infiniment supérieures par l'exécution plastique. Michel-Ange sculpteur est le prototype de l'erreur la plus grossière en cherchant le *Beau* dans la copie de l'ordre musculaire humain. Un pauvre Christ déformé du XIIe siècle est infiniment plus émouvant et plus beau par la sensibilité qui y est contenue que la jambe d'une statue de Michel-Ange où le muscle de gauche est régulièrement à sa place anatomique. Il a beau gonfler ces muscles pour faire puissant, il *ne fait rien du tout.*

Mais l'homme moyen qui veut tout comprendre s'est dit : *ça y est*, je suis à même d'apprécier une œuvre d'art. Tout ce qui n'est pas aussi bien copié que Michel-Ange, c'est inférieur. Il faut démolir cela sans répit. Les écoles académiques se sont naturellement jetées là-dessus et enseignent dans ce sens. *C'est si commode*, mais tout de même un peu trop facile.

Toute une tendance actuelle de réaction veut revenir à cet ordre de choses. On ne peut pas « laisser faire ». Nous avons devant nous des siècles d'œuvres d'art admirables. Monuments et cathédrales, styles architecturaux immortalisés par l'opinion du temps, et l'on voudrait, sous un vent de réaction, faire disparaître tout cela ? Car les modernes actuels sont les fidèles continuateurs de ces époques d'avant-Renaissance que tous vous connaissez. Nous avons puisé notre culture chez eux, nos points d'appui sont de leur côté, l'impressionnisme qui nous précède avec des noms comme Renoir, Cézanne est notre berceau. Nous avons poussé la *libération plus loin*, mais jamais nous n'avons dépassé la *ligne sensible*, et notre œuvre est étroitement liée aux époques anciennes.

Les événements économiques et sociaux auxquels nous sommes liés ont dévié quelque peu les plans de réalisation. Le tableau de chevalet, né avec l'individualisme, et devenu la forme actuelle sous laquelle se réalisent la plupart des œuvres picturales, c'est l'avènement de l'individualisme qui nous a imposé cet ordre-là. Avoir *à soi*, chez soi, le tableau qui vous plaît, constituer des collections individuelles, nous en sommes là.

Avant, l'art pictural était étroitement lié à l'architecture : mosaïques, fresques. L'artiste peintre subissait la contrainte architecturale. C'était le *grand ordre* antique, que je souhaite de voir reparaître. Naturellement la position créatrice n'est plus la même. L'extrême liberté du *tableau de chevalet* a permis des erreurs, mais aussi une nouveauté admirable.

Les nécessités architecturales nous contraignent à une dimension donnée. L'individualisme est atteint. Vous devez travailler en collaboration. L'architecture simplifiée et rationnelle qui vient de conquérir le monde doit être une possibilité de rénovation de cet art collectif qui a créé d'immortels chefs-d'œuvre avant la Renaissance[2]. L'évolution des sociétés tend peut-être à cet ordre nouveau. Le tableau de chevalet reste — et restera toujours — mais il peut s'augmenter de la Renaissance murale.

Nous touchons ici au point vif de cette conférence. La question est lourde de conséquences et peut-être de discussions. Je demande à Messieurs les Architectes ici présents de bien vouloir se rappeler que je suis leur ami, que j'admire profondément leur œuvre architecturale et sociale et que peut-être parmi les artistes peintres modernes, je suis celui qui a le plus de *point de contact* avec les constructeurs nouveaux. Mais je n'oublie pas que je suis peintre et je dois leur dire quelques petites vérités ou que je pense telles. S'ils sont «touchés» qu'ils répondent, je ne demande pas mieux.

Il y a, à l'heure qu'il est, une catastrophe mondiale qui tient à des *excès intensifs* dans lesquels nous nous débattons.

L'Amérique a exagéré en oubliant que la matière première est majeure, et non sa valeur-or.

Demandez à un Américain :
Qu'est-ce que le coton ? *Je ne sais pas.*
Quel est le prix du coton ? *Je sais.*
Quelle est la quantité mondiale de coton ? *Je ne sais pas.*
Quels sont vos bénéfices ? *Je sais.*

Wall Street *a exagéré* en transformant tout en spéculation. Wall Street est une abstraction étonnante, mais catastrophique. *L'architecture verticale américaine a exagéré* en oubliant qu'une maison de 40 étages doit déverser son contenu matériel humain aux mêmes heures aux mêmes points[3]. Obstruction de la circulation. New York, paradoxe colossal, est la ville la plus *lente* du monde.

L'architecte moderne, lui *aussi, a exagéré*, dans son magnifique effort de nettoyage par le vide. Il devait le faire. Ces hommes jeunes que j'admire construisent, c'est nouveau, avec de l'air, de la lumière : c'est leur nouvelle matière première. Le sentiment des poids, des volumes que nous subissions depuis tous les temps, ils l'ont magiquement fait disparaître. Ivresse du vide, révolution ; car il y a révolution. Révolution et orgueil — cassure violente avec l'état précédent. Une élite les a suivis. Toutes ces révolutions ont leur élite minoritaire. Jusque-là *tout va bien.* C'est une architecture de chevalet, individuelle, qui correspond à une demande restreinte. Mais la formule s'étend. « Urbanisme » on veut quitter la position *chevalet*, on devient social. Attention ! là est le point dramatique. La révolution qui consiste à détruire et nettoyer est finie. On va construire, on va attaquer l'homme moyen, la foule qui jusqu'ici *s'enveloppait de bibelots et de tentures, vivait dans le complexe décoratif.*

Dans cette nudité nouvelle un ferronnage inconnu gigantesque, que l'on croyait mort ressuscite.

Les architectures modernes ont mis l'individu « *devant le mur* », à tel point que les meubles rentrent eux-mêmes dans le mur. Il les avale et se referme ; la surface redevient lisse [4].

Le dépouillement est tel que vous voyez ; ils ne supportent plus même le volume des meubles. Donc plus de volume, plus de forme ; une impalpabilité d'air, de surface glissante, brillante, neuve où rien ne peut plus se cacher. L'ombre même n'ose plus entrer, elle n'y trouve plus sa place. C'est un minotaure moderne, ivre de lumière et de clarté, qui se dresse devant le petit bonhomme moderne à peine revenu de ses bibelots et de ses chiffres auxquels il pense toujours.

« La nature a horreur du vide. » L'homme *moyen* est perdu devant la grande surface morte, il tâtonne, il cherche comment faire pour se rattraper, il a le vertige il n'est pas préparé. *C'est une révolution — qui le prend au dépourvu.* Il se trouve l'homme moyen, l'homme-nombre devant cette nouvelle réalité impitoyable qui est le mur moderne.

Pour vous distraire de ce mur intérieur sur lequel je livre bataille à mes amis je vais vous parler du mur extérieur — en bordure des routes du monde.

Beaucoup de pays, surtout du Nord, ont tendance à colorer leurs maisons à l'extérieur. J'avoue que je préfère les murs des villages de mon pays ou des pays du Sud, où les maisons comme *les gens gardent leur âge.*

Les vieux villages français portent la marque du temps sur leurs murs et leurs pierres.

Le Nord, jeune et moins individuel, colore, habille, restaure sans cesse. C'est la vie décorative. On n'avoue pas son âge, c'est moins émouvant, mais c'est plus agréable. C'est une espèce de politesse de la route, c'est une joie qui veut cacher la réalité, c'est l'éducation.

Mais l'autre mur, le grand et terrible à l'intérieur, qui vous attend une fois la porte refermée, il faut continuer à en parler. Beaucoup d'architectes le veulent garder comme il est. Ils exagèrent.

C'est une position révolutionnaire et comme telle *minoritaire* et les *réactions peuvent en profiter.* Artistiquement *bravo*; c'est l'œuvre d'art. Socialement *c'est dangereux,* car ce n'est pas l'œuvre sociale. Sur ce mur on aurait pu s'entendre,

Messieurs les Architectes. Vous voulez oublier que les peintres sont mis au monde pour détruire les surfaces mortes, pour les rendre habitables, pour éviter les positions architecturales trop absolues.

Pourquoi ce qui est vrai au VIIIe et au XIIe siècle ne serait pas possible aujourd'hui ? L'homme *n'a pas bougé*. C'est terrible, mais c'est exact. *Les objets changent. Les goûts changent.* Les aliments changent, mais il y a la fameuse question de *quantité* qui ne change pas.

Je pense, Messieurs les Architectes, que vous avez *touché aux quantités* irréductibles.

Les hommes mangent toujours la même quantité, dorment toujours la même quantité, ils vivent et ils meurent toujours à peu près dans la même durée.

Ils veulent leur quantité habitable à l'intérieur. Le problème est profondément humain ; surtout lorsque l'on traite avec les moyennes. Les « contraintes » deviennent sensibles, les nécessités s'imposent. Si vous détruisez, il faut inventer dans le temps la fameuse « *valeur de remplacement* ».

Entre la position tendance architecturale nouvelle et la position habitable moyenne urbaine, il y a solution de continuité, il y a un espace vide dangereux, un point d'infiltration pour les pires réactions — qui y trouvent les raisons de se développer.

Les élites vous ont suivi, c'est entendu, ça c est assez facile, mais les autres, la ligne moyenne, *n'a pas pu suivre*. Vous êtes partis à toute allure, la tête haute, le regard dédaigneux, vers un but idéal que j'admire profondément, mais dans cette course vers le Beau absolu, vous auriez dû tout de même regarder en arrière. Vous êtes seuls, *ils ne suivaient pas!*

Il faut s'arrêter et se demander jusqu'où ce monde essoufflé que vous n'apercevez plus derrière vous, jusqu'où il est capable de se *raccorder à votre rythme* et à ce nouveau *standard de vie*.

Par orgueil vous n'avez pas voulu appeler le peintre qui attendait au bas de l'escalier. Pourtant ce brave type modeste, épaté par votre allure, vous aurait servi à boucher la fissure entre votre concept théorique et l'obligation de contrainte humaine.

Il attend vos décisions. Il peut, l'artiste-peintre, cet ennemi de la surface morte, s'entendre avec vous. Il accepte la position n° 2; il est roi dans le tableau de chevalet. N'y touchez pas. C'est Dieu lui-même. Là il a lui aussi son orgueil, son «intraitable» *si tu n'en veux pas, laisse-le*. Mais avec vous, Monsieur l'Architecte, en camarade, il accepterait vos mesures, vos contraintes jusqu'à 50 % peut-être. Monsieur le Peintre, lui direz-vous d'un air un peu hautain, je voudrais ici 3 m 50 sur 1 m 25 de *couleurs vives.* Bien, Monsieur l'Architecte, aurait-il dit modestement, on va vous faire cela.

C'est une entente à trois qu'il faut réaliser : *le mur — l'architecte — le peintre*[5]. On aurait pu y arriver. Vous avez abandonné le camarade et il se trouve que quelques légères difficultés apparaissent à cause de la fissure. Une réaction violente contre laquelle il faut lutter *tous ensemble*, entrer en bataille.

Vous avez voulu distribuer la couleur vous-même. *Permettez-moi* de vous dire que dans une époque comme la nôtre, où tout est spécialité, c'est une erreur de votre part.

Le menuisier ne fait pas les fers forgés, que je sache. De quel droit avez-vous distribué la couleur ? De quel droit ? L'époque spécialisée vous condamne. Il fallait tenir le contrat d'association entre nous trois : le mur, vous et moi.

Pourquoi l'avez-vous rompu ?

Je ne me fâche pas et j'attends. Je pense que l'événement va se produire et que, bras dessus, bras dessous, le mur, vous et moi nous allons réaliser la grande œuvre moderne à faire.

Le cas sera encore plus catégorique le jour où il faudra faire le monument :

    une maison ?
    une usine ?
    un palais ?

Trois problèmes — les avez-vous résolus ? N'y a-t-il pas un peu d'excès de vitesse dans la réalisation de vos plans, que pour ces trois problèmes je trouve un peu trop près l'un de l'autre? Emportés par l'élan vous avez, je crois, un peu trop simplifié.

L'œuvre populaire, le monument, se présente. Les «moyennes», qui *courent toujours après vous*, allez-vous en tenir compte? Il n'est pas question de se *baisser* pour accepter leurs désirs. Jamais, la question est plus haute. Il n'est pas question de «concessions démagogiques», non. C'est une nécessité humaine qui fait que dans les œuvres ou réalisations qui touchent les peuples, les foules, il y a nécessité pour les hommes qui les dirigent ou qui les commandent d'écouter battre les cœurs; sous peine des pires erreurs, vous ne pouvez pas ne pas au moins les regarder et les écouter respirer. Elles sont, ces foules, pleines de bonnes intentions, plus peut-être que vous ne croyez. Prenez contact: vous êtes des sociaux, Messieurs les Architectes, et cela amplifie énormément votre position d'artistes: qui dit social, dit humain. Il ne faut pas avoir peur de vous salir les mains en pesant les quantités vitales et essentielles que ces gens ont en eux. Je le répète, le «monument» est plus que social, il est populaire.

Les cathédrales romanes et gothiques l'ont été. Leur masse imposante et plastique a ému et retenu les hommes des siècles passés. Regardons-les; sur leurs plans, sur leurs surfaces, la couleur et la forme sculpturale ont réalisé à la fois du beau et du collectif car toute l'œuvre est unité. La liberté du détail, même obscène, a été tolérée; il fallait être social, humain, associer le rire à la gravité. Les dramaturges grecs et Shakespeare l'ont compris, leurs œuvres colossales mais variées, mélange de comique et de tragique, de beau et de trivial. Ont-ils perdu l'unité pour cela? Je ne pense pas. Le monument reste intact et satisfait aux désirs des collectivités.

Comment concevez-vous le monument populaire? Le jour de votre décision, alors je vous fais signe et j'amène avec moi mon ami le sculpteur et je vous arrête. Nous devons entrer tous les trois dans l'affaire. Ce jour-là on ne laissera pas faire. Le peintre se dresse debout et crie des vérités comme celles-ci, des vérités qui devraient être écrites dans le ciel en lettres de feu.

La couleur est un élément vital, l'essentiel comme *l'eau et le feu*. C'est une matière première utile comme le blé, un rouge, un bleu, savez-vous ce que c'est, Messieurs les Architectes? C'est l'équivalence d'un bifteck et c'est aussi nécessaire.

La couleur est essentielle, je le répète, *on ne peut vivre sans elle*. Mais à qui revient-il de distribuer cette couleur? C'est à nous. Vous avez essayé de le faire, vous avez rendu mobiles des plans par l'adjonction de tons. Ce n'est plus là la question. Elle veut plus que cela, c'est à nous de réaliser l'action colorée en relation étroite avec vous.

Nos cathédrales, comme je vous l'ai dit, sont la conséquence de collaborations intelligentes et sensibles. C'est le fait de plusieurs. Nous devons refaire le contrat.

La couleur n'est pas qu'une simple satisfaction d'épiderme. Je le rejette, elle est vitale ; les animaux mêmes y sont sensibles. On a fait des expériences sur certains insectes ; on les enferme dans des cages avec des surfaces colorées — ces insectes choisissent leur couleur — on les enlève, ils y reviennent. L'homme est lui aussi, avec ses insectes originels contenus, amoureux plus ou moins avoué de la couleur.

On n'a pas encore exploré ce grand problème à fond. C'est d'ordre psychologique plus que de satisfaction plastique. Son action sociale est aussi importante que celle de la musique, elle est à développer.

La pratique cinématographique que maîtrise Léger, nourrit sa conception du « nouveau réalisme » où deux fragments de réalité montés successivement aboutissent par leur effet de surprise sur le spectateur, à la négation de ce qu'ils sont, et à la création d'une « autre réalité » indépendante de leur nature propre. Conception marquée également par l'influence du cinéma soviétique, que Léger connaît bien et dont l'écriture privilégie le rôle du montage.

Un nouveau réalisme,
la couleur pure et l'objet[1]
(1935)

L'on peut considérer l'évolution actuelle artistique comme une bataille qui se livre et qui dure depuis cinquante années entre la conception *du sujet* comme l'a conçu la Renaissance italienne et l'intérêt pour *l'objet* et le ton pur qui s'affirme de plus en plus dans nos idées modernes.

Cette bataille vaut la peine d'être suivie, étudiée, observée de très près, car elle est toujours très actuelle. C'est une espèce de révolution dont les conséquences sont très importantes. Ce sentiment de *l'objet* est déjà dans les tableaux primitifs — dans les œuvres des Hautes Époques égyptienne, assyrienne, grecque, romane, gothique.

Les modernes vont le développer, l'isoler et en sortir toutes les conséquences possibles. *L'obligation du sujet* n'est plus acceptée. Cette armature qui domine tout l'art de la Renaissance a été brisée.

Le sujet détruit, il fallait trouver autre chose, c'est *l'objet* et la couleur pure qui deviennent la valeur de remplacement.

Dans cette nouvelle phase, la liberté de composition devient infinie. Une liberté totale qui va permettre des compositions d'imagination où la fantaisie créatrice va pouvoir se révéler et se développer.

Cet *objet* qui était enfermé dans le *sujet* devient libre, cette couleur pure qui ne pouvait s'affirmer va sortir. Il devient le *personnage principal* des nouvelles œuvres picturales. Par exemple, je me trouve devant un paysage composé d'arbres, de ciel, de nuages. Je vais m'intéresser à l'arbre seul, l'étudier et en sortir toutes les possibilités plastiques qu'il comporte : son écorce qui a un dessin souvent expressif, ses branches dont le mouvement est dynamique, ses feuilles qui peuvent valoir décorativement. Cet arbre si riche en valeur plastique *est sacrifié* dans le *tableau à sujet*. Isolé, étudié à part, il va nous fournir du matériel pour renouveler l'expression picturale actuelle[2].

Je dois reconnaître que dans cette histoire si passionnante de l'objet, le cinéma avec ses gros plans nous a permis d'« aller plus vite ».

La bataille s'est engagée avant. Déjà les impressionnistes ont commencé la lutte pour la libération. Les modernes ont suivi et ont accentué l'effort.

Mais tout de même, le cinéma, je le répète, y est pour quelque chose.

En projetant des fragments de figure — un œil, une bouche, une narine — il a déclenché l'intérêt plastique et fortifié les possibilités déjà existantes.

Un pied dans une chaussure, sous une table, projeté, grossi dix fois devient un fait surprenant que vous n'avez jamais remarqué avant. Il prend une réalité, une nouvelle réalité qui n'existait pas quand vous regardez le bas de votre jambe machinalement en marchant ou étant assis.

Un nuage isolé, seul, hors le fond bleu du ciel, a un dessin et un relief souvent d'une richesse que vous ne pouvez découvrir quand il fait partie du paysage.

Les recherches scientifiques, elles aussi, ont permis aux artistes de dégager cette nouvelle réalité.

Des plantes sous-marines, des animaux infiniment petits, une goutte d'eau avec ses microbes grossis mille fois par le microscope deviennent des possibilités picturales nouvelles ou permettent un développement dans l'art décoratif.

On s'aperçoit alors que *tout* a un intérêt égal, que la figure humaine, le corps humain n'est pas plus important dans l'intérêt plastique qu'un arbre, une plante, un fragment de rocher, un cordage. Il s'agit de composer un tableau avec ces objets en ayant soin de choisir ceux qui peuvent réaliser une composition. C'est une question de choix de la part de l'artiste[3].

Un exemple : si je compose un tableau en utilisant comme objet un fragment d'écorce d'arbre, un fragment d'aile de papillon avec cela une forme purement imaginée, il est probable que vous ne reconnaîtrez pas l'écorce d'arbre ni l'aile de papillon et vous direz : qu'est-ce que cela représente ? C'est un tableau abstrait, non c'est un tableau représentatif.

Ce que l'on appelle tableau abstrait n'existe pas. Il n'y a pas d'abstrait, ni de concret. Il y a un beau tableau et un mauvais tableau. Il y a le tableau qui vous émeut et celui qui vous laisse indifférent.

Jamais on ne doit juger un tableau *en comparaison* des éléments plus ou moins naturels. Un tableau a une valeur en lui-même, comme une partition musicale, comme un poème.

La réalité est infinie et très variée. Qu'est-ce que la réalité ? Où commence-t-elle ? Où finit-elle ? Combien doit-il y en avoir en peinture ? Impossible de répondre.

Autre exemple sur cette question de réalité ; je photographie très exactement avec une lumière très puissante l'ongle du doigt d'une femme moderne. Cet ongle très soigné est valorisé comme son œil, sa bouche. C'est un objet qui a une valeur en soi.

Cet ongle je le projette grossi cent fois et je dirai à une personne ; voyez c'est un fragment de planète en évolution. À une autre : c'est une forme abstraite. Elles seront étonnées et enthousiasmées, me croiront sur parole. Mais finalement je leur dirai : non, ce que vous venez de voir c'est l'ongle du petit doigt de la main gauche de ma femme. Ces gens partiront vexés, mais ne poseront plus désormais la fameuse question : *qu'est-ce que cela représente ?*

Cette question n'a plus aucune raison d'être. La Beauté est partout, dans l'objet, le fragment, dans les formes purement inventées. Mais ce qu'il faut c'est développer sa sensibilité pour pouvoir discerner ce qui est beau de ce qui n'est pas beau. L'intelligence, la logique n'ont rien à voir dans tout cela.

On n'explique pas l'art. C'est du domaine de la sensibilité qui peut et doit se développer. J'ai eu l'occasion de causer avec le physicien français Perrin[4], et il m'a dit : nous aussi nos trouvailles scientifiques sont pour 80 % du domaine de la sensibilité pure.

La logique déductive c'est froid et n'a jamais donné que des professeurs solennels et académiques.

Une éducation est possible, elle existe. La preuve en est dans l'évolution de l'art décoratif moderne. Les commerçants et les industriels ont senti que ce fameux *objet* avait une valeur publicitaire. Ils ont composé des vitrines en mettant en valeur les objets de leur commerce — 5 paires de bas présentés sur un fond de couleur font plus d'effet que 200 entassés les uns à côté des autres. Tout le commerce a compris et utilise *l'avènement de l'objet*.

On a compris la beauté des objets en eux-mêmes et l'inutilité de les décorer ou de les peindre. Cela c'est très moderne et très nouveau.

L'objet fabriqué usuel est souvent d'une forme harmonieuse uniquement par son fonctionnement.

Les belles matières comme le marbre, l'acier, le verre, le caoutchouc, le cuir entrent maintenant comme valeur décorative dans les maisons et les monuments sociaux. À propos de cet intérêt décoratif, je suis amené à établir un parallèle entre deux faits importants récents. L'un est français, c'est le *paquebot Normandie*, l'autre américain, c'est *Radio-City*.

Je dois constater que le *fait français*, la décoration de ce navire est nettement rétrograde et d'un goût déplorable, c'est du mauvais 1900.

Il est dommage, devant un public américain, d'être obligé de dire cela, mais on le doit. La France possède d'admirables artistes et intellectuels, mais elle porte derrière elle une tradition qui lui permet de regarder en arrière et d'accuser une paresse créative en utilisant le passé. Elle oublie qu'elle a fait la tour Eiffel, il y a cinquante ans, et cela c'était quelque chose.

L'Amérique, en réalisant Radio-City[5], n'a pas fait un *retour en arrière*, au contraire. La conception architecturale est très pure, très américaine moderne et la compréhension décorative intérieure est la juste application du jeu des belles matières naturelles, si j'en excepte les quelques décorations dues à des artistes dont je ne parlerai pas. Il reste que Radio-City est un monument moderne qui est une leçon pour le monde entier.

C'est une œuvre sociale très luxueuse, d'un grand goût américain qui n'a rien à voir avec le goût d'un autre pays.

C'est le monument le plus représentatif des temps modernes.

Naturellement, il y aurait à parler devant cette œuvre grandiose, d'une conception picturale ornementale à la hauteur de l'œuvre. J'ai des idées très précises à ce propos.

La mosaïque aurait dû entrer dans le jeu, mais cela c'est une autre histoire et ce sera pour une autre fois.

Le nouveau réalisme continue[1]
(1936)

Chaque époque d'art a le sien, elle l'invente plus ou moins en relation avec les époques précédentes. Quelquefois elle réagit contre, d'autres fois elle continue la même ligne.

Le réalisme des primitifs n'est pas celui de la Renaissance et celui de Delacroix est diamétralement opposé à celui d'Ingres.

Vouloir expliquer le pourquoi et le comment, impossible. Cela se sent et les raisons risquent d'embrouiller les choses plus que de vous éclairer. Ce qui est certain c'est qu'il n'y a pas une époque de beau typique, de beauté supérieure qui pourrait servir de critérium, de base, de point de comparaison. Rien ne permet à l'artiste créateur, lorsque le doute lui entre dans le cœur, d'aller se raccrocher à un contrôle passé. Il doit courir sa fatalité ; c'est la grande solitude.

Ce drame est vécu par tous les hommes qui sont condamnés à inventer, créer, construire.

L'erreur des écoles c'est d'avoir voulu chercher à établir une hiérarchie de qualité (la Renaissance italienne, par exemple) ; c'est indéfendable.

Les réalismes varient par ce fait que l'artiste vit dans une époque différente, dans un milieu nouveau et dans un ordre de pensée générale qui domine et influence son esprit.

Nous vivons depuis un demi-siècle des temps extrêmement rapides, riches en évolutions scientifiques, philosophiques et sociales. Cette vitesse a, je crois, permis la précipitation et la réalisation du nouveau réalisme, assez différent des conceptions plastiques précédentes.

C'est l'impressionnisme qui a «rompu la ligne». Cézanne en particulier ; les modernes ont suivi en accentuant la libération. Nous avons libéré la couleur et la forme géométrique. Elles ont conquis le monde. Ce réalisme nouveau commande entièrement les cinquante dernières années, aussi bien dans le tableau de chevalet que dans l'art décoratif de la rue et intérieur.

Les tableaux d'origine qui ont permis cette évolution, on leur reproche d'avoir été accaparés par les marchands et les grands collectionneurs, que le peuple n'a pu accéder à eux. La faute à qui ? À l'ordre social actuel. Je ne vais pas faire ici le procès des marchands de tableaux qui ont risqué commercialement, eux aussi, en s'occupant d'une marchandise dont rien ne pouvait prévoir le succes. Avec les grands collectionneurs, ils nous ont permis de vivre et nos œuvres sont répandues grâce à eux dans le monde entier.

Si nos œuvres n'ont pas pénétré dans le peuple c'est la faute, je le répète, à l'ordre social actuel et non pas parce que ces œuvres manquent d'humanité. Sous ce prétexte on voudrait couper les ponts, exécuter froidement toute cette peinture de libération douloureusement acquise et retourner au diable en arrière. Les noms de Rembrandt, de Rubens sont évoqués.

Sous le prétexte de vouloir conquérir tout de suite cette foule populaire admirable dont l'instinct est juste, mais attend de pouvoir saisir la nouvelle vérité, on voudrait les embarquer à reculons, de siècle en siècle, d'abord en chemin de fer, puis en brouette, pour «faire ancien», et puis à pied.

C'est faire outrage à ces hommes tout neufs, qui ne demandent qu'à comprendre et à marcher de l'avant; c'est vouloir les décréter d'office incapables de s'élever à ce nouveau réalisme qui est leur époque, dans laquelle ils vivent, où ils travaillent et qu'ils ont fabriquée de leurs mains. On leur dit : *le moderne* n'est pas pour nous, c'est pour les riches, art spécialisé, art bourgeois. C'est archifaux.

Nous sommes en possibilité de créer et de

réaliser un nouvel art mural collectif. Nous attendons simplement que l'évolution sociale le permette.

Nos goûts, nos traditions vont aux artistes primitifs et populaires d'avant la Renaissance.

C'est de cette Renaissance que date l'individualisme en peinture, et je ne crois pas qu'il soit utile de regarder de ce côté, si nous désirons réaliser et rénover un art mural collectif populaire actuel.

Notre époque est assez riche en matière première plastique pour nous en fournir les éléments.

Mais, malheureusement, tant que de nouvelles circonstances sociales n'auront pas été réalisées, le peuple échappera au bénéfice de ces réalisations.

Je veux parler des loisirs; l'organisation, la création des loisirs pour les travailleurs — c'est, je crois, un point capital. *Tout en dépend.*

À aucune époque de notre monde les travailleurs n'ont pu accéder à la beauté plastique pour ces mêmes raisons qu'ils n'ont jamais eu le temps nécessaire ni la liberté d'esprit suffisante.

Libérer les masses populaires, leur donner une possibilité de penser, de voir, de se cultiver et nous sommes tranquilles, elles pourront, à leur tour, jouir pleinement des nouveautés plastiques que leur offre l'art moderne.

Ce peuple qui crée lui-même tous les jours ces objets fabriqués aux tons purs, aux formes finalisées, aux mesures exactes, il en a déjà discerné les éléments plastiques possibles et réels. Vous trouvez comme ornement au mur, dans des bals musettes populaires, des *hélices d'avions*. Tout le monde trouve cela beau, et ces hélices d'avions sont très près de certaines sculptures modernes.

Il n'y a pas beaucoup d'efforts à faire pour qu'ils sentent et comprennent ce qu'est le nouveau réalisme qui a ses origines dans la vie moderne même, dans ses phénomènes constants, dans l'influence des objets fabriqués et géométriques, dans une transposition où l'imagination et le réel se croisent et s'enchevêtrent, mais d'où on a banni tout sentimentalisme littéraire et descriptif, tout dramatisme qui relève d'autres directions, poétiques ou livresques.

L'architecture moderne, venue au monde avec la peinture moderne, leur offre des possibilités d'existence rationnelle infiniment supérieures aux architectures précédentes.

L'école communale de Villejuif d'André Lurçat[2] est, je crois, un précédent favorable.

C'est une tout autre vie rendue possible aux ouvriers par les deux grands cadeaux que Le Corbusier nous a faits : le mur blanc et la lumière.

Apprendre à s'en servir, à l'aimer, et ne pas nous ramener *de ce côté-là aussi* en arrière, en nous imposant les chiffons, les tentures et les papiers peints de 1900.

La classe ouvrière a droit à tout cela. Elle a droit, sur ces murs, à des peintures murales signées des meilleurs artistes modernes, et si on lui donne le temps et les loisirs, elle saura s'y installer et y vivre elle aussi et les aimer[3].

Quel art représentatif peut-on donc imposer à ces hommes-là ? Quand ils sont tous les jours sollicités par le cinéma, la T.S.F., les énormes montages photographiques de la publicité ?

Comment vouloir entrer en concurrence avec ces énormes mécaniques modernes qui vous donnent de l'art vulgarisé à puissance mille ?

Il serait indigne d'eux de vouloir fabriquer une peinture populaire inférieure de qualité, sous prétexte qu'ils n'y comprendront jamais rien. Au contraire, on doit rechercher la qualité dans un art apaisant et intérieur. Chercher un plan de beauté plastique tout autre que celui que nous venons de décrire.

Cela n'empêche pas que les peintres sont à la disposition des organisateurs de fêtes populaires, par exemple, pour ordonner la couleur et la déchaîner si on le désire, — la couleur pure disposée dynamiquement peut détruire visuellement un mur. La couleur donne la joie, elle peut aussi rendre fou. Elle peut guérir dans l'hôpital polychrome. C'est une matière première — force indispensable à la vie comme l'eau et le feu. Elle peut exalter les sentiments d'action à l'infini, elle tient le coup avec le haut-parleur, elle est de la même taille. Elle est dosable à l'infini depuis la nuance jusqu'à l'éclatement.

Dans ce domaine où il s'agit de manifester l'intensité de vie sous tous ses angles il y a des possibilités entièrement nouvelles — scène, musique, couleur, mouvement, lumière, chant n'ont pas encore été groupés et orchestrés à leur maximum. Ce sentiment de beauté, l'homme du peuple l'a dans la peau en venant au monde. Le terrassier qui préfère une ceinture bleue à une rouge fait acte de choix. Son premier jugement sur les objets modernes fabriqués est d'ordre esthétique. Il dira « la belle bicyclette », « la belle voiture », avant de savoir si cela fonctionne. Cela entre déjà dans l'acception du fait réalisme nouveau. Les vitrines des magasins où l'objet isolé arrête et séduit l'acheteur : nouveau réalisme.

Tous les hommes, même les plus frustes, ont en eux une possibilité d'aller vers le beau. Mais devant l'œuvre d'art, tableau ou poème, si les loisirs — j'y reviens toujours — ne permettent pas de cultiver cette possibilité, ils resteront toute leur vie au jugement par comparaison. Ils préféreront Bouguereau à Ingres parce que Bouguereau c'est mieux imité. Le jugement par comparaison n'est pas valable, toute œuvre artistique vaut en elle-même. C'est un tout indépendant; si on les aide, ils y arriveront. Les foules humaines qui réclament leur place, l'homme du peuple, n'oublions jamais qu'ils sont le grand refuge de la poésie.

C'est lui qui invente cette forme mobile et toujours nouvelle, le langage populaire. Ils vivent dans cette atmosphère d'invention verbale constante. Ils vivent dans l'éclat poétique.

Pendant que leurs mains sertissent un écrou, leur imagination court et invente de nouveaux mots, de nouvelles formes poétiques.

Tout le long du monde le peuple a inventé sa langue qui est son réalisme à lui. Il est d'une richesse incroyable. *C'est l'argot,* c'est la poésie la plus belle et la plus vivante qui soit. Leurs acteurs populaires, leurs chanteurs l'utilisent dans leurs théâtres de quartier. Ils en sont les maîtres et les inventeurs. Cette forme verbale est aussi un alliage de réalisme et de transposition imaginative, c'est un nouveau réalisme perpétuellement en mouvement.

Et l'on voudrait que cette classe d'hommes n'ait pas droit aux joies et aux satisfactions que comporte l'œuvre moderne? On ne voudrait pas leur donner *leur chance* de s'élever au plan plastique nouveau quand eux-mêmes inventent une langue toute neuve tous les jours ? Ce n'est pas défendable et ils ont le droit de vouloir et d'exiger que ces temps soient révolus pour, à leur tour, entrer dans le domaine du beau qui leur a toujours été fermé jusqu'ici.

* Les sanctuaires doivent s'ouvrir. Nos peintures modernes si inventées, c'est notre argot à nous. Le passage doit s'ouvrir entre l'artiste moderne et le peuple*.

Couleur dans le monde[1]
(1937)

La couleur est une nécessité vitale. C'est une matière première indispensable à la vie, comme l'eau et le feu. On ne peut concevoir l'existence des hommes sans une ambiance colorée. Les plantes, les animaux se colorent naturellement ; l'homme s'habille en couleurs.

Son action n'est pas que décorative ; elle est psychologique. Liée à la lumière, elle devient intensité ; elle devient un besoin social et humain.

Le sentiment de joie, d'émulation, de force, d'action se trouve renforcé, élargi par la couleur.

Elle sert de défense aux animaux en les camouflant. Grimaçante et violente sur un masque chinois ou nègre, elle fait peur. Son action est loin d'être explorée dans son sens utile et vital.

Le monde en a toujours été préoccupé ; les costumes du Moyen Âge sont éclatants.

Le XVIIIe siècle en a réalisé toutes les nuances,

mais les campagnes, les villes restaient grises. C'est après la guerre que tout à coup les murs, les routes, les objets se colorent violemment. Les maisons s'habillent de bleu, de jaune, de rouge. Des lettres énormes s'y inscrivent.

C'est la vie moderne éclatante et brutale.
Comment l'événement a-t-il pris naissance?
Revenons avant-guerre.

À ce moment, peu de couleurs sur les murs : la rue est calme. La campagne possède ses arbres, ses plantes, ses fleurs ; elles entrent dans l'appartement ; elles sont de la famille. Un serin jaune, une fleur rouge étaient des événements colorés.

Vint la guerre. La guerre fut grise et camouflée : une lumière, une couleur, un ton étaient interdits sous peine de mort. Une vie de silence, une vie nocturne à tâtons, tout ce que l'œil pouvait enregistrer et percevoir devait se cacher et disparaître.

Personne n'a vu la guerre, caché, dissimulé, à quatre pattes, couleur de terre l'œil inutile ne voyait rien. Tout le monde a «entendu» la guerre. Ce fut une énorme symphonie qu'aucun musicien ou compositeur n'a encore égalée : «Quatre années sans couleur.»

1918 : la paix. L'homme exaspéré, tendu, impersonnalisé pendant quatre ans enfin lève la tête, ouvre ses yeux, regarde, se détend, reprend goût à la vie. Frénésie de danse, de dépenses, pouvoir enfin marcher debout, crier, hurler, gaspiller... Un déchaînement des forces vives remplit le monde.

Le petit serin, la fleur rouge sont encore là, mais on ne les voit plus : par la fenêtre ouverte, le mur d'en face, violemment coloré, entre chez vous. Des lettres énormes, des figures de quatre mètres de haut sont projetées dans l'appartement. La couleur prend position. Elle va dominer la vie courante. Il va falloir s'en arranger.

L'homme de 1921, rendu à la vie normale, garde en lui cette tension physique et morale des dures années de guerre. Il est changé ; les luttes économiques ont remplacé les batailles du front.

Industriels et commerçants s'affrontent en brandissant la couleur comme arme publicitaire.

Une débauche sans précédent, un désordre coloré fait éclater les murs. Aucun frein, aucune loi ne vient tempérer cette atmosphère surchauffée qui brise la rétine, aveugle et rend fou.

Où allons-nous? On va tout simplement à une évolution rapide d'une vie plastique extérieure, qui va se développer logiquement jusqu'à épuisement des moyens, jusqu'à ce que l'on trouve autre chose.

D'ailleurs, l'enfant s'y adapte fort bien ; il

évolue dedans comme un poisson dans l'eau ; il y est né ; il n'a pas connu le ton sur ton, la douce grisaille d'avant-guerre ; l'atmosphère Corot lui est étrangère. Il va devant lui en poussant son cerveau, et les montages photographiques, les figures géantes qui ornent les cinémas lui semblent tout naturels. L'homme adulte doit s'y acclimater à son tour.

Des besoins de détente nous font nous jeter par moments dans les campagnes silencieuses, mais pour quelques jours seulement : la vie, l'intensité reprennent le dessus. On s'y plonge et on s'y établit.

Je pense que l'on pourrait, si on le voulait, ordonner toute cette débauche colorée. Il y a un plan possible de distribution des couleurs dans une ville moderne : une rue rouge, une rue jaune, une place bleue, un boulevard blanc, quelques monuments polychromes.

Dans des voyages, appuyé au bastingage d'un bateau, devant l'immense monotonie des surfaces d'eau, j'ai souvent pensé à l'événement étonnant que serait l'apparition soudaine d'un serpent de mer, long de cent mètres, lumineux et coloré.

Le monde court à l'intensité. La vitesse est la loi actuelle. Elle nous roule et nous domine ; c'est une époque de transition ; acceptons-la comme elle est.

Mais reconnaissons qu'une vie plastique nouvelle est née de ce chaos. Un ordre nouveau essaie d'en sortir. D'un certain côté, la rue s'organise ; je veux dire par la rue les vitrines, les étalages qui deviennent spectaculaires. Là une volonté d'ordre s'établit. Au lieu de mille objets entassés les uns contre les autres, on en expose dix bien présentés, valorisés, et qui sont aussi attractifs, plus même que l'ancien dispositif.

La qualité remplace la quantité. Le commerçant a compris que l'objet qu'il vend a une valeur artistique en lui-même s'il sait la faire valoir. Il y a là le commencement d'un ordre plastique nouveau, d'un nouvel art populaire. C'est un événement très important.

Le développement de cet art de l'étalage précède la renaissance de l'art mural. Cet art mural est devenu un des côtés assez nouveaux de l'Exposition de 1937[2].

Les peintres modernes qui, pendant cinquante ans, ont tous produit des tableaux de chevalet, sont invités à aborder le problème mural.

Il faut reconnaître qu'ils y sont peu préparés. L'événement est d'importance car c'est la résurrection de la collaboration des trois arts : architecture, peinture, sculpture, travail d'équipe vers des buts plus ou moins sociaux.

Comme le peintre d'ailleurs, l'architecte se trouve lui aussi devant un problème nouveau. Va-t-il savoir le résoudre ?

Un état de discipline, de concessions mutuelles, de contraintes va devoir agir dans les trois sens. C'est le grand jeu et on ne peut plus s'y soustraire. J'ai toujours pensé que le métier d'architecte était incomplet tant qu'il n'aurait pas à résoudre la conjonction des trois éléments plastiques fondamentaux.

Une architecture se compose de surfaces vives et de surfaces mortes. Les surfaces mortes sont les réserves de repos ; on n'y touchera pas ; les surfaces vives sont à disposer pour la forme, pour le peintre et pour le sculpteur.

Les architectes de la Renaissance italienne ont manqué de volonté et se sont laissés envahir par les peintres et les sculpteurs. Certains palais et monuments romains sont invivables à cause de l'entassement des peintures et des sculptures qui n'ont ménagé aucune surface de repos.

Le problème est pourtant assez souple car le volume et la couleur, cela se règle et se distribue, se retranche ou s'augmente suivant les nécessités de la lumière ou de la surface.

Une partie d'architecture très éclairée aura des couleurs atténuées et le contraire dans une partie sombre.

Si, par le fait des nécessités constructives, des masses volumineuses : colonnes, relief s'imposent, alors on peut concevoir une couleur d'accompagnement sans trop d'intention, une liaison architecturale statique ou dynamique, suivant le besoin à satisfaire.

Il y a une nécessité, un besoin de couleurs à distribuer dans un local construit.

Laissons, si vous le voulez bien, la question tableaux expressifs, éducatifs et sociaux que, j'espère, on verra le moins possible. Prenons le problème à son point de départ : *besoin de couleurs*. L'homme aime la couleur, a horreur du vide et du mur nu. C'est entendu. On va habiller les murs. Mais simplement autant que possible, par des apports colorés sans autre signification que la couleur elle-même, dans laquelle peuvent jouer peut-être des objets évocateurs, la couleur est en elle-même une réalité plastique. C'est un nouveau réalisme.

Un ordre plastique très ordonné, le contraire de la confusion publicitaire qui déchire les villes modernes.

L'idéal serait de parvenir à une sensation de « beauté », d'équilibre, de satisfaction physique et morale.

Puisque la rencontre des trois arts s'est produite en l'année 37, peut-être serait-il bon de pouvoir causer un peu à ce propos.

Je m'adresse à des camarades, des amis qui, avec nous, ont mené depuis vingt ans la bataille du moderne :

Est-il possible de concevoir, sous la même

formule d'art, la conception habitation, usine, monument?

Des peintres, dont je suis l'interprète, pensent que c'est trop simplifier la question et croient que les trois réalisations demandent des conceptions assez différentes. L'architecture s'adresse à l'homme moyen. Suivons-le. Il sort de chez lui, il va à son usine ou à son bureau et il passe devant un palais, ou un monument, ou une usine. Il peut difficilement concevoir ces trois édifices se ressemblant.

Entre l'intimité de son appartement, le rationnel de l'usine et le besoin spectaculaire probable du monument, il y a place, je crois, pour trois manières. La question est posée.

Le monument moderne sera certainement spectaculaire et magnifique quant à l'extérieur. On peut concevoir l'intérieur dans le sens beau, tranquille et équilibré, résultat qui, à part certaines époques primitives, n'a jamais pu être réalisé.

La couleur peut entrer en jeu avec une force surprenante et active, sans qu'il soit besoin d'y adjoindre des éléments instructifs ou sentimentaux. On peut détruire un mur par l'application des tons purs. On peut simplement l'illustrer. On peut, ce mur, le faire avancer, reculer, le rendre mobile visuellement. Tout cela avec de la couleur. On peut, comme je le disais plus haut, créer un accompagnement coloré.

Le compositeur Éric Satie était hanté par le désir de réaliser une musique d'accompagnement, musique sans intention, qui glisse sans appuyer, que l'on entend, mais que l'on n'écoute pas. Il disait que les rapports sociaux seraient considérablement améliorés si l'on savait, par exemple, dans une salle de restaurant, dans un endroit public, dans un ménage, réaliser ce problème d'acoustique moyen.

Deux personnes sont assises à la même table, elles causent entre elles, mais pas toujours. Elles ne sont pas venues dans ce café pour entendre de la musique ; alors, on doit s'occuper de meubler leur silence, l'empêcher de devenir gênant, leur éviter de rompre le silence quand elles n'en ont pas envie.

Musique d'accompagnement intelligente et fugitive, qui rôde autour de vous sans trop s'engager, qui vous permet de causer ou de vous taire dans une atmosphère non intentionnelle.

Musique d'accompagnement que l'on n'écoute pas, mais qui est présente quand même et qui est chargée de meubler les silences gênants.

Satie avait raison.

Le problème peut être le même en architecture si on le désire. Peinture d'accompagnement. C'est un dispositif nouveau. Il y en a d'autres.

La question n'est pas résolue, mais on peut concevoir une satisfaction réelle par ce procédé nouveau et moderne. L'industrie actuelle met à notre disposition des matières décoratives et ornementales absolument remarquables : verre coloré, ciments multicolores, acier, bronze, tous les alliages : aluminium, duralumin et autres. Ces matières ont en elles-mêmes une vitalité plastique considérable, une richesse meublante et active que l'on peut employer dans ces intérieurs architecturaux modernes. Cela rentre dans le domaine « art d'accompagnement ».

L'œuvre d'art sera l'orchestration de tous ces éléments plastiques groupés harmonieusement.

La machine moderne crée de beaux objets simples, sans ornementation. On les emploiera.

N'oublions pas que le jugement populaire est depuis longtemps établi sur cet événement.

Il dit spontanément : le bel avion, la belle voiture, pour des raisons de forme pratique et de belles matières dont je parlais plus haut.

Il est précieux de constater que le jugement d'instinct des foules est toujours un sentiment de beauté.

Avant de savoir si on peut s'en servir, ils disent : la belle bicyclette ! Pourquoi ? Cela ne s'explique pas.

Le jugement populaire n'est libre en ce

moment-ci que devant l'objet usuel. Pour le reste, il est faussé par l'éducation traditionnelle. Il y a là un drame profond qui sépare l'artiste moderne du peuple pourtant si instinctif et si créateur. Le peuple est poète. La poésie s'est réfugiée chez lui, abandonnée par les classes dirigeantes. Là, il invente librement.

Tous les matins, il invente son langage qui est l'argot. L'argot est la poésie spontanée, l'image poétique verbale mobile et insaisissable.

Le peuple vit dans l'atmosphère poétique continuelle. Il vit au milieu d'objets modernes qu'il juge beaux, jolis, magnifiques : autos, avions, machines... Pourquoi ne serait-il pas apte un jour à comprendre l'art moderne? Pourquoi son besoin de beauté n'irait-il pas jusque-là?

Problème difficile et angoissant pour des peintres modernes, libérés du sujet représentatif, dont les tableaux sont compris par des élites possédant leurs œuvres et par les musées ; les artistes mêmes se trouvent actuellement devant l'invitation de s'exprimer et de travailler pour des collectivités nouvelles... Que vont-ils faire?

Ces foules, qui vont parvenir enfin au loisir après des siècles de lutte, ces foules qui vont pouvoir s'arrêter, regarder, réfléchir, qu'allons-nous en faire? Il faudrait pouvoir leur donner le temps d'abord de se cultiver. — Cela devrait commencer dans les Écoles primaires. Les enfants devraient être entourés de beaux objets, de beaux tableaux, leur formation artistique, lorsqu'ils seraient adultes, serait beaucoup plus facile. Les dessins d'enfants sont généralement beaux et toujours très inventés. Ils ne copient pas la nature. Ils inventent jusqu'à 8 ans, ensuite l'intelligence arrive qui détruit l'instinct créatif, et alors ils copient et il ne reste plus rien comme qualité. Les masses populaires doivent s'instruire.

Il faut pouvoir aller dans les musées. Un classement va s'établir dans leur esprit. Lentement, ils évolueront vers les belles choses... à condition que les artistes qui sont leurs contemporains ne leur bâclent pas rapidement un art inférieur sous prétexte d'être compris d'eux plus vite. Il faut leur faire confiance et les laisser monter tout doucement. Ce sera long, car les arts plastiques sont les aboutissements des cultures des différentes races et des civilisations. Ce sera difficile car il n'y a pas encore d'exemple que des masses populaires aient pu accéder au beau et à son expression.

Les peuples anciens n'ont jamais pu se libérer suffisamment pour pouvoir jouir des œuvres de grande qualité. Toujours une élite cultivée seule a eu droit au bénéfice des œuvres artistiques.

Les peuples ont subi et accepté l'Égyptien, le Roman, le Gothique; tout le Moyen Âge si riche en arts collectifs leur a échappé entièrement.

Nous arrivons à une époque où, je crois, l'événement va devenir possible; c'est un commencement. Une culture artistique va pouvoir naître. Un art décoratif, un art mural va se réaliser, ce sera l'art collectif de demain. Mais cet art nouveau dépendra encore de la création individuelle.

Le tableau de chevalet commande et commandera encore longtemps l'évolution artistique contemporaine. L'homme isolé en tant qu'individu créateur tiendra longtemps encore la direction des arts et des faits plastiques. Le tableau de chevalet est son expression propre. C'est l'objet d'art qui vaut en soi, qui ne dépend ni d'une architecture ni d'une tendance sociale, quelles qu'elles soient.

Il incarne la vie plastique organisée dans un cadre avec ses limites et son émotion contenue. C'est l'objet précieux et rare, c'est plus qu'un bijou, qu'un diamant, que l'or, l'argent, c'est de l'essentiel qui palpite, enfermé dans un cadre.

D'immenses palais dans tous les pays du globe ont été construits pour les conserver et les recevoir. Églises du Beau, religion du tableau où s'inscrit l'histoire d'un pays, d'une race, d'une civilisation, d'une manière infiniment plus juste, plus profonde que celle décrite dans les livres remplis de généraux et de batailles. Les frontières des peuples sont marquées par des œuvres d'art. L'expression latine ne se confondra jamais avec l'expression nordique. Les géographies font la loi ; elles sont immuables.

Si un étranger veut connaître la France, je lui conseille plutôt le musée du Louvre que le musée de l'Armée.

Le tableau de chevalet domine toujours son époque.

Tous les arts mineurs, décoration, art d'étalage, publicité, mode, sont entièrement sous sa dépendance. Le tableau de chevalet exprime profondément les tendances sensibles d'un pays. Si l'on veut envisager, par exemple, la peinture française du XIVe siècle à nos jours, on distingue deux lignes, deux écoles : l'une classique, partant des primitifs en passant par Poussin, David, Ingres, Corot, Rousseau qui s'expriment en technique colorée par l'emploi du ton local. L'autre ligne, plus romantique, qui part du XVIIIe siècle, en passant par Delacroix, les impressionnistes, les surréalistes, utilise la diffusion du ton exprimant la tendance contraire à l'autre qui s'échafaude sur le ton local.

La bataille est encore actuelle et le sera toujours. L'école moderne, l'École de Paris, très individualiste, reflète l'une ou l'autre de ces deux tendances; elles se chevauchent, s'entremêlent, réagissent l'une contre l'autre. Cette rencontre des deux lignes crée une vitalité plastique qui sauve le génie créateur du pays. Souhaitons toujours que cette dualité existe, qu'elle se heurte, qu'elle s'attaque, se haïsse même. C'est une certitude de vitalité créative.

Derrière cette bataille serrée, les arts mineurs attendent patiemment que la partie soit décidée pour se déclencher à leur tour derrière le gagnant. Dans ce domaine des arts du goût qui vont contrôler l'époque pendant peut-être un demi-siècle, une coiffure, un chapeau, un maquillage apparaîtront sans savoir trop comment et pourquoi.

Une rue sera transformée dans son ordre spectaculaire — une revue de music-hall, une exposition internationale. Son aspect aura une tenue commune; une dominante de goût harmonisera toute cette production immense et si différente. D'où cela vient-il ?

Cherchez l'origine, fouillez un peu dans les productions individuelles, les œuvres maîtresses: peinture, sculpture, musique exposées ou présentées dans les expositions et dans les galeries.

Cherchez bien, et vous trouverez dans quelque tableau d'artiste créateur l'origine, la solution de ce problème. Dix ans avant, cinq ans avant peut-être, le fait initial a été réalisé, présenté, les arts mineurs l'ont vu absorbé, utilisé et en ont tiré parti à son maximum ; alors seulement ils ont pu partir à la conquête de leur époque.

Pendant cinquante ans, ils seront les organisateurs du décoratif, du goût et de la mode.

Tout cela s'enchaîne rigoureusement et subtilement, mais on s'y retrouve toujours.

Par exemple, où chercher la tradition des œuvres picturales de ces vingt dernières années ?

Cette tradition est très loin de l'impressionnisme qui lui a donné naissance ; il faut remonter beaucoup plus haut, enjamber le XIXe siècle, le XVIIIe, le XVIIe ; au XVIe siècle, cela commence à se raccorder. Nos traditions — si tant est que l'on en éprouve le besoin — ce sont les hautes époques, les primitifs, les Égyptiens, les Grecs d'origine et les arts populaires.

La raison en est que l'état de libération totale moderne trouve son équilibre dans des époques qui se sont réalisées dans la même situation de liberté créatrice.

La Renaissance italienne, qui a imposé l'imitation à l'art d'imagination, pèse sur le goût moyen des hommes.

Le jugement par comparaison est naturellement plus facile mais ne prouve rien.

Le sensualisme, le spectaculaire des œuvres du XVe siècle ne détruisent pas, bien au contraire, les œuvres anciennes qui ont édifié le beau et qui les précèdent.

Le temps, qui met tout en place, classe beaucoup plus haut dans la hiérarchie des valeurs un tableau de Poussin qu'un tableau de Fragonard, un Memling qu'un Rubens qui, quelques années avant ont vu le jour, ont été un Piero della Francesca qu'un Véronèse ou un Titien.

Mais il faut le temps et la durée pour hiérarchiser définitivement les œuvres.

Prenons notre temps.

Dans cette vie rapide et multiple qui nous bouscule, nous coupe en tranches, avoir la force de rester lents et calmes, de travailler hors des éléments dissolvants qui nous entourent.

Concevoir la vie dans son sens lent et tranquille. L'œuvre d'art a besoin d'un climat tempéré pour se réaliser pleinement.

Dans cette vitesse accrue, qui est la loi du monde moderne, s'établir des points fixes, s'y accrocher et travailler lentement à l'œuvre d'avenir.

Nous vivons une époque magnifiquement dangereuse où l'homme est sollicité de toutes parts.

Si l'on accepte tout, on est perdu. On doit savoir peser ses capacités et ne prendre que ce qui est utile et nécessaire.

Savoir choisir, obligation de défense, de recul, d'arrêt devant cet élan universel.

Nous vivons une époque trop riche, une vie débordante, sans arrêt, jour et nuit, qui vous tend ses tentations monstrueuses.

Une vitesse folle entraîne le monde et le prend dans un tourbillon où des milliers d'individus-papillons seront noyés sans espoir.

Vie dangereuse et magnifique pour ceux qui sauront nager dans ce chaos beau comme la mer — « ne pas se laisser engloutir ».

Un monde d'hommes, des ombres d'hommes grouillent autour de nous; brisés, rejetés, ils n'ont pu résister aux forces négatives et destructives que toute société porte en elle-même.

Je veux rendre hommage à tous ces malheureux — ces libérés, ces abandonnés, à tous ceux qui ont voulu vivre libres, qui ont voulu crier la vérité si dangereuse à dire — ceux qui n'ont pas voulu prendre le trottoir et qui en ont été victimes. Ils ont voulu heurter de front les hypocrisies et les mensonges sur lesquels s'édifient les sociétés. Dans les prisons, dans les asiles, sous les ponts se trouvent, j'en suis sûr, des spécimens d'humanité admirables et déchus, qui n'ont pas eu la force de franchir cette ligne moyenne, raisonnable, étouffante que l'ordre bourgeois tend en travers de la vie pour les empêcher de passer. Quelques-uns ont réussi à franchir cette barrière ; ce sont les créateurs et les réalisateurs d'aujourd'hui : à force d'énergie et de talent, ils se sont imposés ; mais dites-vous bien que ces hommes-là sont de la même famille que ceux que je viens de citer...
Un même désir de liberté, de vérité les a tendus

vers leur but et ils ont gagné ; ils se sont imposés et règnent à leur tour sur un monde d'ennemis obligés de les reconnaître et de les accepter.

Je sais que *les forces collectives* sont en marche, que l'individu-roi doit s'absorber, s'aligner, que souvent l'égoïsme individuel a abusé de la situation ; mais dans la sphère merveilleuse des créations où l'état de génie fonctionne et se réalise par des individus, je dis : attention.

L'honneur d'une société moderne serait d'être assez forte, assez généreuse pour s'offrir le luxe de laisser faire ces quelques individus dont l'œuvre, plus tard, sera reconnue et admirée. Tant pis pour les quelques erreurs qui peuvent s'y glisser ; les bons paieront pour les mauvais. Je veux dire par là qu'il faut toujours laisser une route libre pour les artistes. Cette route est celle qui conduit vers le Beau, — vers l'œuvre d'art au-dessus des batailles sociales et économiques.

Les artistes du Moyen Âge ont dû réaliser des œuvres instructives, historiques, descriptives et dramatiques. L'époque le devait : il n'y avait ni imprimerie, ni diffusion du livre, ni le cinéma, ni la radio.

Notre époque possède ces trois grands moyens d'expression sociale de propagande et de lutte partisane. Alors acceptons de dégager le Peintre de ces contraintes qui n'ont plus raison d'être. Nous sommes quand même dans la bataille. Encourageons le peuple, l'employé, l'ouvrier à se libérer.

Battez-vous pour vos loisirs, pour vos libertés; vous avez raison. Une fois ces libertés acquises vous pourrez vous cultiver, développer votre sensibilité et sentir la beauté et la nouveauté des arts modernes.

Pourquoi une minorité des classes dirigeantes possède-t-elle nos tableaux et en a-t-elle tout le plaisir?

Parce qu'elle a su profiter de ses loisirs. Faites-en autant. Arrachez le plus de temps possible — et vous nous trouverez au bout du chemin pour organiser ces loisirs que vous aurez durement conquis.

L'œuvre d'art ne doit pas participer à la bataille; elle doit être, au contraire, le repos après le combat de vos luttes journalières. Dans une atmosphère de calme et de détente où votre sensibilité développée vous permettra d'admirer les œuvres, les tableaux sans vous obliger à poser ces questions négatives : qu'est-ce que cela représente? Qu'est-ce que cela veut dire?

L'œuvre belle ne s'explique pas. Elle ne veut rien prouver; elle ne s'adresse pas à l'intelligence mais à la sensibilité. Il s'agit avant tout d'aimer l'art et non de le comprendre.

Qu'est-ce que la Réalité en art plastique ?
Chaque époque a la sienne — le réalisme de Courbet n'est pas celui des impressionnistes et le nôtre n'est pas celui de ceux qui viennent après nous. Cela ne se démontre pas.

Vous dites : la belle bicyclette ! sans en chercher d'abord les raisons.

Ce n'est pas en la démontant que vous me prouverez qu'elle est belle.

L'œuvre d'art, c'est la même chose. On n'explique pas davantage un beau coucher de soleil, et l'art ne consiste pas à copier cette belle bicyclette et ce beau coucher de soleil.

Le phénomène naturel ou l'objet beau sont incopiables ; à l'artiste de faire aussi beau que la nature, mais pas en imitant la nature.

Est-ce que l'argot, cette poésie populaire, est la copie du terme normal enregistré par le dictionnaire ? Pas du tout : c'est le contraire, le mot est inventé.

L'art pictural, c'est la même chose.

Vos loisirs vous permettront de vous développer, de sentir, d'aimer le nouvel art qui vous échappe encore. Prenez patience, on vous aidera, on vous conduira.

Nous sommes le présent, l'avenir vous appartient[3].

De 1945 à 1955, les textes de Fernand Léger reprennent avec force les principes essentiels de son esthétique : supériorité de l'art mural sur la peinture de chevalet, objectivation de la figure ou du motif, intégration de la couleur au mur, fonction thérapeutique de la couleur, et, à l'instar du cinéma ou du cirque, élaboration d'un art pour le peuple. Les réalisations d'Assy, de Bastogne, de Courfaivre, ou de Saint-Lô en sont la traduction monumentale, comme l'usage de la mosaïque ou de la céramique en est la traduction technique.

À propos du corps humain considéré comme un objet[1]
(1945)

Tant que le corps humain sera considéré en peinture comme une valeur sentimentale ou expressive, aucune évolution nouvelle ne sera possible dans les tableaux à personnages. La domination du sujet au cours des époques anciennes en a empêché le développement.

Mais depuis ces soixante dernières années, les routes plastiques se sont libérées. Les impressionnistes ont été les premiers à rejeter la contrainte des grands sujets — et lentement ont laissé apparaître de l'intérêt pour l'« objet ».

L'objet, dans la peinture moderne actuelle, devait devenir *personnage principal* et détrôner le sujet. Si donc à leur tour, le personnage, la figure, le corps humain, deviennent objets, une liberté considérable est offerte à l'artiste moderne. À ce moment, il lui est possible d'utiliser la loi des contrastes, qui est la loi constructive dans toute son ampleur[2].

Cette loi des contrastes n'est pas nouvelle : si

l'on jette un coup d'œil en arrière, on peut constater que les peintres anciens l'ont, sinon utilisée, du moins pressentie dans la composition de leurs tableaux.

Giotto, dans un sentiment décoratif, oppose ses personnages à des architectures.

Poussin dans *L'Enlèvement des Sabines*, Delacroix dans *L'Entrée des Croisés à Jérusalem* procèdent de la même manière. Mais dans ces trois cas, le sentiment du sujet, la contrainte du sujet, les obligent à sacrifier l'entourage et à donner un relief particulier aux figures.

Poussin, par sa tendance classique, toucherait le problème de plus près. *L'Enlèvement des Sabines* est d'une action dynamique extrêmement forte pour son époque. La concentration des personnages s'oppose radicalement aux éléments géométriques des constructions. En langage abstrait *L'Enlèvement des Sabines* est une « bataille des droites et des courbes ».

Arrivons à notre époque. Le sujet n'étant plus *personnage principal*, l'objet, élément nouveau, le remplace. À ce moment, dans l'esprit de l'artiste moderne, un nuage, une machine, un arbre sont des éléments de même intérêt que les personnages ou les figures. Alors de nouveaux tableaux, de grandes compositions vont pouvoir se réaliser sous un angle visuel entièrement différent.

La loi des contrastes domine la vie humaine

dans toutes ses manifestations sentimentales, spectaculaires ou dramatiques.

En littérature et au théâtre, elle a déjà accompli des développements assez poussés. Shakespeare l'emploie plutôt brutalement dans nombre de pièces (contraste d'une situation burlesque rapide s'intercalant dans une action dramatique ou sentimentale).

Toute œuvre, dans quelque domaine que cela soit, si elle ne résout pas ce conflit constructif, est vouée la plupart du temps à une valeur purement décorative. Naturellement, c'est un dispositif *brisant* et anti-mélodieux, mais dans ce fait réside la différence entre l'art plastique majeur et l'art décoratif.

Toutes les grandes époques de la peinture ont toujours été suivies par une époque mineure et décorative qu'elles ont inspirée. L'industrie et les décorateurs ont su les vulgariser.

Sans vouloir jouer au prophète, je ne vois pas dans l'avenir d'autre porte de sortie qu'une *peinture puissante* et humaine pouvant englober tous les moyens plastiques connus et nouveaux. Tout cela dans un ordre absolu, guidé par une volonté tranquille sachant où elle va.

Toutes les expériences curieuses et surprenantes ont été essayées. Par-dessus les contraintes traditionnelles, dans une liberté illimitée, une anarchie plastique a vu le jour ; elle est très séduisante, les rues n'ont plus de trottoir, tout se mélange, c'est aveuglant et imprécis.

Dans cette confusion romantique, il est difficile de faire le point. Est-ce un commencement ? Est-ce une fin ? « L'ombre de David rôde dans les parages[3]. »

De tous ces petits gars qui ont joué leur peau pendant ces cinq années terribles quelques-uns vont sortir pour régler la question. On va leur faire confiance. Il y a chez les peuples qui ont du ressort des possibilités infinies lorsqu'ils ont subi des pressions et des contraintes. Une accumulation d'énergie, de potentiel, qui au jour de détente explose avec une violence toute neuve. Peut-être va-t-on découvrir au fond d'une grange d'étonnants tableaux faits par on ne sait qui ? On va leur faire confiance.

Un des plus grands reproches qui soit fait aux artistes modernes actuels est que leur œuvre n'est admise que par une minorité d'initiés. Le peuple ne peut pas les comprendre.

Plusieurs raisons servent à expliquer cette situation. Cette minorité d'individus privilégiés, qui peuvent s'intéresser à ces œuvres, est composée exclusivement de gens qui ont des loisirs, qui peuvent voir et regarder, développer leur sensibilité. Ces gens ont du temps gratuit à leur disposition.

En 1936-37, j'ai eu l'occasion de parler de ces

questions dans des centres ouvriers et populaires. « Vous travaillez pour les riches, m'a-t-on crié brutalement, vous ne nous intéressez pas. »

L'objection était fausse parce que trop simpliste. La question est un peu plus compliquée.

Cette situation est créée par l'ordre social existant. Les loisirs des ouvriers et des employés sont très limités. On ne peut pas leur demander de passer leur dimanche à s'enfermer dans des musées. Les galeries privées et les musées ferment leurs portes juste au moment où les travailleurs sortent de leurs ateliers, de leurs usines.

Tout s'organise pour les éloigner des sanctuaires. Pour que cette majorité d'individus puisse s'intéresser aux œuvres modernes il faut leur donner le temps « pour cela ». Dès qu'ils l'auront, vous pourrez assister au développement rapide de leur sensibilité.

Le peuple a en lui-même le sens poétique. Ce sont ces hommes-là qui tous les jours inventent cette poésie verbale sans cesse renouvelée : l'argot. Ces hommes sont doués d'une imagination créatrice constante. « Ils transposent la réalité. » Et alors que font les artistes modernes, poètes et peintres ? Mais ils font la même chose. Nos tableaux, c'est notre argot ; on transpose des objets, des formes, des couleurs. Alors pourquoi ne pas se rencontrer ?

Si, d'autre part, vous examinez les origines des artistes créateurs, vous verrez qu'ils sortent tous ou presque tous du peuple ou de la petite-bourgeoisie. Alors ? Mais entre ces deux pôles il y a une société qui ne fait absolument rien pour réaliser cette rencontre. La peinture demande tout de même, comme toute chose intellectuelle, une durée pour l'adaptation. Il y a une période préliminaire de confusion assez pénible dans laquelle le goût, le choix doivent se former, se réaliser. Cela ne se fait pas en cinq minutes. C'est plus long que de choisir une cravate. Il ne s'agit pas de préparations spéciales. L'éducation, l'instruction n'ont rien à voir avec les dispositions artistiques. Pas plus que les livres d'art n'ont fait naître une vocation picturale, ils ne peuvent suffire à diriger non plus l'inquiétude des jeunes ouvriers ou employés à la recherche de satisfactions ou émotions artistiques. Les gens très intelligents et millionnaires gaspillent souvent leurs loisirs. Les instinctifs sont le plus près du but, ils sont propulsés par un besoin et non une curiosité. Le peuple est riche en désirs non satisfaits. Ils ont une capacité d'admiration, d'enthousiasme qui peut se porter et se développer dans le sens de la peinture moderne. Leur donner le temps de voir, de regarder, de flâner. Il n'est pas admissible qu'après cinq années de guerre, la plus dure de toutes, les hommes, qui ont été les acteurs héroïques de cette épopée douloureuse, n'aient pas à leur tour droit aux sanctuaires. La paix qui vient doit leur ouvrir toutes grandes les portes qui jusque-là leur étaient fermées. L'ascension du peuple aux belles œuvres d'art, à la Beauté, ce sera le signe des temps nouveaux.

Des différentes orientations qui se sont développées ces quelque vingt-cinq ans, l'art abstrait est la plus importante, la plus intéressante. Ce n'est pas du tout une curiosité expérimentale; c'est un art qui a une valeur en soi, qui s'est réalisé et qui répond à une demande, car un certain nombre de collectionneurs sont des passionnés de cet art. Cela prouve que cette tendance est dans la vie.

Je crois toutefois qu'elle a donné tout ce qu'elle pouvait donner.

Créativement parlant, elle me paraît au point mort.

Une preuve de sa vitalité fut son utilisation dans le domaine commercial et industriel. Depuis une dizaine d'années, on a vu sortir des usines des linoléums imprimés de rectangles colorés, grossièrement imités des apports les plus radicaux de ces œuvres. C'est une adaptation populaire; le cycle est complet.

Peut-être l'avenir classera cet art dans le nombre des « Paradis artificiels », mais je ne le crois pas. Cette orientation est dominée par ce désir de perfection et de libération totale qui fait les saints, les héros et les fous. C'est un état extrémiste où seuls quelques créateurs et admirateurs peuvent se maintenir. Le danger de cette formule est son élévation même. Les modelés, les contrastes, les objets ont disparu ; des rapports très purs, très exacts, quelques couleurs, quelques lignes, des espaces blancs, sans profondeur. Le respect du plan vertical, mince, rigide, coupant. C'est une position héroïque qui fleurit en serre froide. C'est le vrai purisme, incorruptible ; Robespierre en eût drapé la déesse Raison. C'est une religion qui ne se discute pas. Elle a ses saints, ses disciples et ses hérétiques.

La vie moderne tumultueuse et rapide, dynamique et contrastée vient battre rageusement ce léger édifice lumineux, délicat, qui émerge froidement du chaos. N'y touchez pas, c'est fait ; cela devait être fait, cela restera.

Si son développement créatif me paraît terminé, il n'en est pas de même des possibilités picturales en architecture. L'art mural qui s'est développé amplement au Moyen Âge et pendant la Renaissance a subi une éclipse. La peinture de chevalet domine le XIXe et le XXe siècle.

Il apparaît à certains indices sociaux et artistiques qu'une renaissance de l'art mural est à l'horizon. L'art monumental peut et doit utiliser, en l'amplifiant, cette conception nouvelle[4].

Les jeunes architectes qui vont reconstruire l'Europe détruite devraient regarder de ce côté. Cet art doit se placer dans de grandes architectures. Il est statique par son expression même, il respecte le mur à côté d'une conception dynamique qui, elle, détruit le mur.

Il sera la mesure de l'équilibre.

L'œil du peintre[1]
(1946)

Il faut vivre dans l'intensité ; non pas jour par jour, mais heure par heure — nécessité de saisir l'événement nouveau juste au moment où le projecteur le balaie. L'œil doit être prompt et de bonne qualité. Pas le temps de sourciller, de battre de la paupière, ou alors, trop tard. Le difficile est de faire son choix parmi tous ces nombres qui défilent.

Le temps du choix, voilà la chance à se réserver, une chance qui ressemble à un ralenti au long duquel l'œil et l'oreille se mécanisent. Les spécialistes comprennent enfin qu'est sérieuse l'étude de ces deux organes majeurs — (Il paraît qu'il n'existe pas deux oreilles semblables).
Si vous êtes un bonhomme solidement établi, fonctionnel, votre choix se fera instantanément — vous serez le gagnant de cette sacrée loterie.

Empoigne vite ce dont tu as besoin; avale et digère posément le morceau de ton choix, et file en vitesse crier quelque part quelque chose de bien à toi.

Cette opération-là est celle qui alambique la richesse, inouïe de matière brute, pleine de dégorgements, de gaspillages, de beautés piétinées, de joies éclatées, tour à tour apparues et disparues.

Autrefois, un voyage, un livre, un lecteur, une catastrophe, un coucher de soleil réclamaient un temps, avaient une longueur, une largeur, un volume. C'était pleinement satisfaisant. Maintenant, les objets ne sont plus que des fragments d'objets. Ils n'entrent dans les grands sujets, sentimentaux ou descriptifs, qu'à coup de violences.

Le Nouveau Monde?... Un petit magasin-bazar. Dans une ville de province américaine trois gentilles vendeuses vous accueillent, une Chinoise, une négresse, une Blanche.

Année 1946, année dangereuse, brûlante comme un point de départ.

*L'architecture moderne
et la couleur, ou la création
d'un nouvel espace vital*[1]
(1946)

La couleur est un besoin naturel comme l'eau et le feu. C'est une matière première indispensable à la vie, à toute époque de son existence et de son histoire, l'homme l'a associé à ses joies, ses actions, ses plaisirs.

Les fleurs entrent dans la maison, les objets les plus usuels se couvrent de couleur. Robes, chapeaux, maquillages. Tout ce qui comporte une attention décorative dans une journée entière, c'est la couleur qui en est le principal intérêt. Son action est multiple, intérieurement et extérieurement elle s'impose victorieusement partout. La publicité moderne s'en est emparée et les routes s'encadrent de couleurs violentes qui brisent le paysage. Une vie décorative est née de cette préoccupation dominante, elle s'est imposée au monde entier.

Donc c'est le problème de la couleur dans l'architecture et sa fonction dynamique ou statique, décorative ou destructive. Une orientation nouvelle est possible pour la peinture murale dans notre avenir. Un mur nu est *une surface morte*. Un mur coloré devient une *surface vivante*.

La transformation du mur par la couleur va être un des problèmes les plus passionnants de l'architecture moderne actuelle et à venir. Mais avant d'entreprendre cette transformation murale, il fallait avant tout que la couleur soit libre.

En 1912, personnellement j'ai obtenu des couleurs pures inscrites dans une forme géométrique (*La femme en bleu*). Après la guerre en 1919, j'ai composé le tableau *La Ville* (musée de Philadelphie), uniquement avec des couleurs pures à plat. Ce tableau est techniquement une révolution plastique. Il était possible sans clair-obscur, sans modulation, d'obtenir une profondeur et un dynamisme. Ce fut la publicité qui la première en utilisa les conséquences.

Le ton pur, des bleus, des rouges, des jaunes s'échappent de ce tableau et vont s'inscrire dans des affiches, dans des vitrines, en bordure des routes, dans la signalisation. La couleur était devenue libre. Elle était une réalité en elle-même. Elle avait une action nouvelle et complètement indépendante des objets qui avant cette époque étaient chargés de la contenir ou de la porter.

Vers ce temps une nouvelle école d'architectes d'avant-garde commence à s'intéresser à la couleur libre. Mes contacts de camaraderie avec un certain nombre de ces architectes me permirent de penser que certains dispositifs abstraits en couleur pure, que j'avais réalisés entre 1921 et 1925[2] (n'ayant aucune prétention à des tableaux de chevalet), pouvaient et devaient entrer en jeu dans une adaptation colorée et architecturale.

Les murs de couleur (soit comme accompagnement décoratif, soit comme destruction de mur) étaient possibles. Je pense que c'est vers cette date que le rapport couleur-architecture s'est établi.

L'Exposition de 1925 nous a donné l'occasion de présenter l'événement au grand public :
— Projet d'ambassade (Mallet-Stevens).
— Pavillon Esprit Nouveau (Le Corbusier)[3].
Les réactions naturellement furent très diverses, mais le coup fut porté et les conséquences sont en marche.

Comment créer un sentiment d'espace, de rupture des limites ? Tout simplement par la couleur, par des murs de différentes couleurs.

L'appartement que j'appellerai « rectangle habitable » va se transformer en « rectangle élastique ». Un mur bleu clair recule, un mur noir avance. Un mur jaune disparaît (destruction du mur). Les possibilités nouvelles sont multiples. Un piano noir, par exemple, devant un mur jaune clair crée un choc visuel, qui peut diminuer le sentiment de dimension.

Donc, si dans cet ordre nouveau, vous disposez vos meubles dans un dispositif non symétrique, vous allez encore accentuer les libérations intérieures d'un état fixe, mort, arrêté, dans lequel aucun jeu, aucune fantaisie ne pouvait se produire ; on entre dans un domaine entièrement libre.

Cette tradition de la symétrie est très lourde, nous avons tous été élevés dans cet ordre-là. Extérieurement, le problème architectural est plus vaste, mais aussi nouveau, sinon plus.

Le volume extérieur d'une architecture, son poids sensible, sa distance peuvent être diminués ou augmentés suivant les couleurs adoptées.

Un point peut devenir invisible, sans pesanteur, par une orchestration colorée. Le camouflage a révélé des aspects étonnants par l'emploi de la couleur. De là à entreprendre l'organisation polychrome d'une rue, d'une ville, pourquoi pas ?

Un centre d'urbanisme : une agglomération de 1 500 habitants devient un problème de polychromie intérieure et extérieure.

Il faut distribuer et répandre la couleur-lumière.

L'exemple d'une usine moderne à Rotterdam est décisif[4]. La vieille usine était noire et triste. La nouvelle fut lumineuse et colorée, transparente. Alors il s'est produit ceci : sans que nulle observation soit formulée au personnel, la tenue extérieure des ouvrières et ouvriers s'est transformée. Ils sont devenus plus propres, plus soignés. Ils ont senti inconsciemment qu'un événement important venait de se produire autour d'eux. Ils entraient dans une nouvelle vie. Cette action lumière-couleur n'a pas seulement une valeur extérieure, elle peut, en se développant rationnellement, transformer une société.

Émancipation morale d'un homme qui devient conscient de ses trois dimensions, de son volume exact, de son poids. Ce n'est plus une ombre agissant mécaniquement derrière une machine, c'est un être humain nouveau devant une tâche journalière transformée. C'est le problème de demain.

L'hôpital polychrome, la cure par les couleurs, un domaine inconnu qui commence à passionner les jeunes médecins.

Les salles reposantes, vertes ou bleues pour les nerveux, d'autres salles jaunes et rouges pour les déprimés et les anémiés.

La couleur dans la vie sociale a donc un rôle majeur à remplir, elle participe encore à envelopper les réalités journalières monotones et réalistes. Elle habille la réalité, les objets les plus modestes lui demandent une tromperie sur leur but réel.

Essayons de continuer cet effort d'espace et de libération dans l'architecture de l'avenir. La couleur est un puissant moyen d'action, elle peut détruire un mur, elle peut l'orner, elle peut le faire reculer ou avancer, elle crée ce nouvel espace.

L'architecture moderne a un travail considérable à réaliser dans ce domaine. Ce serait d'atteindre, de construire, d'inventer le grand monument populaire, l'œuvre harmonieuse nouvelle dans laquelle les trois arts majeurs doivent collaborer : architecture, peinture, sculpture [5].

Cette collaboration a subi une éclipse totale avec l'avènement du tableau de chevalet pendant ces cinquante dernières années.

Chez les peintres primitifs, les artistes de la Renaissance, l'œuvre était liée au mur. Les temps modernes ont abandonné le mur pour l'œuvre d'art mobile.

Un tableau moderne est un objet valable en soi, absolument indépendant du milieu où il fut créé. Un tableau réalisé à Paris orne un mur de Tokyo. Demain, il sera vendu et partira peut-être à Lisbonne. Cet art moderne est d'essence spéculative et voyageuse.

Peut-on revenir à l'art mural ?

Peut-on entrevoir dans l'avenir un architecte chef d'orchestre édifiant le monument nouveau, expression de nos besoins et de nos désirs ? Je pense que c'est possible. Le sentiment de beauté totale, ce désir de beauté totale qui est dans l'homme peut être réalisé là.

Il me semble que cela devrait prendre le sens de temple de repos et de recueillement.

Cela demanderait à l'architecte moderne un sens de l'équilibre et de la mesure jamais réalisé ; il devra lui-même indiquer au peintre l'endroit où il doit agir dynamiquement ou statiquement, au sculpteur de même. Ce sera un chef conscient des nécessités plastiques qu'exige la création de ce monument.

Atteindre le beau parfait dans un équilibre des *forces plastiques nouvelles*.

C'est ce que doit tenter de réaliser l'architecte moderne.

L'art et le peuple[1]
(1946)

L'accession du Peuple à l'œuvre d'art est un problème qui est dans l'air, qui est partout; mais pour pouvoir parler au Peuple, il faut être près de lui. Bien peu d'entre nous sont près de lui.

Pour moi, j'ai eu une occasion de le connaître, non pas à Paris, ni dans mon atelier, mais à la guerre. C'est peut-être cruel de dire cela, mais la guerre de 1914-1918 a été pour moi une chance; elle m'a permis de découvrir le Peuple et de me renouveler entièrement. J'ai eu la chance de ne pas être amoché; je n'ai pas été plus heureux ni plus malheureux qu'un autre et j'ai pu regarder ce qui se passait autour de moi.

J'étais versé dans le génie et, comme vous le savez, le génie est un corps d'ouvriers, de terrassiers, de mineurs. Imaginez le choc: je sors de mon atelier, des frontières de l'art, et je tombe au milieu de mes terrassiers (surtout n'allez pas croire qu'on entre chez eux comme dans un moulin) et j'ai fait avec eux toute la campagne[2]...

C'est là, vraiment, que j'ai compris ce que c'est qu'un homme du peuple. C'est un type d'un ordre parfait, si bien que j'ai pu constater que j'étais moi-même un parfait désordre. Prenons, par exemple, simplement le fait d'arranger un sac : mes gars mettaient quinze kilos dans leur sac quand moi je ne pouvais en mettre que huit... Je vous avoue que j'ai beaucoup appris.

J'ai appris aussi leur langage, car ils ont un langage, un argot. Chaque corporation a son argot. Nous, peintres, nous avons des mots, des expressions qui nous sont propres, mais notre argot c'est surtout nos tableaux.

C'est pour cela qu'il doit y avoir un moyen de s'entendre entre eux et nous.

La question est donc de renouer les liens.

Or, quelles sont, jusqu'à aujourd'hui, les raisons qui nous ont empêchés de prendre contact ? Il y a d'abord la très mauvaise éducation qu'ils ont reçue. Vous savez que l'évolution de la peinture a amené une époque dite « Renaissance ». Auparavant, il y avait une peinture « inventée », imaginée (la peinture romane, par exemple, n'est pas une imitation de la nature, et les Égyptiens, également, ont inventé leurs formes, à leur époque). Au Moyen Âge, il n'y avait pas de statues de Saint-Sulpice : il n'y avait que de « bonnes choses » goûtées par une élite et « acceptées » par le Peuple.

La question s'est compliquée depuis la Renaissance. Pourquoi ? Parce que la Renaissance italienne est arrivée avec l'idée de copier, d'imiter la forme humaine. Alors que s'est-il passé ? C'est qu'un jugement « par comparaison » s'est établi : du moment que c'est bien imité, c'est beau.

Le pauvre père Rousseau, lui-même, qui fut cependant un artiste extraordinaire, me disait une fois : « David est un type épatant, mais Bouguereau est encore plus fort. As-tu vu ses reflets sur l'eau ? » Tout dépend donc de l'éducation ; et l'éducation, toute l'éducation faite dans les écoles, est mauvaise. Tous les maîtres disent : « Regardez la Renaissance, c'est le plus haut point qui ait été atteint ! C'est un progrès ! » Tout le mal vient de cette affirmation. Il n'y a pas de progrès en art. Une statue égyptienne est aussi belle qu'un tableau de Raphaël ou qu'une toile de Michel-Ange.

Le Peuple s'est donc rué sur l'imitation et vous savez très bien que l'imitation n'apporte rien. Quand vous avez passé six mois à l'École des Beaux-Arts vous savez faire un portrait ; tous les élèves de l'école savent faire le portrait de leur grand-mère ; cela ne prouve pas qu'ils aient du génie.

Le style de la Renaissance fut favorisé par l'argent. Ce fut l'art de la bourgeoisie qui, à son tour, voulut posséder des tableaux. Les bourgeois faisaient faire le portrait de leur famille, celui de leur maîtresse; ils plaçaient une nature morte, plus ou moins sensuelle, dans leur salle à manger. *Le tableau de chevalet* consacre la rupture avec le Peuple. Avant tous ces tableaux de la Renaissance, il y avait tout de même de grandes peintures murales, que le peuple pouvait voir; à partir de là, les gens riches « seuls » ont eu des tableaux et, de plus en plus, les ont enfermés dans leurs collections privées ou dans les musées. Or, comme vous le savez, les musées sont des endroits qui ferment à six heures : exactement au moment où les ouvriers sortent des ateliers.

Au temps du Front populaire, nous avons dit : il faut faire quelque chose. Il y avait la journée de huit heures, la semaine de quarante heures, etc. Nous avons dit à M. Huisman, directeur des Beaux-Arts : « Ouvrez vos musées le soir. » Il a répondu : « Vous allez me ruiner avec les frais de gardiens. » Enfin on a ouvert les musées et, le soir, les gens s'y écrasaient.

Il faut donc créer plus de loisirs pour les ouvriers. La société actuelle est très dure et les ouvriers n'ont pas la liberté indispensable pour voir, pour réfléchir, pour choisir. S'ils ont gagné quelques heures pour se nettoyer, pour s'habiller, pour faire un tas de choses, on ne voit pas qu'ils en aient gagné assez pour venir jusqu'à nous.

Surtout n'allez pas vous figurer que le Peuple s'en fiche. Quand un homme du peuple s'habille, il choisit; il choisit une cravate bleue ou une cravate rouge; il passe beaucoup de temps à choisir. Il a du goût. Il faut lui permettre de développer ce goût.

C'est encore au moment du Front populaire que j'ai fait partie de la Maison de la Culture. On m'envoyait alors faire des conférences, mais cela n'a rien donné et je me suis fait parfois eng[3]...

À ce moment-là, Vaillant-Couturier[4] était président de la Commission des Beaux-Arts; on pouvait tout de même espérer quelque chose. Malheureusement, il était toujours très occupé et il est mort trop tôt. Je n'ai jamais pu attraper que le tiers du personnage, mais nous avons discuté : « C'est le problème de l'enfance qui est à revoir. » Oui, il faut dans les écoles donner aux enfants la possibilité de dessiner. Vous savez que les enfants font des dessins admirables. J'ai vu, en Amérique, des dessins d'enfants russes qui faisaient pâlir les professionnels. Il y a dans les dessins d'enfants une liberté inouïe.

Il faut mettre dans les écoles de beaux tableaux, de bonnes reproductions; faire un concours tous les ans et choisir les meilleurs dessins, pour les reproduire au pochoir sur les murs. Comprenez-vous le plaisir que les enfants éprouveraient à voir leurs tableaux sur les murs ? D'ailleurs nous en avons fait l'expérience en 1937 dans le Pavillon de Le Corbusier : nous avions trouvé des dessins d'enfants très amusants ; je les ai fait agrandir par des élèves, c'était magnifique !

J'ai fait aussi une expérience curieuse en Normandie. J'avais un petit neveu qui s'amusait à faire du dessin d'après mes tableaux (mais tellement plus libre !) et à mon tour je refaisais le tableau d'après ses dessins. Cela m'a beaucoup servi.

Dans le fond je crois que les cours et les conférences ne donnent pas grand-chose. Ce qui rend, ce sont les tableaux vus, en projections. J'ai pu le constater en Amérique. Les Américains sont plus curieux que nous : quand il y a une exposition dans les musées, le dimanche, ils y vont. J'ai vu une exposition de Van Gogh ; on se battait à la porte, on y voyait des chauffeurs, toutes sortes de gens.

À propos d'exposition, d'ailleurs, il m'est arrivé une histoire amusante. C'était à Chicago et j'avais exposé au musée des toiles assez fortes en couleur. Un jour, on me téléphone pour me dire d'aller au musée où l'on me réclamait. Je m'y rends. Là je me trouve devant six Noirs, très élégants, musiciens dans un orchestre de

New York. Ils commençaient à danser devant mes tableaux et voulaient en acheter un pour le mettre au-dessus de leur jazz.

Par ailleurs, la radio nous aide beaucoup moins qu'elle ne le fait évidemment pour la musique. Les grandes œuvres musicales, vous les entendez à la radio. À l'heure actuelle, on peut dire que tous les musiciens célèbres sont devenus populaires. Pour nous peintres, c'est beaucoup plus difficile.

Excusez-moi, mais je reviens encore à cette guerre de 1914-1918. J'arrive donc avec les copains et je me trouve devant ces gars, devant ces canons, ces avions, ce matériel tout neuf. J'ai senti une planche de salut : m'inspirer des objets qui m'entouraient. Et je suis parti de là.

J'ai d'abord commencé par quelques dessins. Puis j'ai mis des couleurs, les plus violentes certainement que j'aie jamais employées. C'était un besoin : nous avions vécu dans une telle grisaille pendant cette guerre, dans cette boue ! C'est à cette époque que j'ai attrapé le ton pur, en même temps, il est arrivé ceci : je suis arrivé à libérer la couleur.

C'est avec Robert Delaunay que nous avons mené la bataille, que nous avons travaillé pour libérer la couleur. Avant nous le vert, c'était un arbre, le bleu c'était le ciel, etc. Après nous, la couleur est devenue un objet en soi ; on peut utiliser aujourd'hui un carré bleu, un carré rouge, un carré vert... Je crois qu'il y a là une révolution assez importante, qui s'est manifestée lentement dans la publicité, dans l'art des vitrines et que, par là, nous avons un peu commandé l'art décoratif de notre temps.

À l'Exposition de 1925 un gros effort avait déjà été accompli. Vous vous rappelez les architectures très simplifiées dans lesquelles nous avons exposé nos tableaux de couleur pure ? L'architecture s'était entièrement nettoyée : ce fut une époque puriste.

Je pense que les ouvriers et le peuple ne se doutent pas des difficultés que nous avons à créer. Ils ne se doutent pas quel mal de chien nous avons eu en 1908, en 1909 et 1910, quand nous cherchions à « sortir ».

Et pour finir, je veux vous dire ce que j'ai éprouvé en revenant en France ; la joie que j'ai eue de retrouver mon pays. Vous qui avez baigné dans ces cinq années affreuses, vous avez un peu perdu le jugement.

Nous débarquons à sept heures du soir au Havre, une ville morte ; il n'y avait que quelques Français dans les rues et nous nous sommes dit : « Tout de même ça va mal » ; nous demandons à un employé de chemin de fer : « Où pouvons-nous manger ? » Il nous désigne au loin une petite lumière. « C'est un restaurant, il n'est peut-être pas encore fermé. » Il était fermé. Alors l'employé nous a emmenés chez lui. Il restait un petit ragoût du repas de midi et il nous dit : « Je ne sais pas s'il est encore bon ; il faut le faire réchauffer tout doucement. » Eh bien, je vous assure que ce petit ragoût était épatant.

J'arrive à Paris. Évidemment l'aspect extérieur n'est plus le même, mais je vois une affiche de cinéma : *Les Enfants du Paradis*. Je suis allé voir ce film et, pour moi, saturé de vedettes américaines, ce fut une chose admirable. J'ai trouvé ce film magnifique et tellement poétique. Je pense qu'en 1937, il n'aurait pas tenu l'affiche plus de trois semaines. Je vous assure qu'il y a, en France, une grande avance des masses. Je vous assure qu'il y a une évolution magnifique. Peut-être ne le sentez-vous pas, vous, qui êtes restés ici. Moi, j'ai confiance dans la France. Pour la peinture il y a encore beaucoup à faire, mais pour la poésie cela marche déjà à merveille. J'ai confiance dans la France et je vous jure que je ne me trompe pas.

Un nouvel espace en architecture[1]
(1949)

Il faut, pour retrouver le départ de cet événement, revenir en arrière : 1923-24, ce sont, je crois, les années qui ont vu se réaliser ou tout au moins naître et prendre forme ce dispositif révolutionnaire en architecture intérieure et extérieure. L'Exposition de 1925 servit de prise de contact avec le grand public. Cette manifestation internationale avait, en somme, deux buts : marquer la fin du goût décoratif 1900 (encombrement décoratif), faire apparaître le mur blanc avec toutes les conséquences que ce mur pouvait entraîner : nouveau rectangle habitable ou départ à zéro. Qu'allait-il se passer sur ce mur blanc ?

Ce rectangle habitable, quoique libéré de valeurs décoratives, était tout de même un rectangle avec ses limites précises ; la prison rectangulaire existait toujours. La lumière en avait pris possession. L'objet, l'individu, exposé dans cette atmosphère nouvelle devenait visible, il prenait sa valeur totale, hauteur et volume, on avait conscience de sa véritable dimension dans les quatre murs.

À peu près à cette époque, la peinture moderne était, elle aussi, en évolution constante. Elle s'était évadée du sujet, même de l'objet, et une période abstraite recrudescente avait vu le jour. Évasion totale — qui réalisa la libération de la couleur — «l'événement était là». Avant cette date, une couleur était encore en liaison avec un ciel, un arbre, un objet usuel. Maintenant, elle était libre, un bleu et un rouge avaient une valeur en eux-mêmes, on pouvait en disposer.

Le mur blanc était là, présent. Pourquoi pas?

Nous sommes en 1925, Exposition internationale. Mallet-Stevens, architecte, m'avait demandé de situer dans son projet d'ambassade un motif mural en couleurs pures à plat. Je l'avais exécuté, je crois, en 1923-24. Le mur blanc acceptait d'être détruit partiellement par des applications colorées; naturellement, il y avait un choix de couleurs à établir. Ce fut fait et le rectangle fixe habitable devint un rectangle élastique. Je dis élastique parce que toute couleur appliquée même en nuance possède une action mobile. Les distances visuelles deviennent relatives. Le rectangle disparaît, attaqué dans ses limites et dans sa profondeur. La couleur libre avait trouvé son application. L'individu moderne se trouve donc dans un dispositif vital entièrement renouvelé. L'action psychologique se déclenche d'elle-même. Une évolution intérieure s'opère lentement et inconsciemment.

La couleur est une nécessité vitale comme l'eau et le feu. On ne vit pas sans couleur. Son action est multiple et les médecins commencèrent, dans cette même époque, à étudier les conséquences possibles d'une ambiance colorée sur les malades nerveux et neurasthéniques. La cure par la couleur était en route et son intérêt n'échappe pas non plus aux architectes urbains pour son application extérieure.

L'idée de villes polychromes m'était venue pendant la guerre 14-18, à une de mes permissions de détente. J'avais rencontré Trotski à Montparnasse. Il avait été enthousiasmé par cette idée. Il envisageait la possibilité d'un Moscou polychrome[2].

Mais si l'on considère l'ensemble d'une ville, d'une rue, d'une maison en rapport avec une action colorée extérieure, des possibilités considérables s'offrent immédiatement. Le froid du sol d'un immeuble, par exemple, s'allège si la couleur entre en jeu, le volume même de l'immeuble est attaqué. Des banlieues noirâtres et sinistres peuvent se transformer ainsi en secteurs gais et lumineux.

J'avais pensé, en 1937, pendant l'Exposition,

à utiliser les 300 000 chômeurs à gratter toutes les maisons de Paris. Le projet était de créer un «événement d'étonnement» pour les visiteurs : Paris tout blanc, et le soir, des avions et des projecteurs inondant la ville de couleurs vives et mobiles. Pourquoi pas? Mon projet ne fut pas accepté, c'était pourtant le seul moyen de créer un événement nouveau à l'échelle d'une exposition internationale. Quoique le «coup» fût porté en France, ses conséquences pratiques se développèrent ailleurs, en Europe.

Les conséquences du rectangle nouveau se développèrent plus vite dans les pays nordiques. En Finlande, les ouvriers acceptèrent sans discuter les murs de couleurs que l'on construisit pour eux. En Scandinavie, Hollande, Allemagne, des constructions intéressantes furent réalisées. Au point de vue général, nous nous trouvons devant le problème de la distribution de la couleur à un stade où le désordre publicitaire qui dévore les murs peut devenir un ordre plastique rationnel. On doit tendre à cela. On commence à ordonner, à qualifier la demande colorée. La qualité en place au lieu de la quantité en désordre. Chaque individu a sa couleur, elle est consciente ou inconsciente, mais elle s'impose dans le choix des dispositifs journaliers, meubles, étoffe, mode et habillement. Le nouvel espace dans lequel ces objets usuels vont évoluer va, de son côté, subir l'influence du nouveau milieu.

C'est une révolution, une des plus curieuses dans l'ordre pacifique qu'il soit donné à l'homme d'aujourd'hui de réaliser.

Le cirque[1]
(1949)

Passez les vacances avec les mêmes gens. Ils sont à deux cents kilomètres, ils ont changé de pantalon, c'est tout. Prenez donc votre vélo, arrêtez-vous un peu. Tournez à droite, enfoncez-vous dans le chemin vicinal, touchez les habitants, ce sont des gens comme vous et moi, aussi malins que vous, plus que vous, mais autrement. La terre est ronde. Pas besoin d'aller en Chine. Ne vous figurez pas trouver une génération de paysans à quatre pattes. Fini. Tout ce monde est bien debout et commence à ne plus saluer les riches, ils sont riches aussi. Ouvrez la barrière. Entrez donc. Vous êtes annoncé depuis longtemps par les chiens. C'est leur sonnette électrique.

C'est une histoire de métal blanc vu dans le soleil ou dans les projecteurs. Cela se transforme en une espèce d'animal reluisant, criant, éclatant et mobile. Un vélo est un objet en action dans la lumière. Il commande des jambes, des bras, un torse qui s'agitent sous lui, à côté, en dessus.

Des cuisses rondes s'incorporent à lui : ce sont ses leviers qui montent et s'abaissent vite ou au ralenti. Sous la lumière il perd sa forme et devient une magie colorée comme une culasse de 75 ouverte en plein soleil.

Quand il y a de belles filles tenant la route ou quatre acrobates tenant la piste, qui avancent droit sur vous, ou qui tournent au-dessus de vous, c'est un spectacle moderne complet et qui peut égaler en grâce la valse des *Six chevaux blancs*. Mais il manque les quatre pattes. Le tour de force tient dans son instabilité même. Le vélo ou l'acrobate ne peuvent pas s'arrêter. C'est là le risque, l'aventure de cette petite mécanique précise et folle.

Légère, elle frôle l'auto sur la route, quelque cent mètres à droite ou à gauche, elle est détruite par la bête à quatre roues. Un écart imperceptible sur la plate-forme du cirque où l'évolution se fait à cinq mètres du sol, elle est par terre avec un peu de sang autour.

L'acrobate devient un homme-serpent qui, debout, couché, en dessous ou en dessus, passe à travers, se relève, marche à reculons, se dresse comme un cheval, la roue en l'air.

La bicyclette paraît vivante, un animal qui refuse d'avancer ou de reculer, une volonté dont l'homme doit tenir compte. En regardant l'évolution de cet objet spectaculaire on pense naturellement à la danse. Son contact au sol réduit à deux points extrêmement justes, le vélo roule sur ses pointes — transparent et agile, il doit aussi bien retomber, bien reculer, bien s'élever, et lorsque l'acrobate, la tête en bas, reprend sa position en traversant le cadre, c'est plus risqué que la danse certainement, mais c'est de la même famille.

Puisque la terre est ronde, comment voulez-vous jouer carré?

Depuis la tête d'un homme et le corps d'une femme et la forme d'un arbre qui s'inscrivent dans un jeu de courbes, depuis le cerceau qui roule sur le trottoir et la roue que l'ouvrier tient sur son épaule et la tarte sur la tête du petit pâtissier, nous courons l'aventure fabuleuse du cercle gagnant à la loterie du coin.

Sous le soleil et sous la lune, dans les nuages qui se déplacent doucement, tout tourne en rond et voilà la ronde des enfants et le Tour de France, et les vélos et les yeux qui les regardent et les encadrent sur les routes, sur les routes de France qui roulent leurs bosses en serpentant à travers des blés, des avoines, des grosses vaches et des oiseaux.

La brouette roule sur sa roue, grâce à Monsieur Pascal il y a déjà un certain temps.

Tout est rond, la tête rejoint la queue, le commencement touche à la fin.

La vie est un circuit. Tu veux partir en voyage, mais tu reviendras au point de départ.

Elle est ronde la ligne droite, et le plus long chemin d'un point à un autre.

Le manège tourne devant le cirque, comme un gros champignon, tourne le cheval, tourne l'écuyère, montent les églises vers le ciel, en ogives.

Les oiseaux, les insectes, les avions, une mouche, tout ce qui vole dans les poches du ciel sur fond bleu ou fond de nuages, s'enroule et se déroule à travers les branches d'un arbre, dans un espace libre.

La machine fait du géométrique, comme disait un ouvrier qui expliquait son boulot à la chaîne : « Chez nous, ça sort rond ou carré, t'as pas le choix ».

J'ai souvent rêvé d'architecture ronde, habiter des boules. Je ne vois pas pourquoi la mécanique ne nous fournirait pas cette possibilité.

Il y a une satisfaction visuelle tactile d'une forme ronde. C'est tellement évident que le cercle est plus agréable, il a cet avantage de se déplacer plus vite, ça roule. Si vous poussez devant vous une caisse carrée avec toutes les difficultés que cela représente et qu'il y ait à côté de vous un gosse qui joue au ballon, vous vous rendez compte !

L'eau, la mobilité de l'eau, le corps humain dans l'eau, jeux de courbes sensuelles et enveloppantes — un caillou rond sur la plage, on le ramasse, on le touche. Les magasins qui vendent des objets ronds, brillants, arrêtent le passant. L'enfant choisira un bonbon rond, le fabricant satisfait à cette demande.

Allez au cirque. Rien n'est aussi rond que le cirque. C'est une énorme cuvette dans laquelle se développent des formes circulaires. Ça n'arrête pas, tout s'enchaîne. La piste domine, commande, absorbe. Le public est le décor mobile, il bouge avec l'action sur la piste. Les figures s'élèvent, s'abaissent, crient, rient. Le cheval tourne, l'acrobate bouge, l'ours passe dans son cerceau, et le jongleur lance ses anneaux dans l'espace. Un cirque est un roulement de masses, de gens, d'animaux et d'objets. L'angle ingrat et sec s'y comporte mal.

Allez au cirque. Vous quittez vos rectangles, vos fenêtres géométriques, et vous allez au pays des cercles en action.

C'est si humain de casser les limites, de s'agrandir, de pousser vers la liberté.

Le rond est libre, il n'a ni commencement ni fin. Tout en haut deux équilibristes en maillot collant jaune et rose prennent la lumière. Le corps humain moulé, agissant dans tous les sens, vu d'en bas avec des raccourcis, roule agréablement encadré d'ombres mouvantes.

C'est avec ou sans danger. Pas de filet, l'attraction est majeure. Une araignée s'agitant dans sa toile. Au-dessous, le public, des têtes lumineuses qui oscillent doucement, liées, accrochées au déplacement des maillots roses. La lumière sur toutes ces figures circulaires, des yeux fixés sur le petit point dangereux, roulement de tambour, silence, il est parti; trois sauts périlleux dans le vide, une main qui tâte l'espace, attrape de justesse l'autre main. Ça y est, les applaudissements éclatent, montent, descendent, comme la grêle sur un toit; ils se fondent, s'estompent, c'est la fin de l'anxiété d'une foule tendue sur un même point; l'homme les accueille en saluant gentiment debout sur son trapèze si fragile qui oscille doucement comme une barque sur l'eau.

Dans le «Barnum» aux trois pistes de Madison Square Garden, quarante acrobates évoluent à quarante mètres de haut.

Si l'un tombe, la musique s'amplifie, se fait plus intense, les lumières se déplacent, et pendant qu'il s'écroule dans le vide, on est déjà sur une autre piste à l'attraction suivante.

Léger incident qui ne doit pas déranger la minute rigide du spectacle.

L'acrobate disparaît légèrement, sans bruit, comme il est apparu; dans l'ombre, une figure à l'envers qui se balance doucement, une bouche qui devient centre d'une figure, le battement des paupières dans cette face angoissée, un bras, une jambe, un pied, une main qui cherche un point d'appui, tout cela dans un espace sans limites protectrices.

S'évader du sol, partir, y toucher le moins possible sur la pointe, l'extrême pointe. Occuper l'espace supérieur c'est avoir des ailes, une demi-mesure, une ambition de franchir l'espace d'un seul bond. De la grâce dans l'accumulation des courbes, des angles adoucis. Statique et ne s'attaquant pas au décor, la danse s'incorpore au fond coloré.

Mobilité savamment étudiée, phases fixes, où une jambe retourne au sol doucement après avoir risqué l'espace, soulevé au bout de deux bras, balancement libre de deux membres ronds et gracieux, agression dynamique d'une masse collective qui attaque le spectateur. Vitesse, élévation, retour au sol instantané et départ à nouveau; cela dans la couleur, dans la lumière, dans une musique qui soutient la masse agile des pieds, des mains et des figures. La lumière est maîtresse des formes, elle les découpe ou les silhouette, les mélange, les arrête.

La vitesse saisit le spectateur immobile. Il est d'autant plus fixe que l'action est violente. Il baigne dans ce jeu rapide et frivole pour lequel il est venu.

La plus belle conquête de l'homme évolue placidement sur la piste ; elle tourne sans s'apercevoir que de nombreux événements s'accomplissent sur son dos. C'est un tremplin mobile et chaud où les pieds se posent bien ; c'est riche et soyeux genre tapis de luxe. C'est beau un cheval.

La cavalerie de l'ancien Médrano, — les six chevaux blancs. Il fallait grimper avec le populaire tout en haut pour saisir le spectacle, un ballet blanc sur fond jaune où leur élégance se développait sans effort. Jeu parallèle des six taches blanches. Ils aiment tourner en rond avec discipline les uns derrière les autres, se croiser, revenir, repartir au signal subtil du fouet qui ne les touche pas, fait semblant de les toucher, des signes discrets, bien compris, évolutions gracieuses, jeux de jambes, départ, un seul reste, c'est la vedette. Musique «Mort du cheval». Musique sentimentale et funèbre.

La bête doucement diminue, s'allonge, s'absorbe dans la piste, elle remue encore — la tête est la dernière à consentir — brusquement sur l'ordre du fouet, elle se dresse, se relève sur ses pattes de derrière, elle marche consciente de son effet.

Le cheval suit l'homme qui, à reculons, le fouet haut, l'encourage et le maintient. Le cheval a toute sa hauteur — l'homme est petit, il le sait — il domine la scène et disparaît enveloppé d'applaudissements auxquels il est sensible.

« Le ballet blanc » est un de mes souvenirs les plus vivaces du temps où nous passions nos soirées à Médrano, avec Apollinaire, Max Jacob et Blaise Cendrars.

Être un peintre et devant ce spectacle, se sentir si impuissant à résoudre cela sur la toile.

Invasion de la piste. Des masses neutres, rampantes ; ce sont les Augustes qui meublent le vide entre deux attractions. Ils traînent au sol, touchant le public, l'attaquant. C'est horizontal, de travers, tout est trop large ou trop long ; ils succèdent à la belle écuyère toute lumière sur son cheval savant. L'acrobate a quitté le trapèze ; le clown singe son travail. Il s'accroche d'une main, tombe, se relève et fait un spectacle à rebours qui déchaîne les rires.

Une figure polychrome, un œil, un nez, une bouche, qui n'ont plus l'air d'un nez, d'une bouche, d'un œil. Un pantalon qui tombe et qui remonte. Une lumière qui apparaît sur un crâne. C'est le clown.

Faire parler les pieds, faire rire un genou, tomber de vingt mètres sans une écorchure, créer de la laideur, de l'inhumain, de la surprise, c'est encore le Clown.

Monsieur Loyal, toujours présent, mène le jeu.

Une musique violente éclate brutalement et domine les bruits de la foule. Cette foule inconsistante et floue tout à coup prend un sens, une direction; un courant s'établit, prend de la vitesse et rejette les indécis sur le trottoir. Cette marche collective va vers un but qui est la parade du cirque.

Ça commence. — La recette est liée à cette parade, aussi est-elle puissante et dynamique. Les instruments sont au maximum de rendement. La grosse caisse se défend contre le trombone et les pistons contre le tambour. Tout ce tintamarre se projette d'une estrade surélevée. Cela vous arrive en pleine figure, en pleine poitrine, c'est comme un envoûtement. Derrière, à côté, devant, apparaissent et disparaissent des figures, des membres, des danseuses, des clowns, des gueules écarlates, des jambes roses, un nègre qui mange du feu, l'acrobate qui se promène sur les mains et cette musique liée à la lumière dure des projecteurs qui balaient tout un ensemble agressif, qui fait que toutes ces figures blanches, ces yeux fixes s'avancent, sont pris, montent les marches qui les conduisent à la caisse et en avant la musique! Et cela recommence pour avaler les indécis. Des visages en sueur, des maillots qui ne sont plus roses, un tonnerre de tambours et de pistons. Et les figures hésitantes sautent, marchent.

La caisse avale l'argent : « Passons la monnaie. »

Ça entre encore et toujours. Ça se bouscule, c'est plein à craquer.

On refuse du monde, la parade a gagné.

Ton avenir est dans ta main, donne ta main. Miss Athéna, Miskoreska, Damia te diront ton destin. Dans l'ombre du cirque à distance respectueuse la petite baraque mystérieuse a tendu sa toile comme une araignée ; elle attend patiemment ses victimes, elles sont éternelles.

Entrez, examinez : quatre marches, une tenture, un poêle sans charbon, une table, des cartes attendent, des mains longues, une figure indéchiffrable, sans race ni pays, immobile et fixe dans le silence des draperies incolores. Une atmosphère quand même, une magie à quatre sous, aucun doute, quelque chose s'y passe.

C'est vieux comme le monde, l'Avenir.

Des silences calculés, des lenteurs, l'horoscope du destin.

Un jeune homme blond — et les cartes glissent doucement sur le tapis. Cette femme brune qui meuble vos rêves — les cartes géométriques tombent riches et impitoyables. Un roi, l'as de cœur, l'as de pique, toutes défilent lentement, marquent leur route et précisent votre destin. Est-ce la même femme qui est entrée il y a quelques instants ? On ne la reconnaît pas.

Éternelle histoire d'une figure angoissée qui cherche des points d'appui, des certitudes dans une vie qui ne veut plus en entendre parler.

Les enfants ont bien compris que c'est un grand événement que l'arrivée d'un cirque dans leur village. L'aventure — aller plus loin — ne pas arriver à l'heure. Il y a une magie de la liberté; auteur de cet édifice qui se déplace et se construit en une nuit, qui apparaît et disparaît comme quelque chose de miraculeux, de fugitif, de libre, c'était le merveilleux qui entrait. Je m'en souviens toujours, par une affiche sur les murs de ma petite ville normande.

Les enfants ont inventé la ronde. Puisque les grands spectacles naturels comme les nuages, les vagues, le soleil et la lune président à nos étonnements d'enfants, je me dis que sur mon vélo qui roule doucement, capricieusement, bercé par les courbes de la route, je suis en ordre avec la nature. Je m'absorbe, je ne suis pas du tout un personnage révolutionnaire, je suis accepté; je m'inscris dans des volontés dominantes, sans effort, tout naturellement.

Pourquoi avoir des yeux derrière la tête, puisque l'on peut tourner la tête, cette tête ronde, mobile, avec ses yeux, sa bouche montée sur un cou rond comme un arbre. Tout cela dans un espace restreint ou illimité, où la ligne droite ne peut s'inscrire, où les oiseaux et les avions évoluent harmonieusement dans un ciel qui descend doucement vers l'horizon.

Nous vivons l'espace plus que jamais, l'homme pousse de tous les côtés; s'évader, quitter le sol des contraintes, une compétition s'établit vers la fuite du solide, du concret; une mobilité nerveuse s'empare du monde. Tout bouge et s'échappe des limites traditionnelles. Les éléments fixes, immobiles, les points de repos, les situations assises sont rompus, abandonnés.

Tout est debout avec l'œil mobile et inquiet qui se déplace rapidement de droite à gauche, derrière, devant. Notre espace moderne ne cherche plus ses limites, il s'impose au jour le jour un domaine d'action illimité. On plonge dedans, on y habite, il faut y vivre. Vie dangereuse, le filet protecteur des acrobates volants disparaît; c'est une vie de gibier devant le fusil.

Pourtant on voudrait voir le film tourner à l'envers : les sanctuaires se referment, les lumières s'éteignent, les hiérarchies et les mystères reprennent leur place et l'on retrouve le respect des grandes forces naturelles.

Un chêne que l'on peut détruire en vingt secondes met un siècle à repousser. Les oiseaux sont toujours merveilleusement habillés, le progrès est un mot dénué de sens, et une vache qui nourrit le monde fera toujours trois kilomètres à l'heure.

Peinture murale et peinture
de chevalet[1]
(1950)

Je parle ici des deux orientations essentielles de la peinture : la peinture murale, c'est-à-dire qui s'adapte à l'architecture ; la peinture de chevalet, venue au monde avec la Renaissance italienne.

À l'origine, les hommes décorent les objets usuels de graphiques, lignes figuratives (animaux, images, arbres). Plus on remonte dans les origines, plus on découvre l'homme s'intéressant à un art figuratif. L'œuvre d'art apparaît aussi importante que l'eau et le feu. Il n'y a pas d'époque, si reculée soit-elle, sans expression plastique.

Aux XIe, XIIe siècles de l'ère chrétienne, Jésus, le Christ, donne le plus fort mouvement social ; c'est une libération sociale. L'Église, qui s'édifie, a su s'adapter admirablement.

Les hommes ne sachant ni lire ni écrire, l'image prend une importance considérable ;

les cathédrales, les couvents sont entièrement décorés.

Dans cette civilisation, pas trace d'autres sujets que la vie du Christ, de la Vierge et des Saints. Il s'agissait, vu le nombre d'illettrés, de leur expliquer la religion.

Quand l'imprimerie est inventée, il est certain que la compréhension de cette société a fait un bond. On apprend au peuple à lire et à écrire ; le livre remplace l'image populaire.

Le libre libère l'Art, et permet l'Art pour l'Art, une évasion de la réalité. L'imagination devient première et le sujet n'est plus qu'un moyen (renversement complet du début).

Nous arrivons à la Renaissance italienne. Grande révolution sociale, les rois, nobles et clergé sont en lutte avec l'individu libéré avec « les nouveaux riches ». La Renaissance, c'est la naissance du capitalisme (colonies, etc.). L'individu peut désormais se procurer ce que pouvait posséder le prince. L'homme libéré veut avoir son portrait, le paysage qu'il aime.

Le sujet religieux est abandonné. Rupture avec l'époque précédente. On passe de la vie collective à la vie individuelle. Le Titien et Véronèse sont les types de la peinture sensuelle nouvelle.

C'est un dégagement vers la peinture libre, mais liée à la bourgeoisie qui fait que le tableau devient une valeur spéculative. Le bourgeois qui comprend ses tableaux, les aime, y engage des capitaux qui vont monter.

Remarquez que cela n'empêche pas l'évolution de la peinture.

On a beaucoup critiqué l'Art pour l'Art (c'est-à-dire sans sujet), et l'Art abstrait (c'est-à-dire sans objet) mais il semble bien que leur temps va finir. Nous assistons à un retour au grand sujet, qui soit compréhensible au peuple.

Le peuple retenu, accroupi à son travail toute la journée sans loisirs, échappe entièrement à notre époque bourgeoise, c'est le drame actuel.

À notre époque les architectes ont réalisé une révolution considérable dont bien peu se sont aperçus : ils ont détruit le décor architectural « 1900 » (Exposition de 1925).

J'ai travaillé à ce moment avec Le Corbusier à de grandes compositions murales sans sujet, en couleurs pures. L'idée est alors venue de trouver un *nouvel espace* en architecture.

C'est donc à un nettoyage complet de l'architecture que nous avons procédé. On s'est trouvé alors devant le mur blanc et nu. Mais un tel mur est un dispositif d'attente. La plupart des gens ne peuvent vivre dans des murs blancs.

Nous avons eu l'idée que des murs de couleurs (jaunes, rouges) seraient un habillement, — sans oublier l'effet visuel d'éloignement ou de rapprochement que crée la couleur sur le mur.

J'ai appelé ça « la destruction du mur » ou « le mur élastique ». On crée un *autre espace*.

Nous sommes revenus à la peinture murale du Moyen Âge, avec cette différence que notre peinture n'est plus descriptive mais une création d'un espace nouveau. C'était en 1925, mais cette révolution n'était le fait que de quelques-uns.

Le seul endroit où elle eut une action sur le peuple est la Finlande. J'y suis allé avec mon ami l'architecte Aalto; il y avait construit des habitations populaires pour des ingénieurs et ouvriers. Les murs étaient tous en couleur. Eh bien, les ouvriers s'y étaient très bien faits et n'avaient pas touché à leurs murs, les ingénieurs avaient éprouvé le besoin de les cacher, par exemple, en y collant du papier...

À la suite de cette révolution, le tableau de chevalet poursuit son chemin, de son côté, sans se préoccuper de l'autre peinture. Par l'abandon des grands sujets, remplacés par l'objet, qui est remplacé à son tour par l'abstraction (où nous sommes).

Cette libération totale a donné l'Art abstrait.
Il prend une telle position dans notre vie que même le tableau de chevalet pense pouvoir se satisfaire de rapports abstraits.

Je puis en parler ayant été de ceux qui l'ont fait. Si nous revenons à l'objet, c'est parce que le tableau de chevalet doit être extrêmement riche et contrasté.

Je crois et je soutiens que l'art abstrait est en difficulté quand il veut faire de la peinture de chevalet. Mais *ses possibilités sont illimitées pour le mural*. Nous allons nous trouver dans les années qui viennent devant ses réalisations.

Le social conditionne l'art, et la société change lentement, mais sûrement.

Il est incontestable que l'ouvrier n'ayant pas de loisirs ne peut se satisfaire de tableaux n'ayant que des rapports de couleurs et d'objets : *c'est le drame* et il est très difficile à résoudre.

Avant la guerre, Vaillant-Couturier, au temps du Front populaire, vient me voir : « C'est une occasion unique de révéler au peuple les richesses de l'art. »

J'ai connu le peuple en 1914, je l'ai découvert avec ses admirables qualités ; mais comment réaliser quelque chose : tout est contre eux (les musées ferment tous à 5 heures, c'est-à-dire à l'heure où ils pourraient y aller).

J'ai demandé d'aller faire des constats, des conférences-témoins dans le Nord, à Lille, parmi les ouvriers. J'y suis allé : il y avait une centaine d'auditeurs, des ingénieurs, *pas un ouvrier*. Voilà le résultat : néant.

Vaillant-Couturier insiste. Je lui dis : « Il faut

dans les écoles développer des concours, primer le premier dessin, l'agrandir et en décorer la classe, pour les y intéresser. » (Le dessin de l'enfant est *très libre*, nous, nous sommes à la frontière du dessin d'enfant.)

Mais Vaillant-Couturier meurt et rien ne se passe.

Je suis allé trouver mon ami Huisman : « C'est idiot, tes musées ferment à 5 heures. » Il les ouvre le soir et les ouvriers sont venus ; seulement voilà, ils n'y ont vu qu'un tableau : il fallait faire la queue devant *la Joconde*, c'était la « vedette », comme au cinéma. Par conséquent résultat nul[2].

À l'heure actuelle, vu le désir de se rapprocher des ouvriers, des peintres, aussi dans mon école, reviennent au tableau à sujet.

Mais ce n'est pas le tout de vouloir, il faut pouvoir, et c'est extrêmement difficile.

Certains peintres médiocres bâclent rapidement de grandes machines et *troublent tout.*

Le peuple juge par comparaison ; « la main la mieux imitée est la plus belle », ce qui est faux.

Il y a malheureusement une chose certaine : c'est que dans cette évolution de l'œuvre d'art, la qualité est secondaire pour ceux qui dirigent le seul mouvement social intéressant de notre époque.

Il est très difficile de toucher le peuple par la qualité. On prend les moyens pour le toucher : c'est ce qui est grave.

En Russie on ne cherche pas la qualité, mais l'efficacité. Peut-être est-ce nécessaire, je n'en sais rien. *Mais pour nous c'est dramatique.* Et avec ces peintres médiocres qui troublent tout.

Et pourtant le *peuple est poète*, il a créé une langue, l'argot, qui est de l'authentique poésie (le bourgeois n'a jamais inventé un seul mot d'argot).

Et notre peinture, elle aussi, est de l'argot, mais sans aucun contact avec l'autre.

Je m'arrête là.

Je crois avoir touché le point dramatique et mondial qui doit nous intéresser tous, et que chacun doit chercher à résoudre.

Comment je conçois la figure[1]
(1952)

On aurait aussi bien pu changer ce titre et décider de celui-ci : « Le trousseau de clés dans l'œuvre de Léger », ou encore, « La bicyclette dans l'œuvre de Léger ». Cela veut dire que pour moi la figure humaine, le corps humain n'ont pas plus d'importance que des clés ou des vélos. C'est vrai. Ce sont pour moi des objets valables plastiquement et à disposer suivant mon choix.

On doit reconnaître que les traditions picturales qui nous précèdent — la figure et le paysage — sont lourdes d'influences. Pourquoi ? C'est le paysage dans lequel on a vécu, ce sont les figures et les portraits qui ornent les murs, d'où la valeur sentimentale au départ qui a permis l'éclosion d'une quantité considérable de tableaux bons ou mauvais, ou discutables.

Il a fallu pour y voir clair que l'artiste moderne se détache de cette emprise sentimentale. Nous avons franchi cet obstacle : l'objet a remplacé le sujet, l'art abstrait est venu comme une libération totale, et on a pu alors considérer la figure humaine non comme une valeur sentimentale, mais uniquement comme une valeur plastique.

Voilà pourquoi dans l'évolution de mon œuvre de 1905 à maintenant, la figure humaine reste volontairement *inexpressive*.

Je sais que cette conception très radicale de la figure-objet révolte pas mal de gens, mais je n'y puis rien.

Dans mes dernières toiles, où prennent place des figures liées à des sujets, peut-être trouverez-vous que la figure humaine aurait tendance à devenir l'objet majeur. L'avenir dira si cela est meilleur plastiquement ou si c'est une erreur.* En tout cas le dispositif actuel est toujours dominé par des valeurs contrastées qui doivent justifier cette évolution.

Nouvelles conceptions de l'espace[1]
(1952)

Le problème de l'espace mural est le plus important des problèmes de l'espace.

Lorsque les architectes eurent enfin débarrassé les murs de tout vestige de l'époque 1900, nous nous sommes trouvés devant des murs blancs. Un mur blanc est parfait pour un peintre. Un mur blanc avec un Mondrian est encore mieux. J'ai peint vers 1925 des peintures abstraites et je pense que ce genre de peinture ne peut trouver son développement logique que dans la peinture murale : l'abstraction est une position extrême où l'on ne peut se maintenir parce qu'on ne peut progresser. Mais les murs n'ont pas été faits seulement pour les peintres. Trop de gens se fussent trouvés dépaysés, perdus devant une transformation aussi radicale de leurs habitudes visuelles.

C'est alors que nous avons fait intervenir les couleurs et leurs propriétés d'être perçues à une distance différente par les observateurs.

On peut avancer un mur (mur noir) le reculer (mur bleu pâle). On peut même le détruire (mur jaune). Le rectangle habitable se fait « rectangle élastique ».

Cette découverte avait dans ses possibilités une conséquence pratique : celle d'améliorer les logements les plus humbles en accordant un supplément d'espace aux pièces exiguës.

J'ai utilisé cette solution pour l'espace plus précisément pictural. Des objets séparés — j'enlève la table que Braque et Picasso ont conservée — que le choix de leur couleur fait avancer ou reculer sur la toile, la couleur du fond aussi, créent par le mouvement un espace nouveau, sans aucun effet de perspective : l'espace, un espace imaginé, naît du rythme. Il reste au peintre à varier les rythmes et les couleurs pour obtenir l'expression. Enfin, un espace transparent peut être suggéré en conservant distinctes lignes et couleurs.

Dans *Les Constructeurs*[2] j'ai essayé de réaliser de plus violents contrastes en opposant aux nuages et aux structures métalliques des figures humaines peintes avec un minutieux réalisme. Je ne sais si j'ai réussi mais je crois que c'était, tout de même, une bagarre à susciter.

De la peinture murale[1]
(1952)

Le tableau de chevalet continue sa course. Il est de création strictement individuelle, il perd sa valeur publique et il s'absorbe dans un appartement privé.

Il est né de la Renaissance italienne, parallèlement à l'avènement de l'individualisme et du capitalisme.

Il a déclassé momentanément les époques primitives à dominantes murales et collectives.

Jusqu'à nos jours, il est indiscutablement le témoin plastique des époques qui se sont succédé jusqu'à nous.

Mais il y a un événement qui prend de plus en plus d'ampleur, c'est la demande «Peinture Murale». Elle va se manifester sous une forme collective, elle perd son cadre, son petit volume, sa qualité mobile et individuelle pour s'adapter au mur en liaison avec un architecte qui la commande.

Il s'entendra avec le peintre pour la situer et

en doser l'intérêt. Elle peut être accompagnement de mur ou destruction de mur.

Des maquettes s'établissent, un choix collectif se décide et l'exécution devient artisanale, sous forme de mosaïque, fresques, vitraux ou peinture d'adaptation.

L'histoire de cette collaboration architecturale remonte à 1924-25. À cette époque, les architectes modernes avaient dégagé les murs du décor encombrant style 1900. Les murs sont apparus, nus, blancs. Satisfaction de tous et des réalisateurs enthousiastes.

Mais il s'avéra assez vite que les murs blancs étaient difficilement acceptables par la plupart des personnes susceptibles d'habiter ces locaux.

C'est alors que le contact entre les architectes et les peintres devint effectif.

Chose curieuse, ce fut Robert Delaunay et moi, qui avions mené en 1909-1912 la « Bataille de la couleur libre », qui entrèrent dans le jeu.

Cette bataille consistait, après de nombreux essais, à obtenir que l'on accepte une valeur-couleur, un bleu, un rouge, un jaune comme valeur en soi, comme valeur-objet.

J'ai souvenir qu'à l'occasion de l'Exposition de 1925, l'architecte Mallet-Stevens nous avait sollicités de réaliser deux toiles représentatives de cette tendance. J'avais un tableau abstrait en couleurs pures inscrites dans des rectangles.

Lorsque les architectes décidèrent de rechercher les moyens d'habiller ces murs blancs, ce furent les murs de couleurs qu'ils adoptèrent et mes rectangles colorés étaient conçus en liaison avec l'architecture (cette toile n'avait jamais, dans mon esprit, voulu être «tableau de chevalet»). Elle fut, je crois, à l'origine de l'adaptation colorée architecturale. Ce nouveau rectangle habitable aux murs de couleurs devenait pour moi «rectangle élastique», car il était certain que, visuellement, le sentiment de «dimensions fixes» de ces rectangles était détruit par la couleur, un nouvel espace était créé.

Si dans ce nouvel espace vous organisez un dispositif de meubles ou d'objets dans une volonté antisymétrique, vous obtenez une véritable révolution intérieure, et cette révolution n'est pas seulement d'ordre plastique, elle est également d'ordre psychologique.

Cette liberté, ce nouvel espace peuvent aider, en liaison avec d'autres moyens d'ordre social, à la transformation des individus, à la modification de leur genre de vie.

Quittons les murs de couleurs, envisageons des décors aux couleurs libres pour éviter le mot «abstrait» qui est faux. La couleur est vraie, réaliste, émotionnelle en elle-même sans se trouver dans l'obligation d'être étroitement liée à un ciel, à un arbre, à une fleur, elle vaut en soi comme une symphonie musicale, elle est une symphonie visuelle, soit harmonie, soit violence, elle doit être acceptée de même. Les foules modernes sont déjà mises en éveil, déjà habituées par les affiches, les vitrines, aux objets présentés isolément dans l'espace.

Il y a une acceptation que je crois rapidement possible de ces grands décors muraux en couleurs libres dont l'emploi peut détruire la morne sobriété de certaines architectures : gares, grands espaces publics, usines, pourquoi pas ?

Entre l'évolution du tableau de chevalet au contenu social et cette adaptation plastique du mur, il ne doit y avoir aucun point de comparaison. Actuellement, une tendance courageuse, car la voie est pleine d'embûches et de difficultés, s'oriente nettement vers le retour « aux grands sujets ». C'est là, me semble-t-il, la route normale, logique, de l'évolution contemporaine de la peinture de chevalet après toute la gamme de recherches qui vont de l'impressionnisme à nos jours.

Par contre, entre la peinture murale telle que je la conçois et cette peinture de chevalet, à aucun moment, ne doit s'établir un jugement par comparaison.

Ce sont deux routes que les peintres contemporains ont intérêt à réaliser entièrement différentes. Pour ma part, je vois tres bien un grand tableau de chevalet valorisé par les accompagnements colorés en contraste avec la note colorée du sujet développé.

La tapisserie a pris un essor considérable ces temps derniers, c'est un signe que la route va être grande ouverte.

La couleur dans l'architecture[1]
(1954)

Le problème n'est pas si simple qu'il peut en avoir l'air, parce que la position des peintres modernes se trouve en somme divisée en deux tendances. Il y a le tableau de chevalet et il y a l'adaptation de la couleur à l'architecture. Personnellement, je cherche à faire une distinction de plus en plus nette entre les deux positions. Je sais qu'un grand nombre de peintres ne s'en occupent pas, mais moi je m'en occupe.

Le tableau de chevalet est une œuvre, est un objet en soi qui comporte ses limites et qui est aussi bien en place aujourd'hui à Tokyo qu'à Berlin. Il voyage, il circule, il prend sa place, tandis que la peinture architecturale devient un art collectif.

C'est un architecte qui vient vous trouver, et qui dit : « Voilà, j'aurais besoin de couleur dans mon édifice. » S'il s'agit d'un homme avec qui l'on peut s'entendre, on accepte qu'il vous dise l'endroit et même les couleurs qui l'intéresseraient. Nous sommes donc dans le collectif absolu. L'exécution de la chose incombe même souvent à des techniciens soit céramistes, soit fresquistes, soit mosaïstes.

Depuis quatre ans, j'ai eu un certain nombre de commandes dans cet esprit-là, notamment — ce qui est assez curieux — pour des vitraux et des façades d'églises[2].

Remontons à l'origine. C'est en 1922-23 que le problème s'est éclairci, lorsque les architectes modernes ont eu nettoyé — il n'y a pas d'autre mot — l'architecture du décor 1900. On s'est trouvé devant des murs blancs et nus. Les architectes étaient ravis. Seulement une maison n'est pas entièrement pour eux, elle est faite pour être habitée par le propriétaire et par d'autres. Ils se sont donc trouvés devant un nombre très limité de gens décidés à habiter ces murs blancs. Que s'est-il donc passé alors? Ici je vous raconte une histoire qui me concerne, car il y avait une espèce de communauté entre ce que je faisais à ce moment-là et l'inquiétude des architectes devant leurs murs. Je me souviens qu'à l'Exposition de 1925 j'avais travaillé à des choses abstraites en couleur pure, extrêmement rectangulaires, et Mallet-Stevens, un de mes amis, architecte belge (malheureusement disparu), venu chez moi, avait vu une grande peinture assez haute et large, absolument abstraite, en couleur assez forte, rectangulaire — il présentait lui-même un projet d'ambassade à cette exposition — et il m'avait dit : « J'aimerais beaucoup avoir cela chez moi. » J'ai donc mis chez lui cette chose qui n'était pas du tout appropriée, mais quand même cela constituait une attaque, une présence.

À la suite de cela, des contacts se sont établis avec des amis architectes, et je crois que c'est à ce moment-là que le problème de la couleur sur les murs a pris naissance. Cela a servi de transition pour le client effaré devant les murs nus et qui disait : C'est un hôpital !

Puisqu'on s'adressait à moi, j'ai pensé qu'il fallait réaliser cela au mieux, et j'ai trouvé un mot pour appeler cela : création d'un nouvel espace. Il est certain que, si, sur un mur de fond dont vous coupez un tiers, vous mettez sur ce tiers une couleur différente des deux autres tiers, le rapport visuel comme distance entre vous et le mur disparaît. Vous créez une autre distance qui peut être différente si une partie du mur est jaune et l'autre bleue, par exemple. Le jaune recule et le bleu avance.

C'est une sorte de loi : les couleurs avancent ou reculent, au point de vue sensoriel. Naturellement, si vous détruisez la surface habitable, ce que j'appelle : le rectangle habitable, vous en faites un autre rectangle, qui est sans limite physique et non mesurable.

Si, dans le même temps, vous faites un arrangement antisymétrique des meubles, par exemple, si, au lieu de mettre la cheminée absolument dans l'axe du mur, vous la portez un peu à droite ou un peu à gauche, et qu'à gauche vous ayez un meuble important et à droite un meuble plus petit — bref, le renversement de l'arrangement éternel de nos grands-mères —, vous créez une révolution totale dans l'habitation.

Mais elle est dure à faire. Je me souviens qu'elle a été pour moi l'occasion d'une sorte de jeu avec une bonne, car chaque fois que je rentrais et que je regardais ma cheminée, par exemple — où j'avais présenté des objets avec le plus grand à droite, au milieu un plus petit, et à gauche une autre dimension —, j'étais sûr en rentrant de trouver tout dans un ordre symétrique, le plus grand au milieu : c'était une fille traditionnelle.

Cette tradition est lourde, pesante. La grande révolution c'est cela, le nouvel espace c'est cela : ne plus mettre la pendule au milieu et les potiches en candélabres de chaque côté.

Voilà où nous en étions au départ, cela se passait il y a une vingtaine d'années. Maintenant les temps ont marché, et la distribution de la couleur dans le monde est quelque chose d'inimaginable. Les rues, les campagnes, ces paysages impressionnistes, si mélodieux et si gentils, ont vu tout d'un coup apparaître «Dubonnet» : la mélodie était «foutue». Il n'y a pas d'autre mot, elle est «foutue» par ces affiches, par ces hautes tensions qui coupent les nuages, qui coupent les arbres. Nous sommes dans un paysage absolument contrasté, qui est notre nouvelle époque.

Nous sommes donc devant un événement énorme. Je crois que jamais — même au Moyen Âge, si nous admettons que les pierres étaient polychromes, — le monde n'a été aussi coloré qu'il l'est actuellement. Cela devient anarchique. Les murs : il n'y en a plus, tout saute, tout est détruit.

Me rendre responsable de cela? Je n'en sais rien. Des critiques d'art ont dit : La société de protection des paysages va condamner Léger un de ces jours, car c'est lui le coupable de tout ce déchaînement de couleur. Mais je n'y suis pour rien. Évidemment, j'ai des couleurs très fortes dans mes tableaux, et j'ai chez moi des élèves qui gagnent leur vie en lançant des affiches et des vitrines. Or, jamais de ma vie je n'ai fait d'affiche ni de vitrine. Je ne savais pas que dans la rue j'étais chez moi !

Que voulez-vous, il n'y a rien à faire à la publicité : elle a tout de suite sauté sur la couleur pure et s'en est servi commercialement. Nous sommes devant une situation telle que moi-même j'en suis à me demander s'il ne devrait pas y avoir une espèce d'ordre. Dans le métro il y a un ordre, mais sur les murs il n'y en a pas. C'est un désordre comme dans toutes les révolutions qui commencent. Le temps est venu d'essayer d'ordonner cette anarchie, je crois.

Je reviens à la collaboration avec les architectes. C'est le grand problème, parce que, sortant de l'anarchie extérieure, nous sommes à l'heure actuelle devant une demande d'ordre coloré intérieur. Pendant toute la période «École 1830», «École impressionniste», le tableau de chevalet règne entièrement sur le monde. Puis il y a une espèce de stagnation, et tout de suite après nous sommes en pleine possibilité de travail entre les architectes et les peintres. Cela a commencé vers 1925. Je crois que le moment est venu d'examiner très sérieusement ces faits modernes, parce qu'il faut tout de même que tout soit fait harmonieusement, avec des rapports justes, que la volonté de l'architecte ne soit pas diminuée, et que l'on tienne compte de son désir de destruction du mur ou simplement de son désir d'accompagnement du mur. Nous sommes dans une époque très intéressante. Je ne veux pas dire, comme certains le disent, que je considère cela comme une expérience : c'est un fait plastique très important.

Pour moi, l'application de l'art abstrait me convient absolument pour les grands décors muraux. J'en ai discuté, par exemple, pour l'O.N.U. M. Harrison m'a dit : « Nous voudrions une décoration de vous pour l'O.N.U. à New York. » Il est venu me voir avec sa maquette, et nous avons discuté de tableaux plus ou moins représentatifs et de tableaux abstraits. Nous nous sommes entendus sur une chose abstraite, et j'ai fait deux grands panneaux de 10 mètres sur 10 pour l'O.N.U.; c'est la dernière chose importante que j'aie créée ; mais c'est ce qu'il fallait faire [3].

Je crois que, si l'on veut créer un espace en architecture, il faut rester dans cette donnée de distribution de la couleur. Nous sommes vraiment là en camaraderie avec l'architecture. On ne doit pas prendre l'architecture comme un dispositif pour accrocher des tableaux : c'est l'erreur ancienne. Il faut établir un état de collaboration.

Voilà la position que je considère comme juste. Je sais qu'elle est très controversée et que même la plupart des peintres abstraits que je connais disent : « Mais pas du tout, nous, nous faisons des tableaux de chevalet. »

Ça les regarde, moi je continue mon tableau de chevalet avec des objets, et je conçois de plus en plus l'accompagnement mural avec l'abstrait, et toujours en liaison étroite avec l'architecte, qui a son idée à lui, et il s'agit de faire coïncider nos deux idées. Cette tendance nous fait arriver au même résultat que l'architecture qui se libère, qui devient lumineuse et claire.

Je peux vous donner l'exemple à Rotterdam d'une vieille usine qui a été refaite extrêmement lumineuse et claire. Nous arrivons ici dans le domaine de l'influence psychologique de la couleur et de la lumière sur les individus. En effet, les ouvriers, sans qu'on leur dise la moindre chose, sont, en travaillant dans cette usine refaite, devenus plus soignés; on m'a même certifié qu'ils parlaient plus, qu'il y avait plus de gaieté. Influence très nette sur le moral de l'individu produite par des murs de couleur et des murs propres.

Même exemple en Finlande. Il y a une dizaine d'années, l'architecte Aalto avait des commandes importantes, et je suis allé passer deux mois là-bas avec lui, où il a fait des appartements modernes pour ingénieurs et pour ouvriers. Il a conçu le problème des murs de couleur. Que s'est-il passé quand les uns et les autres sont arrivés entre ces murs de couleur ? Eh bien, Messieurs les ingénieurs ont mis des perroquets, du papier sur les murs, tandis que les ouvriers n'ont touché à rien (il est vrai qu'ils n'ont peut-être pas osé). Et l'influence lumière-couleur a agi sur eux, sur leur tenue, qui est devenue plus soignée. Aalto était enthousiaste et il m'a dit : « Tout de même, le peuple n'est pas mal ! »

Voilà donc deux cas d'observation de changement dans la tenue des hommes, et même psychologiquement cela va assez loin. À ce propos, je peux vous raconter une histoire de médecine concernant la cure par la couleur.

Il y a 5 ou 6 ans, j'avais fait à Lyon une conférence, et après, bien qu'elle ait duré assez longtemps, une bande de jeunes gens me saute dessus.

Je me suis dit : Ce doit être des peintres lyonnais. Pas du tout; c'était des étudiants en médecine. Ils m'ont dit : « Nous avons remarqué dans une revue que vous parliez de la cure par la couleur, cela nous intéresse. » Et j'ai passé la nuit à discuter avec ces gamins. Ils m'ont proposé de faire une expérience : mettre pendant huit jours un demi-fou, un super-nerveux dans une pièce rouge avec lumière mobile. Il deviendra complètement fou, m'ont-ils dit. J'ai répondu : Ce n'est pas la peine, c'est plutôt le contraire qu'il faut faire.

C'est tout ce que j'avais à vous dire sur l'importance de la couleur dans le monde. Cette importance dépasse même les limites concevables.

Les Spartakiades[1]
(1955)

Beaucoup de gens, d'amis m'avaient dit : Léger, il faut voir les Spartakiades, c'est pour vous. Alors j'en arrive. Je suis encore sous le coup de cette manifestation grandiose, de l'énormité de cette réalisation classique. Je dis classique car c'est un événement ordonné, compris et senti par tout un pays, tout un peuple qui en est l'acteur.

Le défilé de la matinée, d'une durée de quatre heures, était déjà une réalisation populaire collective hors des dimensions habituelles.

Ces quatre heures-là, je m'en rappellerai aussi. 100 000 Tchèques, peut-être 150 000, hommes et femmes, défilent rapidement, sans effort. Des kilomètres de cuisses, de pieds, de bras levés, de figures blondes — la République tchécoslovaque est blonde — souriantes dans le soleil. Des mains qui tiennent des drapeaux, des fleurs, des étendards contrastent violemment avec la marche de cette collectivité consciente.

Les costumes éclatants des diverses provinces sont tous là. C'est de l'histoire en marche[2].

L'émouvante apparition des groupes sportifs de toutes les usines, des blocs bleu foncé en tenue de travail tenant au-dessus de leur tête des outils, des pièces détachées représentant leur production en cours. Par moments, liés au rythme de la marche, des slogans précis et nets, fortement accentués, véritables « chœurs parlés », nous arrivent en pleine figure. Ce sont des vérités simples et claires, ce qu'ils ont fait, ce qu'ils feront, ce qu'ils espèrent. Tout cela en mouvement sur leur sol, leur terre pour laquelle ils ont tant combattu, où ils ont tout nettoyé, redressé. Ils y sont debout maintenant, c'est leur œuvre, ils vous le font savoir.

Regardez-les bien, ce sont des hommes et des femmes confiants en leur avenir. Tout le pays est là. Vous y voyez des hommes et des femmes âgés, très à leur place, ils n'ont plus d'âge, croyez-moi, ils sont jeunes à ce moment-là et c'est profondément émouvant. Je vous dis qu'ils sont tous là. Les groupes sportifs militaires en short, les corps bronzés sculpturaux terminent cette affirmation de vie et d'espoir.

À travers les foules qui débordent des trottoirs pleins d'enfants magnifiques, forts, ronds et rieurs, on passe pour aller plus haut dans la ville, toujours plus haut, vers le stadium où 20 000 sportifs nous attendent. 20 000 hommes et femmes en action.

Ici, c'est tout autre chose, une géométrie massive s'impose, des courbes, des rectangles, des cercles, des losanges, des carrés s'opposent et évoluent dans un ordre contrasté, ordre nouveau. Au départ c'est abstrait. Géométrie élastique dont le soleil est le chef d'orchestre. Le plus surprenant pour un peintre, c'est l'action, pourtant très simple, des corps qui se baissent, se relèvent; mais les dos sont rouges, les poitrines blanches, les jambes jaunes. Tout cela va devenir une énorme mélodie colorée, nuancée, évoluant doucement et à laquelle on ne pouvait s'attendre. Cela glisse, s'éloigne, se rapproche dans une volonté géométrique jamais rompue. C'est de l'eau dans la lumière, de la brume par moments, brume colorée qui monte, descend, disparaît sans laisser de trace. Cela jamais vu, jamais cru possible. Cela ondule à l'infini, se regroupe, s'arrête, repart, toujours dans un ordre incroyable, à la seconde, au millième de seconde. Seule la grande parade des sports de Moscou peut tenir la comparaison.

Ces deux grands événements fixent les valeurs nouvelles d'un monde moderne, dans leur ordre, leur discipline accentuée avec bonne humeur, avec joie, par ces milliers d'hommes et de femmes libres; c'est un grand événement.

Cette collectivité si réalisée, au point de vue économique, politique ou social, a pu, en dehors des nécessités journalières, mettre encore debout ce spectacle le plus gigantesque qu'il soit possible de voir au monde.

Le problème de la liberté en art[1]
(non daté)

Le problème de la liberté en art est on ne peut plus d'actualité. Si l'on veut bien admettre que l'art abstrait, qui est l'expression ultime de cette liberté, soit arrivé à son point culminant, à un point où tout ce qui était possible de réaliser dans l'évasion plastique soit réalisé, où l'objet même qui soit la valeur de remplacement du sujet pour les maîtres du cubisme, cet objet-là lui-même s'envole. Nous nous trouvons donc devant un art pour l'art cent pour cent.

Cette position de libération qui était nécessaire, comme le néo-impressionnisme le fut pour l'impressionnisme, est étale. La réaction et la possibilité de continuité créative devant l'abstrait ont l'air de se développer par un retour au sujet. Cela me paraît assez naturel.

Cet art abstrait n'est pas pour cela diminué ou rejeté, mais il doit devenir à son tour expression collective architecturale, surtout comme furent les tableaux des grands primitifs[2].

La peinture murale, qui fut une des expressions plastiques les plus riches des temps anciens (fresque-mosaïque), doit se continuer dans des accompagnements picturaux dans lesquels l'art abstrait a une place importante à prendre. Le retour au sujet, au lieu de détruire l'abstrait, doit sur les murs de l'avenir s'associer et créer le plus grand événement mural des temps modernes.

La liberté de disposition des lignes, formes et couleurs permet de résoudre le problème architectural des couleurs d'accompagnement ou de destruction. Un dispositif mélodieux «accompagne le mur», un dispositif contrasté détruit le mur. Ce sont les nécessités architecturales modernes.

L'effort des peintres actuels étant arrivé à rendre libre la couleur, — la forme, le dessin nous offrent des possibilités très nouvelles d'applications plastiques. Le «nouveau sujet» trouve sa place moyenne dans cet ordre nouveau, une place, je crois, première où la continuité des trouvailles intenses du tableau de chevalet ne doit pas être abandonnée — au contraire.

De nouveaux sujets, envisagés avec l'apport de libertés que les recherches précédentes ont imposées, doivent sortir et s'établir sans aucune relation avec le sujet ancien, même les meilleurs soient-ils.

Il y a un primitivisme moderne dans la vie intense qui nous entoure.

Les événements visuels, décoratifs, sociaux, n'ont jamais été aussi intenses, aussi receleurs de documents plastiques nouveaux. Les créations scientifiques actuelles nous ouvrent un champ illimité de formes plastiques inconnues. Le cinéma nous a mis devant le fragment humain, le gros plan émouvant d'une main, d'un œil, d'une figure.

Le peintre contemporain doit déceler ses documents dans tout cela. Un fragment grossi cent fois nous impose un *nouveau réalisme* qui doit être le point de départ d'une évolution plastique moderne. Le paysage classique est révolutionné, transformé par ces pylônes métalliques qui trouvent leur contraste naturel par les nuages, par les affiches.

Toute cette publicité hurlante et bruyante ne peut être rejetée sous prétexte de « protection de paysage ». Mais où commence le paysage ? Dès qu'une maison apparaît, un poteau télégraphique, il n'y a plus de paysage naturel. Alors ?

La vie moderne est tellement différente, autre que celle d'il y a cent ans, que l'art actuel doit en être l'expression totale.

Peinture moderne[1]
(non daté)

Ce qui séduit l'amateur éclairé et ce qui choque le public non averti, c'est la liberté de composition qui se manifeste dans le tableau moderne. Cette liberté de composition tient à ce que le sujet, cette armature vieille de quelques siècles, nous l'avons traité sans aucun respect. L'École des Beaux-Arts, les Académiciens, l'Institut sont installés sur le sujet et sur la représentation le plus près possible de ce qu'ils appellent la réalité, sur l'imitation et la copie, si possible, de la nature.

La peinture moderne, au contraire, rejette le sujet et compose sans tenir compte des proportions naturelles. Là réside la révolution actuelle.

Ce sont les impressionnistes qui ont commencé. En 1860, même en 1850, ces grands artistes n'ont voulu voir dans les objets que des rapports de couleurs. Pour Renoir, pour Cézanne, une pomme verte sur un tapis rouge n'était qu'un rapport coloré d'un vert à un rouge. Cela n'a l'air de rien, mais ce petit fait était un commencement de révolution picturale.

Ce que l'on appelle les modernes, les fauves, les cubistes, les surréalistes n'ont fait que développer et accentuer la libération.

Tout s'enchaîne, c'est l'impressionnisme qui a permis le fauvisme, etc.

Ne croyez donc pas que toutes ces écoles différentes se détruisent. Au contraire, je le répète, elles s'enchaînent, mais il y a à l'intérieur une réaction l'une contre l'autre. Je dis à l'intérieur, car la vie est faite de contrastes — et si le cubisme sévère de 1910 succède aux couleurs débordantes du fauvisme, c'est tout naturel.

Au XVIIIe siècle trop raffiné de Watteau et Fragonard succède David, sec et exact. Le pointillisme de Signac et Seurat c'était la fin de l'impressionnisme. Il fallait réagir; le cubisme gris, noir et blanc est arrivé en contraste. Mais malgré ces réactions profondes, il y a une tradition qui relie toute cette chaîne française.

Vous voyez donc la vie plastique qui se déroule tout le long des siècles avec des réactions sensibles les uns sur les autres.

Cette fameuse question du sujet, de l'imitation de la nature domine toute la question plastique et crée l'inquiétude des gens non initiés. C'est la Renaissance italienne qui, en s'approchant le plus près de cette imitation, a créé la confusion.

Le fait de bien imiter un muscle comme Michel-Ange ou une figure comme Raphaël ne crée pas un progrès ni une hiérarchie en art. Ce n'est pas parce que ces artistes du XVIe siècle ont imité les formes humaines qu'ils sont supérieurs aux Hautes Époques égyptienne, chaldéenne, indochinoise, romane, gothique qui, elles, interprétaient la forme, la stylisaient, mais ne l'imitaient pas.

Au contraire, l'art consiste à inventer et non à copier. La Renaissance italienne est une époque de décadence artistique. Ces gens dépourvus de l'invention de leurs prédécesseurs ont cru être plus forts en imitant — c'est faux. L'art doit être libre dans son invention, il doit nous enlever à la réalité trop présente. Que cela soit poésie ou peinture, c'est là le but.

La vie plastique, le tableau est fait de rapports harmonieux de volumes, de lignes, de couleurs. Ce sont ces trois forces qui doivent régir l'œuvre d'art. Si, en harmonisant ces trois éléments essentiels, il se trouve que des objets, des éléments de réalité peuvent entrer dans la composition, c'est peut-être mieux et cela donne plus de richesse. Mais ils sont subordonnés aux trois éléments essentiels cités plus haut.

Donc l'œuvre moderne part exactement du point de vue opposé à l'œuvre académique.

L'œuvre académique met en avant le sujet et en second plan les mérites picturaux, s'il y a lieu.

Nous autres, c'est le contraire. Toute toile, même non représentative, qui procède des rapports harmonieux des trois forces : couleur, valeur, dessin, est œuvre d'art.

Je le répète, si l'objet peut s'y inscrire sans briser l'armature conditionnelle, la toile l'enrichit.

Quelquefois, ces rapports ne sont que décoratifs lorsqu'ils sont abstraits. Mais si des *objets* entrent dans la composition — objets libres qui ont une valeur plastique réelle — on obtient des tableaux qui ont autant de variété, de profondeur qu'avec un sujet d'imitation.

* Je le répète il faut absolument s'ôter de l'esprit que les peintres sont condamnés à copier les formes de la nature quand les musiciens, par exemple, ne le font pas.

Nous avons autant droit que ces derniers à inventer librement et à créer des harmonies nouvelles en dehors des canons et des conventions de la Renaissance italienne et de l'École des Beaux-Arts.

Naturellement cela ne s'acquiert pas en un jour ; le collectionneur, l'amateur doit se libérer l'esprit comme le créateur du tableau qui lui plaît, alors ils peuvent le comprendre. Cela je le reconnais n'est pas donné à tout le monde mais il n'a jamais été question que l'art pictural, comme les autres, plaise à tout le monde. Les Sciences et les Arts sont appréciés d'une élite — les arts mineurs décoratifs vont au grand nombre.

Par exemple, les tapis géométriques que j'ai réalisés pour la maison Myrbor en 24, on les trouve actuellement démarqués et vulgarisés Faubourg Saint-Antoine ; cela ne veut pas dire que le contremaître d'usine ou l'épicier du coin, qui se paie un tapis genre moderne, a à son mur des tableaux modernes, pas du tout il a des chromos.

Ici se place une question troublante : pourquoi l'homme qui a sur son parquet un tapis moderne n'a-t-il pas sur son mur un tableau moderne ? Je crois qu'une des raisons à ce curieux problème est la suivante : c'est qu'il y a une tradition très lourde qui veut que le tableau ait un sujet et soit représentatif. Il y a beaucoup moins dans le décoratif.

Là aussi se pose un autre problème, c'est qu'est-ce qui distingue l'œuvre d'art de l'objet décoratif ? Souvent les gens confondent les deux. Il y a de nombreux peintres dont les tableaux ne sont que « décoratifs ». Le goût décoratif est bien développé en France c'est ce qui s'appelle le goût français. Dans les objets mêmes qui paraissent les moins aptes à cela il y a une intrusion décorative. Les boucheries modernes, par exemple, avec leurs gigots en série décorés comme des militaires en parade ; les pharmacies ont elles aussi trouvé leur art de la vitrine ; nous sommes à l'avènement de l'objet, chaque commerce met en valeur l'objet qu'il veut vendre. Cet objet il l'isole, le présente sous son meilleur éclairage.

La vie moderne c'est la victoire de l'objet manufacturé. Cette présentation qui nous entoure journellement dans les rues influence le goût public. De là à des décorations plastiques qui se font journellement. Le tableau n'a rien à voir avec cela. Il doit être infiniment plus multiple et plus varié, il doit contenir ce que le décoratif n'a pas. Il peut avoir une valeur décorative mais être plastique en plus. Vous définir les raisons exactes qui font la différence, c'est impossible. Si on le pouvait, alors on expliquerait l'art, on le disséquerait et cela serait la fin de l'illusion.

C'est à vous, gens cultivés et aptes à aimer les belles choses, à faire la distinction. Vous devez sentir où finit la qualité plastique et où commence le « décoratif » et surtout ne pas juger un tableau du même œil que le chapeau ou la robe de votre femme.

C'est un apprentissage long et semé d'erreurs qui sont instructives.

Il y a des tableaux qui, achetés sur emballement, sont décevants accrochés au mur. Il faut avoir résisté à la première impression et attendre de l'acclimater.

Souvent le Beau est peu séduisant, il est anti-décoratif. Il ne se livre que lentement, quelquefois par opposition avec d'autres tableaux qui vous satisferaient pleinement; lentement à leur voisinage la classe supérieure de la belle toile se dégage.

Vous y devenez sensible — vous l'appréciez enfin.

Tout cela c'est hasardeux, difficile, chanceux aussi. Il faut savoir risquer et bien se mettre dans la tête que Beau et agréable cela souvent font deux*.

NOTES

Présentation

1. Fernand Léger, *Fonctions de la peinture*, textes classés thématiquement et préfacés par Roger Garaudy, Paris, Éditions Denoël-Gonthier, Médiations, 1965.
2. *Functions of Paintings* by Fernand Léger, édition Edward Fry, préface George L. K. Morris, New York, Viking Press, 1973.
3. Marie Wassilieff (1884-1957) fut peintre, sculpteur, décorateur de théâtre. Formée dans le milieu artistique de Saint-Pétersbourg ouvert aux influences occidentales, elle fut, à son arrivée à Paris en 1909, l'élève d'Henri Matisse. Elle fonde une école de peinture que fréquentent rapidement George Braque, Pablo Picasso, Juan Gris, Éric Satie, Blaise Cendrars. D'abord ambulancière dans la Croix-Rouge durant la Première Guerre mondiale, sa générosité contribue à aider ses amis artistes en difficulté. Après la guerre elle travaille pour Paul Poiret et réalise de nombreux décors pour le Théâtre des Champs-Élysées. Elle a laissé de ses amis, Rolf de Maré, Henri Matisse, André Derain, Jean Cocteau, de nombreux portraits. À la fin de sa vie, elle renoue avec un art religieux proche de celui des icônes.
4. *Les origines de la peinture contemporaine et sa valeur représentative*, p. 25.
5. *Les réalisations picturales actuelles*, p. 48.

6. Fernand Léger, *Une correspondance de guerre à Louis Poughon, 1914-1918*. Édité par Christian Derouet, Paris, Les Cahiers du musée national d'Art moderne, Centre Georges-Pompidou, 1990.

7. Cf. p. 61, *sqq.*, 87 *sqq.*, 103 *sqq.*

8. *L'esthétique de la machine, l'ordre géométrique et le vrai*, p. 108.

9. *Les Mariés de la tour Eiffel* furent créés à Paris au Théâtre des Champs-Élysées le 18 juin 1921 par les Ballets suédois. Le spectacle, conçu par Jean Cocteau, réunissait Germaine Tailleferre, Georges Auric, Arthur Honegger, Darius Milhaud, Francis Poulenc pour la musique, Jean Börlin pour la chorégraphie ; Jean Hugo réalisa les costumes et les masques et D.E. Inghelbrecht dirigea l'orchestre du théâtre. Ce fut une réussite incontestable, qui marqua le théâtre d'avant-garde. Cocteau lui-même considérait *Les Mariés* comme une des pièces les plus importantes de son œuvre. L'improvisation apparente, la bouffonnerie des situations servent une invention constante, poétique et grave présente dans le texte, la musique, la chorégraphie. Le public fit un triomphe au spectacle.

10. Rolf de Maré, *Les Ballets suédois*, Trianon, 1932.

11. *La Création du monde*, argument de Blaise Cendrars, musique de Darius Milhaud, décors et costumes de Fernand Léger, chorégraphie de Jean Börlin, première représentation le 23 octobre 1923 au Théâtre des Champs-Élysées.

12. *Ballet mécanique*. Réalisation et production Fernand Léger, musique George Antheil, participation Dudley Murphy, première présentation au public, à Vienne, octobre 1924.

13. *Le ballet-spectacle, l'objet-spectacle*, p. 69.

14. *Le spectacle, lumière, couleur, image mobile, objet-spectacle*, p. 111.

15. « *La Roue* », *sa valeur plastique* (réédité sous le titre *Essai critique sur la valeur du film d'Abel Gance « La Roue »*), p. 55.

16. *Autour du « Ballet mécanique »*, p. 135.

17. *À propos du cinéma*, p. 163.
18. Dit aussi *Discours aux architectes*.
19. *L'œil du peintre*, p. 238.

*Les origines de la peinture contemporaine
et sa valeur représentative*

1. Notes réunies pour une conférence donnée à l'Académie d'art Marie Wassilieff, le 5 mai 1913, parues dans *Montjoie!* I, n° 8, Paris, 29 mai 1913, p. 7, et n°ˢ 9-10, Paris, 14-19 juin 1913, p. 9-10. Traduites en allemand dans *Der Sturm*, IV, n°ˢ 172-173, Berlin, août 1913, p. 76-78, in *Fonctions de la peinture*, Paris, Gonthier, Médiations, 1965, p. 11-19, sous le titre *Les origines de la peinture contemporaine et sa valeur représentative*.

Entre 1911 et 1914, Fernand Léger vit une période d'intense expérimentation plastique. Fasciné par l'œuvre de Cézanne, tout en étant également séduit par celle du Douanier Rousseau et celle de Brancusi, Léger élabore un style propre, fait tout d'abord d'un cubisme adouci, «tubiste» selon le mot du critique Louis Vauxcelles. Il va ainsi construire son propre langage pictural, riche d'une recherche formelle inventive, en même temps qu'il s'essaie à sa formulation théorique.

Cette première conférence donnée à l'Académie Marie Wassilieff — 21 rue du Maine — peut être considérée comme un essai de théorisation de la pratique picturale. Léger énonce, au cours d'une approche qui ne renonce pas à l'historicité, les principes essentiels de son esthétique, que viendra compléter la seconde conférence, donnée toujours à l'Académie Marie Wassilieff, un an plus tard, en 1914. Le concept de *réalisme pictural* lié à l'ordonnance simultanée des lignes, des formes et des couleurs est ici, pour la première fois, défini.

Le texte paraîtra dans la revue *Montjoie!* animée par Ricciotto Canudo, dont il fréquente les soirées artistiques et littéraires. À la publication Léger joint une illustration, *Étude de dynamisme linéaire*, qui sera qualifiée de plagiat par Carlo Carrà.

2. La fonction imitative de la peinture, violemment contestée, est un thème de débat général dans les milieux artistiques et littéraires de l'époque. Cf. Giovanni Lista, *La poétique du cubo-futurisme chez Fernand Léger* dans *Fernand Léger*, 3 mars-17 juin 1990, Mazzotta, éd. Milano, 1990, catalogue de l'exposition Fernand Léger, Villeneuve-d'Ascq, 1990, p. 29-44.

Tout comme Delaunay ou Kandinsky, engagés dans l'élaboration d'un art qui ne devrait plus rien au sujet, Léger s'emploie à dissocier la nature formelle de la peinture de sa fonction représentative. De cette dissociation naît le concept de *réalisme pictural*.

3. Fernand Léger emploie à dessein ce terme, récurrent dans tous ses textes, qu'il associera plus tard à une réflexion sur l'objet. (Cf., p. 187, *Un nouveau réalisme, la couleur pure et l'objet*, dans *Fonctions de la peinture*, 1965, *op. cit.*, p. 85-98; p. 195, *Le nouveau réalisme continue, idem*, p. 175-179). Il fonde le principe essentiel de son esthétique qui unit réalité de la peinture, comprise comme un être-soi, et peinture de la réalité comprise comme pure valeur plastique.

Le débat sur le réalisme en peinture est d'ailleurs un débat classique qui avait opposé à la fin du XIXe siècle Gauguin aux héritiers de Courbet.

4. L'axiome qui est exprimé ici régit la série des œuvres élaborées entre 1913 et 1914, intitulées *Contrastes de formes*, compositions à caractère vigoureusement non descriptif, reposant sur une opposition — un contraste — de forme et de valeurs. Le réalisme en peinture est donc l'ordonnancement antithétique et cependant équilibré des trois principales composantes plastiques, les formes, les lignes et les couleurs qui constitueront le vocabulaire même du peintre. Peu avant sa mobilisation en août 1914, Léger retrouve une peinture moins abstraite en réintroduisant

des motifs comme la maison, l'escalier, la figure humaine, qu'il traite cependant par le système des «contrastes de formes». Il semble alors revenir à certains genres traditionnels en peinture, le portrait, la nature morte ou le paysage.

5. Une approche historique est ici amorcée, par laquelle Léger va tenter de définir l'art moderne comme une force radicalement innovante, voire révolutionnaire. Les impressionnistes apparaissent dès lors comme les fondateurs d'une nouvelle histoire de la peinture qui s'écrit dans un présent renouvelé et s'insère désormais dans les structures sociales contemporaines.

6. Le terme est souvent utilisé par Léger à la fois dans son acception chronologique et comme jugement de valeur. Dans son analyse de l'histoire de la peinture, Léger n'a cessé de pourfendre la Renaissance qui, en introduisant la perspective, a détruit, selon lui, le grand art médiéval.

7. *Réalisme visuel* et *réalisme de conception* articulent les deux grandes périodes de l'histoire de la peinture selon Léger. Le *réalisme visuel* qualifie toute la peinture ancienne, préimpressionniste; le *réalisme de conception* qualifie la peinture «moderne», celle qui se développe depuis les impressionnistes, et que l'avant-garde, et Léger lui-même, met en œuvre. Le *réalisme visuel* consiste à imiter une réalité extérieure à la peinture, laquelle s'attache alors à un *sujet*. Le *réalisme de conception* renvoie à une réalité picturale spécifique, qui est organisée par les trois composantes essentielles, formes, lignes, couleurs.

8. Même s'il le qualifie, comme Manet, de «peintre de transition», Cézanne reste pour Léger la référence absolue. La rétrospective Cézanne, dans le cadre du Salon d'Automne de 1907, a joué un rôle déterminant dans les recherches de Braque et Picasso, initiant le cubisme. Elle avait fasciné Léger, qui en médite la leçon, en particulier dans *La Femme en bleu* (H/T. Bâle, Öffentliche Kunstsammlung Kunstmuseum), œuvre exposée au Salon d'Automne de 1912. Cf. Katharina Schmidt, *La Femme en bleu*,

p. 37-43, in *Fernand Léger, le rythme de la vie moderne, 1911-1914*, Paris, Flammarion, 1994, version française du catalogue de l'exposition Fernand Léger, 1911-1924, Der Rythmus des modernen Lebens, Wolfsburg Kunstmuseum 19 mai-14 août 1994; Bâle, Kunstmuseum, 11 septembre-25 novembre 1994.

9. Émile Bernard (1868-1941) fut auprès de Gauguin le théoricien de l'École de Pont-Aven. Peintre lui-même, son œuvre s'éloigne, après le départ de Gauguin pour Tahiti, en 1891, des principes «synthétistes» qu'il avait formulés, et se rapproche des orientations mystiques des Nabis. En 1902, il publie *Réflexions d'un témoin de la décadence du Beau*. On lui doit surtout la publication, en 1907, des lettres de Cézanne.

10. Pour Léger la peinture témoigne du monde dont elle est contemporaine. Dès 1912, le spectacle de la vie urbaine, profondément modifiée par l'ère machiniste qui s'annonce, fascine le peintre. L'expérience violente de la guerre lui fait plus tard prendre conscience de la véritable fonction sociale de la peinture. Le rapport de l'homme et de la ville — tantôt paisible, tantôt conflictuel — est illustré par la série des œuvres des années vingt (*La Ville*, 1919, Philadelphie, Museum of Art; *Les Hommes dans la ville*, 1919, coll. Peggy Guggenheim, Venise; *Le Typographe*, 1919, Philadelphie, Museum of Art; *Les Trois Camarades*, 1920, Amsterdam, Stedelijk Museum; *Le Pont du remorqueur*, 1920, Paris, Musée national d'Art moderne, Centre Georges-Pompidou; *Le Grand Remorqueur*, 1923, Biot, Musée national Fernand Léger).

11. Léger emploiera souvent cet exemple; l'évolution historique des styles s'explique, selon lui, par la succession de mouvements qui réagissent toujours en termes d'opposition à ceux qui les ont immédiatement précédés.

12. Allusion aux recherches plastiques des impressionnistes et plus particulièrement à celles des post-impressionnistes, dont les Fauves sont pour une part héritiers.

13. L'impressionnisme introduit, selon Léger, une rup-

ture radicale dans l'histoire même de la peinture. C'est en quoi il peut être considéré comme fondateur de la modernité. Une nouvelle histoire de la peinture se dessine alors dans la discontinuité et le fugitif.

14. Les contrastes picturaux restent l'élément essentiel de l'organisation de l'espace pictural. La construction du tableau repose sur cette notion de contraste. La richesse formelle, la dynamique de l'œuvre dépendent de cette loi du contraste simultané. Cf. Gottfried Boehm, *L'Artiste comme Homo Faber, notes sur la modernité chez Léger*, in *Fernand Léger, le rythme de la vie moderne, 1911-1914, op. cit.*, p. 29-35.

15. *Le Figaro* du 20 février 1909 publie le manifeste de Marinetti ; le *Manifeste des Peintres futuristes* paraît dans la revue *Comoedia* du 18 mai 1910. L'ouvrage de Marinetti *Le Futurisme* paraît à Paris en août 1911. Le futurisme est au centre d'un débat théorique qui agite alors l'avant-garde parisienne. En 1912, la Galerie Bernheim Jeune organise une exposition des futuristes italiens dont toute la presse se fait l'écho. Cubistes et futuristes s'affrontent en une polémique aux accents nationalistes. À l'article de Boccioni, «Les Futuristes plagiés en France», paru en 1913, qui revendique pour le futurisme l'invention de la modernité, Léger réplique par ce premier texte que publie *Montjoie*. Cf. Giovanni Lista, *op. cit.*, p. 29-44.

16. Dès 1913 Léger tend à associer art et société. Son amitié avec Le Corbusier enrichira plus tard sa réflexion personnelle sur la nécessité d'accorder peinture et architecture en une œuvre collective mise au service des masses. En 1933, dans un contexte historique marqué par la montée du fascisme en Europe, Léger prononce un discours déterminant au Kunsthaus de Zurich, *Le mur, l'architecte, le peintre* dans lequel il définit nettement le rôle social de l'artiste. Cf., p. 171 ; in *Fonctions*, 1965, p. 113-122.

17. La vitesse, que Léger perçoit dans la pulsation des machines, la fragmentation de la perception visuelle qu'apportent les techniques du cinématographe, caractérisent la vie moderne : l'artiste a une conscience aiguë de la déter-

mination technologique sur la pratique picturale. Cf., p. 111, *Le spectacle, lumière, couleur, image mobile, objet-spectacle*, 1924 ; p. 205, *Couleur dans le monde*, 1937.

18. Le Salon des Artistes français est fondé en 1881 par la Société nationale des Artistes français. Son organisation lui confère un caractère corporatiste. Le Salon défendra d'ailleurs les valeurs académiques.

19. La photographie en couleurs est connue dès 1859, par les travaux de James Maxwell ; mais elle n'est rendue véritablement possible qu'à partir de 1869, par ceux de Charles Cros et Louis Ducos de Hauron.

20. Peintres académiques, Édouard Detaille, président de la Société des Artistes français, et Jean-Paul Laurens illustrent le propos de Léger, le premier par ses célèbres scènes de batailles, le second par des scènes historiques aux effets dramatiques. Les catégories traditionnelles de la représentation picturale vont, en effet, éclater. Léger l'a compris qui appuiera sa propre conception du cadrage et du motif fragmenté sur la pratique photographique et surtout cinématographique.

21. La conception de Léger évoluera. Dans les années trente, les commandes qu'il reçoit de compositions murales l'amènent à une réflexion sur les rapports entre peinture et architecture qui lui semblent de plus en plus nécessaires. La théorie d'un grand art mural intégrant peinture et architecture se conforte alors de l'expérience américaine. Dès la Seconde Guerre mondiale, puis à son retour en France, Léger s'emploie à mettre en œuvre un art collectif au service de tous. Cf., *infra*, les textes p. 239, p. 257 et p. 289.

Les réalisations picturales actuelles

1. Notes pour une conférence donnée à l'Académie Marie Wassilieff, le 9 mai 1914, parues dans *Les Soirées de Paris*, III, n° 25, Paris, 15 juin 1914, p. 349-356 ; in *Fonctions de la peinture*, 1965, *op. cit.*, p. 20-29.

2. La révolution technologique, qui affecte et transforme le monde, a nécessairement pour conséquence un bouleversement des modes de production artistique, comme elle a bouleversé les modes de production matérielle. Le travail plastique, selon Léger, trouve dès lors une légitimité nouvelle dans la recherche d'une adéquation entre moyens picturaux et réalité technique.

3. Léger n'est pas sans rejoindre Cézanne dans cette analyse du fait pictural, à la fois inscrit dans la contingence du temps historique et l'immuabilité de son être propre.

4. Comment intégrer, dans l'œuvre picturale, cet élément caractéristique du monde moderne qu'est la vitesse, tel est le problème fondamental qui agite le peintre entre 1910 et 1914. La réponse futuriste au problème rend le débat plus aigu. Selon Léger, les futuristes ne rendent pas compte de la réalité même de la vitesse car ils en donnent seulement l'illusion perceptive. La recherche de Léger veut aller à l'essentiel et intégrer le mouvement, dans ses différentes phases d'accélération ou de ralenti, à la structure des éléments picturaux.

5. D'une analyse des éléments mécaniques de la vitesse, Léger passe à celle de leurs effets visuels. Impression visuelle et expression picturale lui apparaissent liées. Mais la restitution de la réalité mécanique du monde moderne par la peinture repose essentiellement sur l'énergie intérieure du tableau obtenue par la loi des contrastes de formes. (Cf. Gottfried Boehm, *op. cit.*, p. 29-35.)

6. L'observation de Léger sur les transformations du paysage repose non seulement sur l'introduction d'éléments nouveaux, comme les poteaux télégraphiques ou les panneaux-réclames, mais sur l'opposition entre un état naturel et un état nouveau modifié radicalement par l'homme. Elle repose donc sur la notion d'opposition des contraires. En conséquence elle condamne toute l'esthétique ancienne associée à la notion d'harmonie et légitime une esthétique nouvelle, moderne, exprimée par celle de dissonance.

7. Léger affirme de nouveau la loi du contraste plastique par laquelle il fonde le réalisme de conception.

8. Les volutes de fumée s'élevant dans le ciel urbain ont fasciné l'artiste. Le motif se retrouve dans nombre de ses paysages, *La Fumée*, 1912, *Les Fumeurs 1911-1912*, 1912, et en se géométrisant, dans nombre de compositions. Plusieurs dessins préparatoires, *La Fumée*, 1910-1912, *Les Fumées sur les toits*, 1913, attestent de son importance : elle permet une expérimentation plastique des contrastes de formes qui conduisent Léger, la forme perdant peu à peu sa fonction figurative, vers l'abstraction.

9. L'affiche est pour Léger un élément déterminant du paysage urbain, comme l'art des devantures. L'affiche est un des acteurs principaux du spectacle de la rue qui nourrit le regard de l'artiste. En 1929, une controverse s'établira entre Cocteau et Léger sur l'esthétique de la rue. Cf., *infra, La rue, objets, spectacles*, p. 141.

10. D'un argument d'ordre idéologique, Léger va tirer une conclusion d'ordre esthétique. À maintes reprises, on retrouvera dans ses propos ce mépris du goût des «grosses majorités», attachées à des valeurs sentimentales que lui-même abhorre. Une certaine forme d'antihumanisme va fonder d'ailleurs la conception sociale de l'art selon Léger. Cf. Éric Michaud, *L'art, la guerre, la concurrence, les trois combats de Fernand Léger*, dans *Fernand Léger, le rythme de la vie moderne, op. cit.*, p. 57-63.

11 L'application des contrastes plastiques à la peinture souligne la radicalité de la démarche du peintre : c'est un art de rupture qui est ici annoncé avec la disparition des genres traditionnels et le renvoi du sujet.

12 Le réalisme de conception prend une connotation d'ordre moral. L'organisation des contrastes au sein de l'espace plastique n'aboutit pas seulement au fait pictural, elle ordonne aussi la sensibilité du peintre et lui permet ainsi de maîtriser sa propre relation à l'objet et au monde.

13 La théorie des couleurs établie par Eugène Chevreul (1786-1889) est encore au centre des controverses de

l'époque. Léger, qui critique le néo-impressionnisme, y fait une référence implicite afin de fonder en théorie sa propre conception du contraste multiplicatif.

14. Le contraste simultané permet les variations de valeurs. Le recours au contraste «multiplicatif», qui s'applique non seulement aux couleurs, mais aussi aux formes, selon Léger, permet d'obtenir une force expressive maximale sur un espace plus important. Léger, qui, le 20 octobre 1913, a signé son premier contrat avec Kahnweiler, travaille en particulier à de grands formats, comme la série de *L'Escalier*.

15. Cf. Katherina Schmidt, *La Femme en bleu*, dans *Fernand Léger, le rythme de la vie moderne*, *op. cit.*, p. 37-43.

16. Le Salon des Artistes indépendants a été fondé en 1884 par des peintres tels Seurat ou Signac. Il restera avec le Salon d'Automne, fondé en 1903, un lieu d'innovation. Son histoire est liée à celle de la peinture moderne et des jeunes générations. Le Salon de 1911, avec le scandale lié aux œuvres de Léger, Robert Delaunay, ou Arthur Gleizes, exposées dans la fameuse salle 41, voit la consécration du cubisme.

« La Roue », sa valeur plastique

1. Paru dans *Comoedia*, Paris, 16 décembre 1922, p. 5. Le texte est réédité in *Fonctions*, 1965, *op. cit.*, p. 160-163, sous le titre *Essai critique sur la valeur du film d'Abel Gance « La Roue »*. Il comporte 3 variantes manuscrites.

2. C'est le 14 décembre 1922 qu'a eu lieu la première projection complète du film d'Abel Gance *La Roue*, dont le personnage principal est une locomotive.

Ce film, qui enthousiasme Léger, rencontre les préoccupations du peintre, qui vient de travailler aux décors et costumes de *Skating Rink*, ballet, sur une musique d'Arthur Honegger, créé en février 1922 par la compagnie de Rolph de Maré, Les Ballets suédois. L'art du spectacle, en effet, entre dans le champ des activités du peintre et la découverte du film de Gance le préparera à sa propre et future réalisation *Le Ballet mécanique*. Le motif même de la roue, sujet du film, comme pure circularité, fait partie du répertoire formel de Léger.

Cette figure mécanique se retrouve sur le projet de l'affiche du film, sur la couverture de *Lunes en papier*, d'André Malraux, paru à Paris en 1921, et sur celle de *Et pourtant elle tourne*, texte d'Ilya Ehrenbourg, paru à Moscou en 1922, texte illustré par Fernand Léger.

3. Le film de Gance donne à la théorie de Léger, le réalisme de conception, une sorte de légitimité objective. L'art de Léger est alors tout entier engagé dans une célébration de la machine, que la double expérience vécue par le peintre, de la guerre et de la ville, vient renforcer. Le mouvement giratoire le préoccupe, comme en témoignent *Les Disques*, 1918. *Deux disques dans la ville*, 1919, *La Roue rouge*, 1919-1920. Le tableau majeur de cette période reste à cet égard *Des Éléments mécaniques* (1918-1923, Kunstmuseum, Bâle) composition complexe et rigoureuse de formes circulaires, tronconiques et hélicoïdales.

4. Le gros plan, c'est-à-dire le fragment de la réalité vue, apparaît à Fernand Léger comme l'élément essentiel de l'écriture cinématographique, l'image accordant au réel son immédiateté visuelle. Il en fera lui-même un usage important, dans son propre film, *Le Ballet mécanique*, juxtaposant dans son montage les formes circulaires structurant l'image, disques, roues, pupilles. Mais ce sont les techniques mêmes du film, choix de la prise de vues, diversité des plans, rythme, montage, qui ont trouvé dans l'œuvre du peintre leur équivalence plastique.

5. Enthousiasmé par le cinématographe, en quoi il voyait le mode d'expression par excellence moderne, Léger pensa à un moment donné abandonner la peinture pour la caméra. Son analyse du fait cinématographique reste à tous égards remarquable. Le cinéma était d'ailleurs objet de débat au sein du Club des amis du Septième Art, fondé par

Ricciotto Canudo, et dont Abel Gance était vice-président. Léon Moussinac, Élie Faure, Blaise Cendrars, Jean Cocteau et Léger comptaient parmi ses membres. *La Roue* naît de cet humus culturel. Pour la préparation du film, Gance prend Cendrars comme assistant, mais c'est le grand réalisateur américain D. W. Griffith, rencontré lors d'un séjour aux États-Unis, qui inspirera le montage définitif du film.

Notes sur la vie plastique actuelle

1. *Kurzgefasste Auseinandersetzung über das aktuelle künstlerische Sein*, traduction Fred Antoine Angemayer, in *Das Kunstblatt*, VII, n° 1, Berlin 1923, p. 1-4.
En français sous le titre *Notes sur la vie plastique actuelle, 1920-1922*, in *7 Arts*, n° 20, Bruxelles, 15 mars 1923 ; sous le titre *Note sur la vie plastique actuelle*, in *Fonctions*, 1965, *op. cit.*, p. 45-49, complété par *Note sur l'élément mécanique*, *op. cit*, p. 50-52, que nous donnons ci-après.
Ce texte fait l'objet de plusieurs manuscrits, tous datés 1920-1922, de la main même de Léger, qui ne comportent pas moins de 7 variantes, de la note brève «jetée sur le papier», à la forme définitive. Léger a repris à plusieurs reprises ses notes, corrigé soigneusement en marge, avant de donner la version définitive qui fut dactylographiée.
2. L'expérience de la guerre fut particulièrement douloureuse pour Fernand Léger. Les ravages que l'artillerie moderne faisait dans les rangs des soldats lui démontraient d'une façon radicale la supériorité — quasi organique — de la machine sur l'homme. La vision du spectacle de la guerre devenait une vision de la modernité. Le tableau devait donc devenir lui-même machine, élément mécanique pur, dont l'agencement interne résulte des rapports entre volumes, lignes et couleurs. Cf. Christian Derouet, *Fernand Léger, une correspondance de guerre — À Louis Poughon, 1914-1918*, Paris, Les Cahiers du Musée national d'Art moderne, hors série Archives, 1990.

3 Nous restituons ici l'expression employée par Léger dans le manuscrit du texte définitif, consulté, au lieu de « art de l'étalage » (dans édition de 1965).

4. Les œuvres de la période 1920-1922 révèlent une recherche d'expressivité nouvelle. La figure humaine réapparaît peu à peu, traitée comme un élément mécanique s'intégrant à l'ensemble « objectif » du tableau (*Les Trois Camarades*, 1920, Amsterdam, Stedelijk museum ; *Le Pont du remorqueur*, 1920, Paris, Musée national d'Art moderne). Elle deviendra plus importante avec l'expérience scénique menée par l'artiste avec les Ballets suédois (*La Femme et l'enfant*, 1922, Bâle, Kunstmuseum).

5. Le texte de Léger est à situer dans le contexte de la controverse ardente qui l'oppose aux futuristes italiens sur l'antériorité de ses propres recherches visant un « état visuel nouveau ».

6. Léger a parfois utilisé des photographies comme support à sa peinture. Cf. Giovanni Lista, *Fernand Léger scénographe et cinéaste*, in *Fernand Léger et le Spectacle, op. cit.*, p. 60.

Le ballet-spectacle, l'objet-spectacle

1. Publié pour la première fois dans *La Vie des Lettres et des Arts*, IX, n° 15, 1923, p. 50-52 ; dans *Bulletin de l'Effort Moderne*, n° 12, Paris, 1925, p. 7-9 ; dans *Fonctions*, 1965, *op. cit.*, p. 144-146. Le texte est préparé par plusieurs manuscrits intitulés « Autour des ballets ». L'objet-spectacle est une des notions fondamentales de l'esthétique de Fernand Léger. Il l'utilise aussi bien pour un élément du décor que pour l'interprète humain, acrobate, danseur, artiste de music-hall. Cette notion le conduira à une conception novatrice de l'espace scénique qu'il appliquera à ses propres réalisations.

2. Le personnage de Charlot découvert en 1916 fut pour Léger une véritable révélation. La silhouette désarticulée, la démarche sautillante encore accentuée par le

rythme cinématographique, réunit en une sorte d'archétype tout ce que l'artiste aime dans le cirque et le music-hall : un corps humain si pleinement autonome qu'il apparaît comme une sorte de parfait mécanisme. Le concept de l'objet-spectacle, du corps-spectacle naît pour une part aussi des films de Chaplin. En 1920, Léger accepte d'illustrer *Die Chaplinade* du poète Ivan Goll. Un film est projeté qui ne fut pas réalisé. Léger, par contre, rédigea le scénario de *Charlot cubiste* dont il tourna deux séquences.

3. La compagnie de Rolf de Maré, Les Ballets suédois, permit à Léger d'expérimenter ses conceptions scénographiques. En mai 1920, Canudo publie *Skating Rink à Tabarin*, poème-argument pour un ballet ; Rolf de Maré est très vite contacté pour le réaliser. Canudo charge Léger des décors et des costumes, Arthur Honegger de la musique. C'est à cette occasion que le peintre va mettre à l'épreuve les notions qui lui sont chères de contraste et de dissonance. Le ballet est créé le 20 janvier 1922 au Théâtre des Champs-Élysées et les critiques soulignèrent le contraste introduit entre le décor — immobile — et les danseurs, — décor mobile — s'opposant par groupes alternés. « On peut concevoir la réalisation d'un ballet sous deux formes différentes. Une manière où le personnage compte comme valeur attraction (type représentatif) ce que j'ai voulu dans S. R. (*Skating Rink*)... Il faut trouver un rapport possible et d'ensemble entre deux valeurs contraires — un personnage semi-réaliste et un décor purement imaginatif et pictural » (in *Autour des ballets*, manuscrit inédit, version 1).

4. Léger aimait particulièrement le music-hall, spectacle populaire et bon enfant. Les numéros y sont divers, empruntent à l'art du cirque ; prestidigitateurs, jongleurs se produisent aussi dans les cinémas en première partie de séance. Les différents numéros s'appuient évidemment sur l'accessoire, cerceau, balle, ballon, assiettes, objet-spectacle essentiel à la manipulation.

Les bals populaires

1. Publié dans *La Vie des Lettres et des Arts*, IX, n° 15, Paris, 1923, p. 53-55 ; dans *Bulletin de l'Effort Moderne*, n° 12, Paris, 1925, p. 10 ; n° 13, p. 4-5 ; dans *Fonctions*, 1965, *op. cit.*, p. 147-150.
Le manuscrit est daté et signé F. Léger 12.23.

À propos de l'élément mécanique

1. Publié comme inédit dans *Fonctions de la peinture*, pp. 50-52, ce texte fait l'objet de deux manuscrits, dont une lettre citée par Roger Garaudy, dans *Pour un réalisme du XXe siècle*, Paris, Grasset, 1968, p. 93-96.
Le titre proposé ici est repris d'une note de Fernand Léger, rédigée en marge du manuscrit.
2. Restitué d'après le manuscrit.
3. Restitué d'après le manuscrit.

L'esthétique de la machine, l'objet fabrique, l'artisan et l'artiste

1. Publié pour la première fois dans *Der Querschnitt*, III, n°s 3-4 Berlin, automne 1923, p. 122-123, dédicace à Maïakosvki. Dans *Little Review*, IX, n° 3, New York, 1923, avec une dédicace à Ezra Pound, p. 45-49. Dans *Bulletin de l'Effort Moderne*, n° 1, Paris, janvier 1924, p. 5-7 ; n° 2, février 1924, p. 8-12. Dans *Sélection*, III, n° 4, Anvers, février 1924, avec une dédicace à Blaise Cendrars, p. 374-382 ; dans *Fonctions*, 1965, *op. cit.*, p. 53-62. Ce texte est la mise en forme d'une conférence faite le 1er juin.
2. Le travail que Léger mène sur le décor du laboratoire dans le film de Marcel L'Herbier *L'Inhumaine*, et sur les décors et costumes du ballet *La Création du monde*,

conforte le peintre dans sa conception rigoureuse de l'autonomie du fait plastique ; le peintre achève alors la série *Éléments mécaniques*.

3. Durant cette période où il mène une expérimentation concrète de l'espace par son travail sur le spectacle, Léger noue avec Le Corbusier une amitié et un fécond compagnonnage. La réflexion sur une collaboration rendue nécessaire par la vie moderne entre l'architecte et le peintre s'élabore au cours de fréquents entretiens avec Le Corbusier. En novembre 1923, Léger verra d'ailleurs des exemples d'architecture colorée à l'exposition du groupe De Stilj faite par la Galerie de l'Effort Moderne avec qui il collabore depuis sa rupture de contrat avec Kahnweiler.

4. Léger retrouve, pour l'amplifier, la théorie déjà formulée par Ruskin à l'aube de l'industrialisation qui assigne des valeurs esthétiques au critère de fonctionnalité de l'objet. Il l'applique d'abord aux images de la machine puis à l'objet-machine lui-même.

Les thèmes de la peinture de Léger durant ces années sont directement inspirés du paysage urbain et industriel, dont témoignent des tableaux majeurs comme *La Ville*, 1919 (Philadelphie, Museum of Art), *Le Pont du Remorqueur*, 1920 (Paris, Musée national d'Art moderne, Centre Georges-Pompidou) où se retrouve l'influence de De Stilj.

5. C'est en 1920 que Le Corbusier fonde la revue *L'Esprit Nouveau*, « revue internationale illustrée de l'activité contemporaine », avec Amédée Ozenfant. La revue aura 28 numéros de 1920 à 1925. Elle défendra l'architecture moderne et les arts d'avant-garde. Léger y publie son synopsis du *Ballet mécanique*, Le Corbusier y défend ses conceptions sur l'architecture. En 1922, il crée son agence qu'il dirige jusqu'en 1940 avec Pierre Jeanneret, son cousin. Les rencontres de Léger et de Le Corbusier nourrissent la réflexion de l'artiste sur les rapports entre peinture et architecture qui auront leur point d'aboutissement dans la conférence faite par Léger en 1933 au Kunsthaus de Zurich.

6. L'art des devantures, l'art de l'étalage, est un élément essentiel, selon Léger, du spectacle urbain. Il y revient fréquemment, soulignant toujours l'inventivité dont font preuve les étalagistes, artisans du théâtre de la vitrine.

7. Léger a été particulièrement fasciné par ces acteurs mécaniques de la vie moderne que sont la locomotive et l'avion. La roue et l'hélice — figure circulaire, figure hélicoïdale — apparaissent alors comme des formes majeures, qui incarnent l'ère de la machine. Elles structurent les œuvres de l'artiste entre 1918 et 1925.

Léger ne manquait pas de visiter les grands salons industriels. Un de ses souvenirs marquants fut la découverte en compagnie de Brancusi et de Marcel Duchamp du Salon de la locomotive aérienne de 1912. Le thème de l'avion est d'ailleurs un thème qui retient l'attention des artistes dès 1911-1912 ; Robert Delaunay s'y attache et peint *L'Hommage à Blériot* en 1914. En 1923, il peint *L'Hélice* ; Léger peint *L'Aviateur* en 1920.

L'esthétique de la machine,
l'ordre géométrique et le vrai

1. L'article est la reprise et la mise en forme d'une conférence faite le 1ᵉʳ juillet 1923 au Collège de France. Il paraît pour la première fois en allemand, traduction Fred Antoine Angermayer, dans *Das Kunstblatt*, VII, n° 2, Berlin, 1924, p. 39-44 ; en français dans Florent Fels, *Propos d'artistes*, Paris, 1925, p. 98-106 ; repris en intégralité en allemand dans *Die Kunstauktion — Weltkunst* IV, n° 33, Berlin, 1930, p. 12-13 ; dans *Fonctions*, 1965, *op. cit.*, p. 63-67.

2. L'intérêt de Fernand Léger pour l'art nègre s'inscrit dans ce courant initié par les cubistes qui passionne le monde littéraire et artistique de l'époque. L'art nègre est à la mode. Il satisfait chez les mondains un besoin d'exotisme et passionne les créateurs en renouvelant leurs propres recherches formelles. Dans les années vingt, la

musique, la sculpture, la danse nègre nourrissent tout un ensemble d'œuvres ou de spectacles parmi lesquelles se situe *La Création du monde*. L'entre-deux-guerres verra d'ailleurs se développer toute une littérature d'évasion où le continent africain joue un rôle déterminant et dont des textes comme *Anthologie nègre* (1921), *Petits contes nègres pour les enfants blancs* (1928) de Blaise Cendrars, *Voyage au Congo* (1927) d'André Gide ou *L'Afrique fantôme* (1934) de Michel Leiris témoignent à des titres divers.

3. La conception du beau selon Léger résulte de deux rationalités : celle de la fonctionnalité de la forme, celle de la nature géométrique des éléments qui la composent.

4. Léger était un lecteur passionné. Ses goûts littéraires reflètent ses choix esthétiques. Il rejette toute forme « classique » d'écriture, préfère les œuvres où il peut reconnaître une véritable vision du monde ou de la société, telles celles de Balzac ou Dostoïevski. La littérature ou la poésie étrangère lui deviennent familières. Il se liera d'ailleurs avec Vladimir Maïakovski et avec Dos Passos.

5. Là aussi Léger se distingue dans ses choix poétiques. C'est aux grands lyriques, aux voyageurs de l'âme que va sa préférence.

Le spectacle, lumière, couleur, image mobile,
objet-spectacle

1. Conférence faite à la Sorbonne sous l'égide du Groupe d'Études philosophiques. Manuscrit signé. Le texte est publié en plusieurs fois, avec une dédicace à Rolf de Maré dans *Bulletin de l'Effort Moderne*, n° 7, Paris, juillet 1924, p. 4-7; *id.*, n° 8, octobre 1924, p. 5-9; *id.*, n° 9, novembre 1924, p. 7-9; en allemand, traduction Erika Tietze, *Das Shauspiel, Licht, Farbe, Film*, dans cat. de l'exposition *Internationale Ausstellung neuer Theatertechnik*, Vienne, septembre 1924, p. 6-16; *in extenso* en allemand, traduction Bernard Guillemin, *Conferenz über die Schau-Bühne*,

dans *Europa Almanach*, Postdam, 1925, p. 119-132; dans *Fonctions*, 1965, *op. cit.*, p. 131-143.

2. L'effet de surprise, qui pour Léger est une des conséquences de la loi des contrastes, caractérise la modernité.

3. L'art des devantures comme élément déterminant du spectacle urbain est ici développé dans une perspective idéologique.

4. L'expérience du ballet et du film conduit Léger à formuler une esthétique du monde moderne, dont le spectacle — l'objet-spectacle — est l'expression privilégiée. La vie concurrençant l'art, il s'agit avant tout, et sur le même mode, d'en exploiter la diversité formelle, comme autant de citations constamment renouvelées.

5. Le corps humain est conçu lui aussi comme un objet, qui s'intègre ou contraste avec les autres éléments constitutifs d'un spectacle. Léger expérimente cette conception dans ses réalisations de l'époque, le ballet *Skating Rink*, 1922, le ballet *La Création du monde*, 1923, le film *Ballet mécanique*, 1924. En 1934, *Match de boxe*, spectacle pour les marionnettes de Jacques Chesnais, concrétise cette conception mécanique du corps humain.

6. Les Ballets suédois créés par Rolf de Maré en 1920 se produisirent pour la première fois au Théâtre des Champs-Élysées le 25 octobre de la même année. Leur art ne jouissait pas de la brillante et solide tradition chorégraphique des Ballets russes qui enthousiasmèrent Paris. Rolf de Maré devait donc faire face à une concurrence très sérieuse avec la difficulté supplémentaire d'avoir dans sa compagnie des danseurs aux moyens limités. C'est pourquoi il fut séduit par une collaboration avec les artistes d'avant-garde de l'époque cherchant à renouveler le spectacle chorégraphique. Outre Fernand Léger, Giorgio de Chirico, Francis Picabia, René Clair collaborèrent avec lui. Néanmoins, et quoi qu'en dise ici Léger, l'apport des Ballets suédois à l'art du ballet ne peut effacer le bilan et le palmarès impressionnant des Ballets russes de Diaghilev.

Léger sera fidèle cependant à Rolf de Maré; en 1936,

c'est sous son patronage qu'il participe comme créateur des décors et des costumes au ballet *David Triomphant*, dont Serge Lifar est l'étoile.

7. C'est plus particulièrement dans *Skating Rink* et *La Création du monde*, les deux ballets qui portent sa marque, que Fernand Léger met en œuvre sa conception du danseur comme «décor mobile». Dans *Skating Rink*, il use de la dissonance introduite entre son décor et les costumes des danseurs. Eux-mêmes groupés par sexe, hommes et femmes sont encore dissociés, par des costumes qui sont autant de signaux symboliques. Un groupe féminin en costume «populaire» s'oppose à un autre groupe féminin en costume «de soirée»; deux groupes masculins s'opposent, l'un en costume populaire — les ouvriers — l'autre en costume de soirée. Léger ainsi témoigne de son goût pour les bals populaires qu'il fréquentait en observateur vigilant et suggère une chorégraphie faite de contrastes de rythme, au chorégraphe Jean Börlin. Dans *La Création du monde*, l'opposition décor-danseur était encore plus accentuée du fait de l'étrangeté des costumes et des masques qui faisaient de chaque danseur une sorte de sculpture mobile.

8. Jean Börlin fut le chorégraphe et le danseur-étoile des Ballets suédois. Né en 1893 en Suède, il meurt en 1930 à New York après une carrière consacrée aux Ballets suédois. Ami des peintres de son temps, il a tenté d'user de la danse comme d'une forme d'expression picturale, en privilégiant un art des attitudes, en restituant au corps une certaine densité et en cherchant à intégrer le sol comme élément de ses chorégraphies.

9. Cf. Christian Viviani, *L'Habit d'Arlequin, panorama du cinéma français des années 20*, dans *Fernand Léger et le spectacle, op. cit.*, p. 15-20.

10. La tour Eiffel et la Grande Roue sont de véritables icônes du paysage urbain, toutes deux s'intégrant dans les œuvres d'artistes comme Marc Chagall ou Sévérini et plus particulièrement dans celles de Robert Delaunay et Fernand Léger, inspirant les poètes comme Blaise Cendrars.

En 1921, la Grande Roue sera démontée, disparaissant du paysage parisien.

11 Amédée Ozenfant qui dirige avec Le Corbusier la revue *L'Esprit Nouveau* donnera des cours à l'Académie Moderne, 86, rue Notre-Dame-des-Champs, où enseigne Léger.

Autour du « Ballet mécanique »

1. Film sans scénario, *Le Ballet mécanique* est réalisé par Fernand Léger avec la collaboration de Dudley Murphy, Man Ray et Georges Antheil qui en composa la musique.

Dudley Murphy, fils d'un professeur de Harvard, était venu à la réalisation cinématographique. Il semblerait qu'il coproduisit le film et joua un rôle de conseiller technique auprès de Léger. Cf. Christian Viviani, *« Le Ballet mécanique »*, dans *Fernand Léger et le Spectacle*, Musée national Fernand Léger, Biot, catalogue de l'exposition, Paris, RMN, 1995, p. 117-123.

Léger y applique sa théorie du réalisme de conception en jouant sur le rythme du montage, la parcellarisation de l'objet, et la multiplication du gros plan. L'admiration que l'artiste portait à *La Roue* d'Abel Gance s'y retrouve. Mais Léger porte à son point ultime sa conception de l'« objet-spectacle », unissant, par la mécanique du montage et de l'accélération du mouvement, images humaines et formes inertes. Cf. Giovanni Lista, *De l'objet-spectacle au théâtre du peuple, op. cit.*, p. 59-86.

Il existe à l'heure actuelle plusieurs versions, dont celles conservées à la Cinémathèque française à Paris et au British Film Institute à Londres qui restent les copies les plus connues. Léger en fit lui-même des versions colorées. Mais on ne dispose toujours pas de la version définitive. Léger, en effet, remania plusieurs fois son film, en particulier vers 1930 et 1935.

2. La datation de ce texte reste difficile. Les manuscrits

consultés ne sont pas datés. Certains indices cependant laissent supposer que le texte est la mise en forme d'une causerie, probablement précédant la présentation du film, constamment renouvelée. Paru comme inédit dans *Fonctions de la peinture* en 1965, le texte, selon toute probabilité, est postérieur à 1924. Les manuscrits font, en effet, apparaître un travail d'écriture qui aboutit à ce qu'on peut considérer comme la version définitive ici présentée.

Léger montra son film pour la première fois à Vienne, en 1924, puis à Paris. En 1926 eut lieu la première projection publique aux États-Unis, à New York. Le film fut très souvent présenté par Léger lui-même qui l'emmenait dans ses bagages lors de ses principales expositions et en donnait le commentaire. Ainsi en 1933, au Kunsthaus de Zurich qui organisa sa première grande rétrospective, et en 1925 à New York et Chicago.

Cependant, pour des raisons de cohérence synchronique avec le film, il nous est apparu plus clair de maintenir la date de 1924-1925 comme il est généralement d'usage. Cf. Fernand Léger, *Lettres à Simone*, correspondance établie et annotée par Christian Derouet, Paris, Zurich, Skira, Musée national d'Art moderne, Centre Georges-Pompidou, 1987.

Le projet du film parut en anglais dans *Little Review X*, n° 2, New York, 1924; en français dans Georges Bauquier, *Fernand Léger, Vivre dans le vrai*, Paris, éd. Maeght, 1987, p. 141-142. Le synopsis du film de Léger parut dans le n° 28 de la revue *L'Esprit Nouveau*.

3. Marcel Duchamp, Man Ray et surtout Dudley Murphy s'intéressent à des formes de manipulation optique à partir d'appareils proches du kaléidoscope. C'est Dudley Murphy qui, le premier, a l'idée du *Ballet mécanique* dont il propose la coréalisation à Man Ray.

4. René Clair réalise *Entr'acte* avec Francis Picabia en 1924. *Les Rapaces*, d'Eric von Stroheim, date de 1923. *L'Inhumaine* de Marcel L'Herbier est réalisé en 1924; Léger conçoit les décors du Laboratoire.

5. Dans une des séquences du film, des casseroles, autre métaphore du cercle ou de la roue, tournoient dans l'espace.

6. Léger s'est intéressé au dessin animé, et au film d'animation comme en témoigne *Charlot cubiste*, qui doit autant à Méliès qu'au music-hall et au théâtre de marionnettes. Pour *Charlot cubiste*, il écrivit pas moins de trois scénarios. Le film projeté ne sera pas réalisé en totalité.

La rue, objets, spectacles

1. Titré *Paris-objets-spectacles-Paris*, dans le manuscrit, ce texte est paru dans *L'Intransigeant* du 25 février 1929 ; dans *Cahiers de la République des Lettres, des Sciences et des Arts*, XII, Paris, 1928, p. 102-104, numéro spécial *Vers un Paris nouveau* ; dans *Fonctions*, 1965, *op. cit.*, p. 68-69.

2. Le débat sur l'art et la rue avait fait l'objet d'articles contradictoires de Jean Cocteau et de Fernand Léger dans le journal *L'Intransigeant*. Tériade s'en fera l'écho dans un article du 5 mars 1929 en rappelant les opinions divergentes des deux artistes concernant l'esthétique de la rue. Selon Jean Cocteau, la rue est celle « où l'art dit "moderne" est descendu pour la conquérir ». C'est celle du Modern style, le style métro, ou de la vulgarisation des formes du cubisme.

Pour Léger, au contraire, la rue est inventive. « Vous aurez les surprises de ses arrangements spontanés, dus à son goût populaire et racé, à ses besoins vitaux, à sa justesse d'instinct, à sa jeunesse constante. Si elle glorifie "l'objet" c'est qu'elle a senti, et combien, sa valeur intrinsèque. » Cf. Tériade, *Écrits sur l'art*, Paris, Adam Biro, 1996, p. 198.

3. Allusion à l'anecdote rapportée par Léger selon laquelle Léonce Rosenberg à la vue de *La Lecture* se serait exclamé : « Mais la femme n'a pas de cheveux ! Sois quand même raisonnable, mets-lui en un peu. » Et Léger d'ajou-

ter : « Mais moi, vraiment avec la meilleure volonté je ne pouvais pas mettre de cheveux à la femme. Je ne pouvais pas. À l'endroit où était sa tête, j'avais besoin d'une forme ronde et nette. Je ne le faisais pas exprès ! Je ne pouvais pas mettre de cheveux. » Cf. Guido Le Noci, *Fernand Léger, sa vie, son œuvre, son rêve*, Milan, Éditions Apollinaire, 1971.

4. En 1924 Léger voyage en Italie en compagnie de Léonce Rosenberg. Il visite Venise et Ravenne dont les mosaïques l'éblouissent.

5. Nous avons restitué entre* le paragraphe supplémentaire du manuscrit. Ce texte sera repris et modifié dans *Mes Voyages*, Paris, ouvrage paru en 1960.

De l'art abstrait

1. Dans *Cahiers d'Art*, VI, n° 3, Paris, 1931 ; réédité dans *Fernand Léger, la Poésie de l'objet, 1928-1934, op. cit.*, p. 20 ; dans *Fonctions*, 1965, *op. cit.*, p. 39-45.

2. Le Salon des Surindépendants qui s'était tenu en 1930 à Montparnasse avait mis en lumière les tendances de la jeune peinture. Tériade, dans un article de *L'Intransigeant* du 16 juin, souligne le débat alors en cours entre les théoriciens de l'abstraction pure, groupe dominant, et les tenants d'un retour — parfois « sentimental » — à une certaine figuration. Héritier de Mondrian, le groupe De Stilj est fortement présent avec les envois de Van Doesburg, ou d'Herbin ; les élèves de Léger s'y manifestent, Carlsund, Olson. Le néoplasticisme semble alors apporter une réponse simple — à savoir l'abstraction — au problème posé par la représentation picturale conçue à l'échelle du mur. C'est en ce sens qu'il donne à Léger un élément essentiel à sa réflexion.

New York

1. Ce texte dédié à Sara Murphy est daté de novembre 1931. Publié dans *Cahiers d'Art*, VI, n⁰ˢ 9-10, Paris, 1931, p. 437-439. Dans *Fonctions*, 1965, *op. cit.*, p. 39-41 ; repris dans *Mes voyages*, Paris, 1960. Notons que le voyage aux États-Unis se situe dans le sillage de cette littérature d'évasion et d'exploration d'un « ailleurs » illustré aussi bien par les récits de voyage que par les « portraits de ville » d'un Paul Morand ou les « photographies verbales » d'un Blaise Cendrars.

C'est en compagnie de la famille Murphy que Léger accomplit son premier voyage aux États-Unis. Gerald, Sara Murphy et leurs trois enfants étaient de riches Américains établis à Paris et Antibes depuis 1921. Léger fréquentait le cercle intellectuel et artistique qu'ils animaient. Il jouissait par ailleurs de leur amitié généreuse et de leur intérêt pour sa peinture. Le voyage aux États-Unis fut en partie financé par eux.

2. Le voyage aux États-Unis avait été préparé soigneusement par Léger. Outre la découverte d'un « monde nouveau » incarnant la modernité propre à le fasciner, Léger espérait la rencontre des acteurs principaux de la vie artistique américaine, collectionneurs, conservateurs de musée, directeurs de galerie, architectes. Il en attendait surtout des commandes, comme en témoigne une lettre qu'il adressa à la baronne Hilla Rebay lui proposant une décoration murale pour la maison de campagne de Solomon R. Guggenheim. Cf. Christian Derouet, *Fernand Léger, Lettres à Simone*, Skira, Centre Georges-Pompidou, Musée national d'Art moderne, 1987.

3. Harvey W. Corbett, architecte, réalisait dans Manhattan le Rockefeller Center. Léger avait rencontré Frederick Kiesler, architecte autrichien, à Vienne en 1924, lors de l'exposition, organisée par ce dernier, de l'*Internationale Ausstellung Neuer Theater Technik* où fut projeté *Ballet mécanique*

4. Léger ne fit jamais le voyage en Union soviétique, mais il était lié au milieu russe partisan. Ami d'Ilya Ehrenbourg, de Louis d'Aragon, d'Elsa Triolet, il avait également rencontré le poète Maïakovski et connaissait Alexandra Exter dès avant la guerre.

À propos du cinéma

1. Le manuscrit daté de novembre 1930 et dédié à S. M. Eisenstein et von Stroheim est publié pour la première fois dans la revue *Plans*, n° 1, Paris, 1931, p. 80-84; dans *Cahiers d'Art*, numéro spécial Fernand Léger VIII, n°s 3-4, Paris, 1933; dans Marcel L'Herbier, *Intelligence du Cinéma*, Paris, p. 337-341; dans *Fonctions*, 1965, *op. cit.*, p. 168-171.

2. Vsevolod Meyerhold (1874-1940) marqua de son travail de metteur en scène le théâtre russe et soviétique. Formé à l'école d'Appia, Meyerhold se fit connaître dès 1910 par ses mises en scène lyriques à l'Opéra Marlinski de Saint-Pétersbourg. Fondateur du Studio de la rue Borodinskaia, il fut considéré très vite comme le rival pétersbourgeois de Stanislavski. En 1916, sa mise en scène de *L'Orage* d'Ostrovski, puis en 1917, celle de *Mascarade* de Lermontov firent sensation. Plus tard, après son adhésion au parti bolchevique, Meyerhold se voit confier par Lounatcharski la direction du département du Théâtre du Commissariat du peuple à la culture. *Mystère-Bouffe* de Maïakovski est monté en 1918 à Pétrograd, en 1921 à Moscou. Il fit une adaptation très libre et orientée de *L'Aube* de Verhaeren. En 1926 sa mise en scène de *L'Inspecteur gouvernemental* de Gogol eut un éclat retentissant. Cf. Konstantin Rudniski, *Théâtre russe et soviétique*, Éditions du Regard, Paris, 1988.

3. Fernand Crommelynck (1885-1970), auteur dramatique belge, se fait particulièrement connaître par sa pièce *Le Cocu magnifique* jouée en 1920. *Tripes d'or* (1926), *Carine*

ou la jeune fille folle de son âme (1929), *Une femme qui a le cœur trop petit* (1934) marquent une œuvre où la truculence se mêle à la cruauté de l'observation psychologique. Lugné-Poe le met en scène, puis Jouvet. Fernand Léger se lie avec Crommelynck dans les années trente, dont il apprécie le sens dramatique et la verve.

Le mur, l'architecte, le peintre

1. Conférence faite au Kunsthaus de Zurich à l'occasion de l'exposition qui y est organisée en mai 1933. Elle sera reprise au cours de la croisière que Léger fera sur le paquebot *S. S. Patris II* en compagnie de Le Corbusier lors du quatrième Congrès International des Architectes Modernes (C.I.A.M.) ; intitulée par Léger « L'Architecture devant la vie », elle est aussi connue sous le titre « Discours aux architectes ». Cf. Christian Derouet, *op. cit.*, p. 78, 278. Publié comme inédit dans *Fonctions*, 1965, *op. cit.*, p. 113-122.

Les Congrès Internationaux d'Architecture Moderne furent créés au château de La Sarraz, sur une idée de Le Corbusier, par Le Corbusier, Charreau et Hélène de Mandrot, mécène du groupe, en 1928. La déclaration de programme faite à cette occasion fut fondamentale pour l'évolution de l'architecture et son insertion dans le monde. Les thèmes abordés relèvent autant de l'architecture que de l'urbanisme ; ils touchent tous les problèmes d'une société en pleine transformation. Ainsi en 1929, l'habitat à loyer modéré fut le thème retenu par le C.I.A.M. de Francfort.

C'est au cours de cette même croisière du *S. S. Patris II* que fut énoncé la fameuse Charte d'Athènes, véritable manifeste de l'architecture moderne.

2. La conception de Léger sur la nécessaire collaboration entre architecte et peintre trouve ici son premier développement. Léger est préoccupé du problème depuis

longtemps mais son expérience scénographique, son amitié avec Le Corbusier et le groupe de *L'Esprit Nouveau*, et surtout ses premières réalisations murales en 1925, lors de l'exposition des Arts décoratifs (où il collabore avec Le Corbusier et Mallet-Stevens), marquent une nouvelle étape de sa pensée. La révolution de la modernité ne se définit plus seulement par la vitesse, la machine et l'importance de la ville, elle introduit aussi, désormais, la réalité des masses populaires. Le rôle social de l'artiste est souligné clairement; Léger laisse parler ses convictions profondes d'un art au service de tous qu'il s'efforcera de mettre en œuvre désormais.

3. Lors de leur rencontre en 1931 à New York, Harvey W. Corbett — qui travaillait au projet du Rockefeller Center — dit à Léger en manière de boutade que l'essentiel de son travail d'architecte se définissait dans la régulation du fonctionnement des ascenseurs... Cf., *New York*, p. 157-158.

4. La théorie de Léger sur l'intégration de la peinture — de la couleur — à l'architecture trouve sa justification dans celle du mur blanc, nu, lisse de Le Corbusier et dans son refus du décoratif au profit du fonctionnel.

5. Ces trois notions synthétisent la pensée de Léger et résument les problèmes soulevés : intégration de la couleur au mur, donc à l'architecture, collaboration et fonctions respectives de l'architecte et du peintre, rôle social de l'artiste. Léger, totalement engagé dans un combat qui fait de la peinture un acteur social à part entière, est cependant prêt à laisser à l'architecte sa prééminence. En 1935, à l'exposition internationale de Bruxelles, chargé de décorer, dans le pavillon français, «l'appartement pour un jeune homme» et plus particulièrement la salle de culture physique, il laisse à l'architecte René Herbst le choix définitif de la maquette pour la peinture murale *Le Sport*. Plus tard, la primauté qu'il donne à la couleur l'éloigne de Le Corbusier.

Un nouveau réalisme, la couleur pure et l'objet

1. Conférence faite au Museum of Modern Art à New York lors de la première rétrospective Fernand Léger organisée par James Johnson Sweeney. La première publication du manuscrit, signé et daté, dans *Art Front*, II, n° 8, 1935, p. 10-11 sous le titre *The New Realism, Lecture Delivered at the Museum of Modern Art*; dans *Fonctions*, 1965, *op. cit.*, p. 77-81.

2. Léger affirme de nouveau sa conception du détail défini comme objet pictural autonome, illustrée par des œuvres comme *La Joconde aux clés*, 1930 (Musée Fernand Léger, Biot), *Feuille et profil*, 1931 (coll. part.). *La Joconde aux clés* est le tableau le plus représentatif de la série des «objets dans l'espace». Léger raconte d'ailleurs son obsession d'alors — les clés, le trousseau de clés — dont la présence a appelé irrésistiblement une présence contraire, celle de *la Joconde*, objet pictural et culturel par excellence. «J'ai réalisé le tableau le plus "risqué" au point de vue des objets contrastés puisque *la Joconde* est pour moi un objet comme les autres... »

3. En homme de la campagne Léger avait l'amour de la nature; dessins et gouaches témoignent de la justesse de ses observations «sur le terrain», dont les notations précises lui permettront diverses associations surprenantes. Des compositions organisées autour d'éléments réalistes, feuilles d'arbre, rochers, pierres, cordages, oiseaux, papillons, nuages, en témoignent et révèlent également, dans les années trente, l'intérêt que Léger porte à la peinture murale et aux grands formats. Le corps humain, traité de façon monumentale, y est souvent associé, ainsi *La Danseuse bleue*, 1930 (Musée national d'Art moderne, Centre Georges-Pompidou). *Composition aux perroquets*, 1935-1939 (Musée national d'Art moderne, Centre Georges-Pompidou), sera l'expression la plus aboutie d'une telle conception.

4. Jean Perrin (1870-1942), prix Nobel de physique en 1926, fut sous-secrétaire d'État dans le cabinet de Léon Blum.

5. Grande salle de music-hall qui deviendra mythique, Radio-City est réalisé par Wallace K. Harrison. Harrison se liera d'amitié avec Fernand Léger et imposera ce dernier auprès de Nelson Rockefeller. En 1938, Léger exécute deux peintures murales pour l'appartement new-yorkais de Rockefeller.

Le nouveau réalisme continu

1. Texte paru dans *Querelle du réalisme*, Paris, Éditions sociales, 1936, p. 73-79. *Fonctions. op. cit.*, p. 175-179. Le 29 mai 1937, Louis Aragon organise à la Maison de la Culture un débat où les conceptions orthodoxes du réalisme socialiste vont se confronter avec celles de Fernand Léger. Le texte traduit les débats et l'enjeu idéologique et politique.

2. André Lurçat (1874-1970), frère de Jean, eut une carrière d'architecte acquis aux théories collectivistes inspirées du marxisme. Il travailla essentiellement pour des municipalités communistes. Le groupe scolaire Karl-Marx de Villejuif — dont le maire était Paul Vaillant-Couturier — eut un retentissement certain. Invité en URSS, il y enseigna avant la Seconde Guerre mondiale. De retour en France à la fin de la guerre, son activité se déploya dans la «banlieue rouge», à Saint-Denis, Blanc-Mesnil, Villejuif.

3. Le gouvernement du Front populaire fait naître l'espoir d'une transformation sociale et politique. Léger, qui croit profondément au rôle social de l'art et à sa mission éducatrice, s'engage totalement. L'émergence de la classe ouvrière comme acteur social nouveau, l'instauration des congés payés et de la semaine de quarante heures, le confortent dans sa conviction d'un combat commun dans lequel l'artiste se tient aux côtés des masses populaires.

Léger travaille alors pour le programme du gouvernement Blum, qui lui achète d'ailleurs — pour les collections nationales — *Composition aux trois figures* et *La Danse*. Il décore les manifestations commémorant l'arrivée du Front populaire, la fête des syndicats et surtout l'ambitieux projet de Jean-Richard Bloch, « spectacle total », *Naissance d'une cité*, qui sera donné le 18 octobre 1937 au Palais des Sports (Vélodrome d'Hiver). Cf. *Fernand Léger et le Spectacle*, *op. cit.*, p. 145-153.

Couleur dans le monde

1. Texte d'une conférence faite à Anvers le 4 novembre 1937 et à Helsinki lors d'une exposition à la galerie Artek. Publié partiellement sous le titre *Peinture 1937 — Couleur dans le monde* dans *Peintres et Sculpteurs de la Maison de la Culture*, n° 5, Paris, 1938; réédité dans *Europe*, numéro spécial « L'Homme, la Technique, la Nature », n° 185, Paris, 1938; dans *Fonctions*, 1965, *op. cit.*, p. 85-98.

2. L'Exposition internationale de 1937 eut un grand retentissement tant par ses enjeux politiques que culturels. À travers les Pavillons de l'Allemagne et de l'Union soviétique, deux mondes s'affrontaient. En France, le gouvernement de Front populaire tenait, par des réalisations spectaculaires, à marquer son engagement auprès des masses ouvrières. Léger reçoit plusieurs commandes importantes : les décors pour la fête des syndicats ; décors pour *Naissance d'une cité* de Jean-Richard Bloch, peut-être la seule réalisation d'un théâtre de masse en France ; peinture murale *Le Transport des forces* ; panneaux décoratifs pour Arthur Gleizes et Survage au Pavillon de l'Union des architectes modernes (U.A.M.) ; panneau pour le Pavillon de la Solidarité *Le Syndicalisme ouvrier* ; participation auprès de Charlotte Perriand à la décoration du pavillon de l'Agriculture ; auprès de Le Corbusier à celle du Pavillon *Les Temps Nouveaux*. Dans une lettre à Georges Huismans,

directeur des Beaux-Arts, Léger fait plusieurs suggestions : « Concevoir l'exposition en elle-même *très polychrome*, une place jaune — une avenue rouge — bleue — Dominant le tout une tour Eiffel dont on aurait camouflé la silhouette... En faire l'objet d'attraction populaire... »

3. De nombreux manuscrits non datés laissent apparaître des variantes rédactionnelles, mais tous soulignent avec force l'engagement idéologique de Léger, sa profonde conviction que l'art doit être au service du peuple. Il s'exprime d'ailleurs souvent, dans des conférences ou des rencontres, dans différents centres populaires. Le rayonnement de son enseignement, commencé à l'Académie moderne en 1924, à l'Académie de la Grande Chaumière, puis dans ses propres ateliers, contribuera à la diffusion de ses idées et à la formation de praticiens et d'artistes qui perpétueront son œuvre.

*À propos du corps humain
considéré comme un objet*

1. *À propos du corps humain considéré comme un objet*, dans *Fernand Léger, La Forme humaine dans l'espace*, Montréal, Éditions de l'Arbre, 1945, p. 63-75 ; réédité dans *Fonctions*, 1965, *op. cit.*, p. 70-75.

Réfugié aux États-Unis depuis 1940, Léger y retrouve en exil Marc Chagall, Yves Tanguy, André Masson, André Breton, Matta, Ossip Zadkine, Darius Milhaud. Il enseigne à l'université de Yale et au Mills College en Californie. Après la série des *Plongeurs*, datant de 1942, il fait la connaissance du père Marie-Alain Couturier avec qui il collaborera, pour le projet de l'église Notre-Dame de Toute-Grâce du plateau d'Assy en Haute-Savoie, à son retour en France. Avec le père Couturier il entreprend un voyage au Canada au cours duquel s'organisent une exposition à Montréal et des conférences.

2. Cf. *Les Réalisations picturales actuelles*, p. 39.

3. Léger porte à David, peintre conventionnel, une grande admiration tant sur le plan esthétique que sur le plan idéologique. Il lui dédiera *Les Loisirs, Hommage à David* (Musée national d'Art moderne, Centre Georges-Pompidou), grande composition réalisée entre 1944 et 1949.

4. L'art mural définit essentiellement le projet collectif de Léger. En 1945, il adhère au Parti communiste français, adhésion qui témoigne de son long engagement idéologique.

L'œil du peintre

1. Paru dans *Variété*, Paris, n° 3, 1946, p. 44; dans *Fonctions*, 1965, *op. cit.*, p. 196-197.

L'architecture moderne et la couleur,
ou la création d'un nouvel espace vital

1. Texte paru en anglais sous le titre *Modern Architecture and Color*, dans *American Abstract Artists*, New York, 1946, p. 31, 34-35, 37-38; *L'Architecture moderne et la Couleur*, dans *Formes et Vie*, n° 1, Paris, 1951, p. 24-26; dans *Fonctions*, 1965, *op. cit.*, p. 99-103.

2. Inspirée des théories esthétiques du groupe De Stilj, la série réalisée entre 1920 et 1924 de peintures murales aux décors géométriques.

3. Pour le hall de l'*Ambassade française idéale* présenté par Mallet-Stevens à l'Exposition internationale des Arts décoratifs de Paris, Léger réalise des peintures murales, ainsi que pour le Pavillon de l'Esprit Nouveau de Le Corbusier.

4. Fernand Léger fait ici probablement allusion à l'usine van Nelle (1927). Cette usine conçue par les architectes Brinkman, van der Vlugt et Mart Stam est considérée

aujourd'hui comme une étape décisive dans l'édification d'une architecture nouvelle obéissant d'abord au principe de fonctionnalité. L'usine fut rapidement connue, en particulier par le traitement des murs qui laissaient passer largement la lumière.

5. La contribution de Léger à l'architecture moderne est ancienne et son intérêt date de ses premières expériences de dessinateur auprès d'un architecte, à Caen, puis à Paris. Outre ses contributions aux réalisations de Mallet-Stevens et de Le Corbusier, en 1925 et en 1937, et sa collaboration avec les architectes américains, il s'emploie vigoureusement à diffuser sa conception de l'art mural comme expression achevée de la peinture dans de nombreux articles. *Revival of Mural Art*, article-manifeste, est publié à Londres dans *The Listener* le 25 août 1937. Il est illustré par une étude pour *Le Transport des forces*, la grande peinture murale présentée au Palais de la Découverte à l'Exposition Internationale de 1937.

L'art et le peuple

1. Conférence prononcée à la Sorbonne pour l'association *Travail et Culture*. Dans *Arts de France*, n° 6, Paris, juin 1946, p. 36-42 ; dans *Fonctions*, 1965, *op. cit.*, p. 180-185.

2. La guerre de 1914-1918 reste pour Léger l'expérience la plus tragique et la plus forte de son existence. Cf. Christian Derouet, *Fernand Léger, Une correspondance de guerre à Louis Poughon, 1914-1918, op. cit.*

3. La Maison de la Culture est créée en 1936, rue de Navarin, par Paul Vaillant-Couturier et Louis Aragon.

4. Paul Vaillant-Couturier, qui mourra prématurément en 1937, fut un compagnon atypique du communisme. Né dans une famille aisée il fit des études de droit et s'orienta vers le journalisme militant au *Populaire* puis à *L'Humanité*. Il participa activement à la lutte des intellectuels de gauche contre le fascisme ; aux côtés d'Henri Barbusse, de

Paul Nizan, de Tristan Tzara, il participa au Congrès international des écrivains. Il fut maire de Villejuif.

Un nouvel espace en architecture

1. Publié dans *Art d'aujourd'hui*, n° 3, Boulogne, 1949, p. 19 ; dans *Fonctions*, 1965, *op. cit.*, p. 123-125.
2. Idée exprimée à plusieurs reprises, celle de la ville polychrome, que ce soit Moscou, New York ou Paris.

Le cirque

1. Ainsi que beaucoup d'artistes, peintres comme Georges Seurat ou Marc Chagall, poètes comme Guillaume Apollinaire ou Blaise Cendrars, Léger était, depuis sa petite enfance, attiré par le spectacle du cirque. Dès 1918 il consacre une série de peintures à ce thème, dont *Le Cirque*, 1918 (Musée national d'Art moderne, Centre Georges-Pompidou), qu'il reprendra en 1945 avec des œuvres comme *La Grande Julie* (Museum of Modern Art, New York), ou *La Grande Parade*, dont il réalise plusieurs versions entre 1949 et 1953.

C'est sous l'impulsion de l'éditeur d'art Tériade qu'il compose la suite des soixante lithographies du *Cirque*, dont il rédige également le texte.

Peinture murale et peinture de chevalet

1. Ce texte fut publié comme inédit dans *Fonctions*, 1965, *op. cit.*, p. 34-35. D'après le manuscrit il est la mise en forme de notes pour une conférence prononcée le 24 janvier 1950. Léger y reprend sa thèse sur la supériorité esthétique et sociale de la peinture murale sur la peinture de chevalet.

2. Sur les rapports entre art et engagement social, entre art et politique, cf. Sarah Wilson, *Fernand Léger, Art and Politics 1935-1955*, dans *Fernand Léger, The Later Years*, Prestel-Verlag, 1988, p. 55-75.

Comment je conçois la figure

1. En 1952, l'exposition *La figure dans l'œuvre de Léger*, à la Galerie Louis Carré, consacre clairement, chez Léger, le retour au sujet. Il s'en explique dans la préface au catalogue, préface dont il existe deux versions, publiées par Georges Bauquier dans *Fernand Léger, Vivre dans le vrai*, Paris, Adrien Maeght, 1987, p. 267. La seconde version, *Comment je conçois la figure*, est retenue pour la préface au catalogue, Paris, Louis Carré, 1952, p. 29-34; in *Fonctions*, 1965, *op. cit.*, p. 78.

Nouvelles conceptions de l'espace

1. Paru sous le titre *Le Problème de l'espace mural* dans *XX* siècle*, n° 2, numéro spécial *Nouvelles conceptions de l'espace*, Paris, janvier 1952, p. 67-68; dans *Fonctions*, 1965, *op. cit.*, p. 126-127.
2. De 1950 à 1951, Léger travaille à une grande composition intitulée *Les Constructeurs* qui est un véritable hommage aux travailleurs. La version définitive (Musée national Fernand Léger, Biot) est préparée par de nombreux dessins, gouaches et variantes sur huile qui attestent de l'importance de ce thème aux yeux du peintre. Les dernières années de sa vie, en effet, Léger s'attache à des œuvres qui glorifient la vie ouvrière, *Les Loisirs*, *Le Campeur* (Musée national Fernand Léger, Biot), *La Partie de campagne* (Fondation Maeght, Saint-Paul), qui semblent obéir à un véritable programme idéologique. Cf. Sarah Wilson. *op. cit.*, p. 55-75.

De la peinture murale

1. Conférence prononcée à la Maison de la Pensée française sous le titre *La Peinture moderne devant le monde actuel*, parue dans *Les Lettres françaises*, XI, n° 45, mars 1952 ; dans *Derrière le miroir*, n°s 107-109, Paris, 1958 ; dans *Fonctions*, 1965, *op. cit.*, p. 110-112.

La couleur dans l'architecture

1. Dans *Problèmes de la couleur, exposés et discussions du Colloque du Centre de Recherches de psychologie comparative*, Paris, les 18, 19, 20 mai 1954, édité par Ignace Meyerson, 1957, p. 135-140 ; dans *Fonctions*, 1965, *op. cit.*, p. 104-109.
2. À la demande du père Marie-Alain Couturier, Léger décore la façade de l'église Notre-Dame de Toute-Grâce (1946-1948) du plateau d'Assy, en Haute-Savoie, dont l'architecte est Maurice Novarina, d'une grande composition en mosaïque, *Les Litanies de la Vierge*. Pierre Bonnard, Marc Chagall, Henri Matisse, Lipchitz, Germaine Richier y participent également.
   La mosaïque et aussi le vitrail, comme mode technique d'introduction de la couleur dans l'architecture, intéresse de plus en plus Léger. En 1950, il réalise les mosaïques des trois chapelles — catholique, protestante et juive — de la crypte du Mémorial américain de Bastogne, en Belgique. La même année, à la demande du père Couturier, il entreprend les maquettes des vitraux de l'église d'Audincourt dans le Doubs, terminés en 1951, puis ceux de Courfraivre en Suisse (1953-1954).
   Une de ses dernières mosaïques est celle de l'hôpital américain de Saint-Lô (architecte Paul Nelson).
3. Aux États-Unis Léger travaille pour l'appartement de Nelson Rockefeller : il réalise deux peintures murales en 1938-1939. À son retour en France, après la Seconde Guerre

mondiale, il collabore, en 1951, avec les architectes Giancarlo di Carlo et Enzo Mariani, à la décoration du paquebot italien *Lucania* par une composition murale. Il décore, la même année, le Pavillon français de la Triennale de Milan. En 1952, son ami l'architecte Harrison lui demande un panneau mural pour le palais des Nations unies à New York. Peu avant sa mort, en 1954, il réalise des vitraux pour l'université de Caracas et une mosaïque pour le bâtiment administratif du Gaz de France à Alfortville.

Les Spartakiades

1. Daté dans le manuscrit *Prague 3 juillet 1955*, ce texte — probablement le dernier écrit par Léger — paraît dans *Mes voyages*, Éditeurs français réunis, Paris, 1960, avec un poème de Louis d'Aragon et 18 lithographies de Léger.
2. L'artiste s'était rendu à Prague pour le Congrès des Sokols. Le spectacle dont il rend compte avec enthousiasme pourrait être la reviviscence de *Naissance d'une cité*, seul spectacle de masse auquel il ait participé. *Bolivar*, créé à l'Opéra de Paris, le 12 mai 1950, dont il réalise les décors et costumes, reste, malgré l'argument glorifiant l'émancipateur de l'Amérique du Sud, un opéra porté essentiellement par la musique de Darius Milhaud, dont les personnages sont incarnés par des chanteurs et danseurs professionnels. L'engagement collectif auquel il assiste, à Prague, satisfait donc en lui aussi bien le peintre que le militant.

Le problème de la liberté en art

1. Publié comme inédit dans *Fonctions*, 1965, *op. cit.*, p. 34-35.
2. Les idées exprimées dans ce texte par Léger semblent bien refléter ses préoccupations des années 1930-1934.

Peinture moderne

1. Texte publié comme inédit et non daté dans *Fonctions*, 1965, *op. cit.*, p. 36-38 ; le manuscrit consulté donne une version plus longue que nous restituons ici entre astérisques. Il semblerait qu'il soit une variante de la conférence donnée à la Maison de la Pensée française, à Paris, en 1952, publiée par *Les Lettres françaises*, XI, n° 405, 13 mars 1952, p. 1-9.

BIOGRAPHIE

1881   4 février, naissance à Argentan de Jules, Fernand, Henri Léger, de Henri-Armand Léger, marchand de bestiaux, et de Marie-Adèle Daunou.
1890-1896   Études au collège d'Argentan et à l'école religieuse de Tinchebray.
1897-1899   Apprentissage chez un architecte à Caen.
1900-1902   Arrivée à Paris; dessinateur chez un architecte.
1902-1903   Service militaire à Versailles.
1903   Admis à l'École des arts décoratifs; refusé à celle des Beaux-Arts. Suit les cours de Léon Gérôme et Gabriel Ferrier en élève libre. Fréquente l'Académie Jullian et le Louvre. Habite rue Saint-Placide.
1904   Travaille chez un architecte; retoucheur chez un photographe. Partage l'atelier de son ami d'enfance André Mare, 21, avenue du Maine.
1905   *Le jardin de ma mère* (Musée national Fernand Léger, Biot), une de ses premières toiles, est influencée par les impressionnistes.
1906   Passe l'hiver en Corse. Paysages sous l'influence des fauves.
1907   Rétrospective Cézanne au Salon d'Automne. Séjours en Corse.
1908   S'installe à La Ruche, 2, passage Dantzig à Montparnasse. Rencontre Laurens et Archipenko; Cha-

gall, Delaunay, Soutine. Lipchitz, y auront plus tard leurs ateliers.

1909 Fait la connaissance du Douanier Henri Rousseau.
La couseuse (Musée national d'Art moderne, Centre Georges-Pompidou, Paris, donation Louise et Michel Leiris).

1910-1911 Vit 14, avenue du Maine, puis 13, rue de l'Ancienne-Comédie.
Série *Toits et fumées.*
En mai publication en français du *Manifeste des peintres futuristes.*
Expose au Salon des Indépendants *Les Nus dans la forêt* (Musée Kröller-Müller, Otterlo).
Introduit par Apollinaire auprès du marchand Daniel-Henry Kahnweiler.
Participe avec Delaunay, Gleizes et Metzinger aux réunions de Puteaux chez Jacques Villon, qui donneront naissance à la Section d'or.
Parution en août du livre de Marinetti *Le Futurisme.*

1912 Expose au Salon d'Automne *La Femme en bleu* (Kunstmuseum, Bâle), dans la maison cubiste imaginée par Raymond Duchamp-Villon et André Mare.
Expose Galerie de La Boétie avec les membres de la Section d'or.
Expose à Moscou, au Valet de Carreau.

1913 Atelier 86 rue Notre-Dame-des-Champs.
Contrat avec Kahnweiler, pour trois ans.
Première conférence à l'Académie Marie Wassilieff : *Les Origines de la peinture contemporaine et sa valeur représentative.*
Parution des *Méditations esthétiques, les peintres cubistes* de Guillaume Apollinaire ; *La Femme couchée* (Musée national d'Art moderne, Centre Georges-Pompidou, Paris).

1914 Seconde conférence à l'Académie Marie Wassilieff, *Les Réalisations picturales actuelles.*
Mobilisé le 2 août comme sapeur dans le Génie.

1914-1916   Dessins du front. Papiers collés.
Lors d'une permission, Apollinaire l'emmène voir les films de Charlie Chaplin.

1916-1917   Verdun ; au cours d'une permission peint *Le Soldat à la pipe* (Kunstsammlung Nordrhein-Westfallen, Düsseldorf).
Gazé, est hospitalisé à Villepinte.
La Partie de cartes (Musée Kröller-Müller, Otterlo).
Expose, avec Csaky, chez Léonce Rosenberg, Galerie de l'Effort Moderne.

1918   *Les Disques* (Musée d'art moderne de la Ville de Paris).
Série du *Cirque* et des *Hélices*.
Illustre *J'ai tué* de Blaise Cendrars. Séjourne à Vernon dans la famille de Jeanne Lohy, sa future femme.
Premier contrat avec Léonce Rosenberg. Mort de Guillaume Apollinaire le 9 novembre.

1919   *Éléments mécaniques* (Staatsgalerie, Stuttgart).
La Ville (Museum of Art, Philadelphie) ; illustre *La fin du monde filmée par l'Ange Notre-Dame* de Blaise Cendrars.
Épouse Jeanne Lohy le 2 décembre.

1920   Série des *Remorqueurs*, des *Femmes au miroir*. Rencontre Le Corbusier.
Illustre *Die Chaplinade*, d'Ivan Goll.
Chez Léonce Rosenberg, découvre Mondrian et Van Doesburg.

1921-1922   *Le Grand Déjeuner* (MoMa, New York) ; série des *Paysages animés*.
Illustre *Lunes en papier* d'André Malraux ; participe au tournage de *La Roue* d'Abel Gance, avec Cendrars.
Décors et costumes pour le ballet *Skating Rink* monté par Rolf de Maré, avec une musique d'Arthur Honegger. Création par les Ballets suédois, au Théâtre des Champs-Élysées, le 20 janvier 1922.

Rencontre le poète russe Vladimir Maïakovski, grâce à Elsa Triolet.

1923 Décors et costumes pour *La Création du monde*, ballet, sur une musique de Darius Milhaud, créé par les Ballets suédois le 25 octobre 1923 au Théâtre des Champs-Élysées.

Réalise le décor du Laboratoire dans le film de Marcel L'Herbier *L'Inhumaine*.

Article *L'Esthétique de la machine : l'objet fabriqué, l'artisan et l'artiste*, publié à Berlin.

1924 *La Lecture* (Musée national d'Art moderne, Centre Georges Pompidou, Paris)

Série des *Compositions murales* conçues pour s'intégrer à une architecture moderne.

Le Ballet mécanique, premier film sans scénario.

Fonde avec Amédée Ozenfant un atelier libre, « Académie de l'art moderne », 86, rue Notre-Dame-des-Champs. Otto Carlsund et Franciska Clausen sont parmi les premiers étudiants de Léger.

Voyage en Italie avec Léonce Rosenberg, découvre les mosaïques de Ravenne.

Expose à Vienne les maquettes de *Skating Rink* et *La Création du monde*.

Y rencontre l'organisateur de l'exposition l'architecte Frederick Kiesler.

Conférence à la Sorbonne sur *Le Spectacle*.

1925-1927 Exposition des Arts décoratifs à Paris : décore le hall-jardin d'hiver du pavillon d'une « Ambassade française » (architecte Mallet-Stevens), avec Delaunay, Barillet, Laurens.

Premières peintures murales pour le pavillon de l'Esprit nouveau (architecte Le Corbusier).

Première exposition individuelle à New York.

Conférence au Collège de France, *L'Esthétique de la machine, l'ordre géométrique et le vrai*.

Contrat avec Paul Rosenberg.

L'objet dans la peinture : *L'Accordéon* (Stedelijk Van

Abbe Museum, Eindhoven) ; la figure comme objet, *Composition aux trois femmes* (musée d'Art moderne et d'art contemporain, Saint-Étienne).

1928-1930 Exposition Galerie Flechtheim, à Berlin. Conférence dédiée à Le Corbusier.
Création de l'U.A.M. — Union des artistes modernes.
La Joconde aux clefs (musée national Fernand Léger, Biot).
Voyage en Espagne avec Le Corbusier et Jeanneret.
Commande du docteur Reber d'un panneau mural pour sa maison de Chailly (Suisse).

1931 Voyage aux États-Unis avec la famille Murphy : New York, Chicago.

1932 Membre de l'A.E.A.R. — Association des écrivains et artistes révolutionnaires, présidé par André Gide.
Enseigne à l'Académie de la Grande Chaumière.
Transfère son atelier rue de La Sablière.

1933 Exposition rétrospective au Kunsthaus de Zurich.
Conférence sur l'architecture.
Voyage en Grèce avec Le Corbusier sur le *Patris II* à bord duquel il prononce la conférence dite *Discours aux architectes.*
Suite des grandes figures : *Marie l'Acrobate* (Galerie Louise Leiris, Paris).

1934-1935 L'Académie Moderne devient « L'Académie d'art contemporain », 23, rue du Moulin-Vert avec l'aide de Nadia Khodassievitch, élève puis assistante de Léger. Conférence à la Sorbonne *De l'Acropole à la tour Eiffel.* Voyage à Londres pour participer au film d'Alexandre Korda *The Shape of Things to Come* — La forme des choses à venir.
Dessins de marionnettes pour le spectacle de Jacques Chesnais, *La Boxe.*
Commence à travailler à de grands formats.
Second voyage aux États-Unis pour sa première rétrospective au MoMa, à New York, et à l'Art Institute de Chicago.

Parution du livre d'Aragon, *Pour un réalisme socialiste.*
1936 Gouvernement de Front populaire.
Participe aux débats sur *La querelle du réalisme* à la Maison de la Culture.
Décors et costumes pour le ballet *David triomphant* de Serge Lifar (musique de Vittorio Rieti), créé au théâtre de la Cité universitaire.
1937 Exposition internationale de Paris : décors pour la fête des syndicats au Vélodrome d'Hiver ; peinture murale *Le Transport des forces* pour le Palais de Tokyo, installée par la suite au palais de la Découverte. Nombreuses peintures murales.
Décors pour *Naissance d'une cité* de Jean-Richard Bloch, musique de Wiener, Milhaud et Honegger.
Conférences en France dans les centres populaires ; à Anvers conférence *La Couleur dans le monde.*
Voyage en Finlande.
1938-1939 Troisième séjour aux États-Unis. Conférences à l'université de Yale.
Commande de peintures murales pour l'appartement de Nelson Rockefeller à New York.
Expositions à Londres, New York, Bruxelles.
Déclaration de guerre.
1940 Fermeture de l'atelier.
Émigre aux États-Unis en octobre.
Enseigne à l'université de Yale avec Henri Focillon, Darius Milhaud, André Maurois.
1941-1942 Chez Pierre Matisse rencontre à New York les artistes et écrivains réfugiés : Chagall, Masson, Tanguy, Zadkine, Ozenfant, Matta, André Breton...
Chargé de cours au Mills College en Californie.
Série des *Plongeurs.*
1943-1944 Fait la connaissance du dominicain le père Marie-Alain Couturier. Voyage au Canada. Exposition et conférence à Montréal.

Série des *Paysages*, des *Cyclistes*, composition *Les Grands Plongeurs noirs* (Musée national d'Art moderne, Centre Georges-Pompidou, Paris).
Participe au film de Hans Richter *Dreams that Money Can Buy* — Rêves à vendre.

1945 Adhère au Parti communiste français.
La Grande Julie (MoMa, New York).
Retour en France par Le Havre.

1946 Réouverture de l'atelier à Montrouge par Georges Bauquier et Nadia Khodassievitch.
Exposition Galerie Louis Carré : œuvres d'Amérique.
Chargé par le père Couturier de la mosaïque de la façade de l'église Notre-Dame de Toute-Grâce du plateau d'Assy, en Haute-Savoie.
Conférence, à la Sorbonne, *Le nouveau réalisme en art*.
Adieu New York (Musée national d'Art moderne, Centre Georges-Pompidou, Paris).

1947-1949 Exposition à Berne, avec Calder.
L'atelier reçoit de nombreux jeunes artistes américains, dont Kenneth Noland, Sidney Geist, Bill Rivers, Sam Francis.
Décors et costumes pour *Le Pas d'acier*, musique de Prokofiev, chorégraphie Serge Lifar, ballet créé le 28 mai 1948 au Théâtre des Champs-Élysées.
Décors et costumes pour *Bolívar*, opéra sur un livret de Madeleine Milhaud d'après Supervielle, musique de Darius Milhaud, créé à l'Opéra de Paris le 12 mai 1950.
Voyage en Pologne pour le congrès de la Paix à Wroclaw.
Rétrospective au Musée national d'Art moderne, Paris.
Texte et illustration pour *Le Cirque*, édité par Tériade en 1950.
Illustrations pour *Les Illuminations* d'Arthur Rimbaud (Éditions Grosclaude, Lausanne).

Premières céramiques à Biot avec un des anciens élèves de l'atelier, Roland Brice.

1950 Mort de Jeanne Léger.
Mosaïques pour les chapelles de la crypte du Mémorial américain de Bastogne (Belgique).
Maquettes pour les vitraux d'Audincourt (Doubs)
Exposition à la Tate Gallery, à Londres.
Série *Les Constructeurs.*

1951-1953 Voyage en Italie pour la Triennale de Milan.
Le 21 février 1952 épouse Nadia Khodassievitch.
S'installe au « Gros Tilleul » à Gif-sur-Yvette.
Biennale de Venise, expose dans le pavillon français.
Panneau mural pour le Palais de l'O.N.U. à New York.
Délégué au congrès des Peuples pour la Paix à Vienne.
Décors et costumes pour un ballet de Janine Charrat créé à Amboise pour le 500e anniversaire de Léonard de Vinci.
Illustration du poème de Paul Eluard, *Liberté* (Éditions Seghers, Paris).
Début de la série *La Grande Parade.*
La Partie de Campagne — plusieurs versions — (version définitive, Fondation Maeght, Saint-Paul).

1954 *La Grande Parade,* version définitive (Solomon R. Guggenheim Museum, New York).
Vitraux pour l'église de Courfaivre (Suisse); vitraux pour l'université de Caracas; maquette pour la décoration murale d'un bâtiment administratif du Gaz de France à Alfortville; projet d'une mosaïque pour l'Opéra de São Paulo.
Commande d'une décoration pour l'hôpital américain de Saint-Lô (architecte Paul Nelson).

1955 Grand Prix de la IIIe Biennale de São Paulo.
Voyage à Prague pour le Congrès des Sokols.
Meurt le 17 août à Gif-sur-Yvette.

1960 Inauguration à Biot (Alpes-Maritimes) du musée Fernand Léger par Nadia Léger et Georges Bauquier.
1967 Donation à l'État français du musée Léger et de ses collections. Le musée Fernand Léger devient Musée national.

BIOGRAPHIES COMPLÉMENTAIRES
DE PERSONNALITÉS CITÉES PAR FERNARND LÉGER

NADIA KHODASSIEVITCH (1904-1982) naît près de Vitebsk en Biélorussie. Elle se destine très tôt à une carrière de peintre et rejoint en 1920 l'école artistique de Vitebsk, alors dirigée par Chagall. Elle suit l'enseignement de Malevitch, adhère à ses conceptions, et expérimente les théories suprématistes. En 1922 elle part à Varsovie. Après son mariage avec le peintre Stanislas Grabowski, elle rejoint Paris et entre dans l'atelier de Fernand Léger rue Notre Dame des Champs. Sa fille Wanda naît en 1927. Après s'être séparée de Stanislas Grabowski, elle succède à Otto Carlsund, en 1934, comme assistante du peintre. Elle ne cessera, dès lors, de participer aux différents ateliers de Léger dont elle assumera, avec Georges Bauquier, la direction durant les absences du peintre. Après la Seconde Guerre mondiale, au retour des États-Unis de Léger qu'elle épouse en 1952, elle s'attachera à la sauvegarde de l'œuvre. En 1960, avec Georges Bauquier, Louis Aragon, Elsa Triolet, elle fonde le Musée Léger à Biot. Le musée devient musée national en 1967.

GEORGES BAUQUIER (1910-1997), né à Aigues-Mortes, passe son enfance à Nîmes. Dès son adolescence, il s'adonne au dessin qu'il ne cessera de pratiquer tout au long de sa vie. De 1925 à 1930, il poursuit ses études et entre dans l'administration des postes. Nommé à Paris en 1930, il fréquente les académies de peinture et, après sa rencontre avec Nadia Khodassievitch, en 1934, intègre l'Académie d'art contemporain créée par Léger. Remarqué par ce dernier, dont il devient l'ami et le collaborateur, il prend une part de plus en plus grande dans l'organisation de l'atelier tout en développant ses qualités de dessinateur et de peintre. Profondément attaché à la personne de Fernand Léger, Georges Bauquier mettra, au retour de l'artiste, toute son énergie à la sauvegarde et au rayonnement de l'œuvre, dont il rédigera le catalogue raisonné des peintures. Auprès de Nadia Khodassievitch-Léger, il se consacrera à la réalisation du musée de Biot dont il sera le co-fondateur et le directeur. Malgré de nombreuses expositions personnelles, son travail — soutenu par Léger lui-même et Blaise Cendrars — restera peu connu, malgré le scandale causé par son envoi militant au Salon d'Automne 1951 : *Les Dockers*, jugé subversif, est retiré du Salon. Riche en dessins et peintures, son œuvre, pudique et forte, reste encore à découvrir.

WALLACE KIRKMAN HARRISON (1885-1981), fit partie du cabinet Corbett-Hood, qui travailla pour Nelson Rockfeller et réalisa le Rockfeller Center à New York de 1931 à 1940. On lui doit, plus particulièrement, deux ensembles architecturaux prestigieux du paysage urbain new-yorkais : le bâtiment du siège des Nations-Unies (1947-1953) auquel participèrent Le Corbusier, Niemeyer, Abramovitz et Markelius, et le Lincoln Art Center for Performing Arts (1962-1968), dont il conçut l'organisation générale autour de la fameuse Plaza et qui regroupe les institutions consacrées aux arts du spectacle, dont le Metropolitan Opera, le Vivian Beaumont Theater, la Julliard School. . Harrison fut un proche de Léger, l'imposa auprès de Nelson Rockfeller pour le programme de décoration intérieure de son appartement. Il collabora également avec Léger pour le monumental mural de la Consolidated Edison Company inaugurant la New York World's Fair en 1939. Durant son séjour américain, Léger décora la propriété et la piscine de Wallace Harrison, à Long Island.

PAUL NELSON, né à Chicago, fut l'élève de Perret et Le Corbusier. Fixé à Varangeville en Normandie, Nelson se lia d'amitié avec Georges Braque. C'est par ce dernier qu'il fit la connaissance de Léger, en 1936. On lui doit, en particulier, l'hôpital franco-américain de Saint-Lô, où le peintre tenta d'appliquer sa conception de la couleur intégrée au mur comme élément de vie.

LE PÈRE MARIE-ALAIN COUTURIER (1877-1954) eut, avec le Père Regamey, dominicain comme lui, un rôle déterminant dans le renouveau de l'art sacré au XXe siècle. L'instrument de diffusion de sa conception auprès des milieux catholiques dont il dénonce l'inculture artistique fut la revue *L'Art Sacré* qu'il dirigea conjointement avec le Père Regamey, de 1937 à 1954. Convaincu que la spiritualité devait s'exprimer à travers des formes contemporaines, il fit appel aux grands artistes du temps, dont il devint l'ami, Matisse, Chagall, Léger entre autres. L'église Notre-Dame-de-Toute-Grâce du plateau d'Assy, en Haute-Savoie, consacrée le 4 août 1950, peut être considérée comme le projet le plus achevé illustrant ses convictions — «l'art ne vit que de ses maîtres, et de ses maîtres vivants». Due à l'architecte savoyard Maurice Novarina, elle réunit les œuvres de Chagall, Lipchitz, Bonnard, Matisse, Germaine Richier, et Léger qui réalisa la grande mosaïque du porche. Le père Couturier fut également déterminant dans le projet de la chapelle du Rosaire que Matisse réalisa pour les sœurs dominicaines de Vence, de 1948 à 1951.

JACQUES ROUCHÉ (1862-1957), directeur de l'Opéra de Paris. Ses conceptions scénographiques, qu'il expérimente au Théâtre des Arts, sont marquées par l'influence de Craig et surtout d'Appia. Il fut un proche d'Albert Roussel à qui il commanda une œuvre pour l'Opéra de Paris. S'il fut la «bête noire» de Fernand

Léger, il n'en renouvela pas moins la mise en scène lyrique. Mais son esthétique symboliste est à l'opposé de celle de Léger.

DOUGLAS FAIRBANKS (1883-1939) fut une star du muet. Léger fait allusion à ses aventures cinématographiques bondissantes qui passionnent le public. Les films *Robin des Bois* (1922) ou *Le Voleur de Bagdad* (1924) sont de grands succès populaires. Cinéphile convaincu, Léger fréquente à cette époque le Café Napolitain où se réunissent écrivains, comme Cendrars, musiciens, comme Honegger, et metteurs en scène, comme Jean Epstein, Louis Delluc ou Marcel L'Herbier.

BUSTER KEATON (1895-1966) fut une vedette du burlesque américain. Léger retrouve dans les situations vécues par l'acteur, dont l'innocence naïve se heurte au pouvoir des machines, le principe qui lui est cher du contraste.

IVAN MOSJOUKINE (1896-1939) — et non Moujoskine — (cf. p. 126) fut un acteur majeur du cinéma soviétique, illustré par Koulechov, Poudovkine, Donskoï et Eisteinstein.

BIBLIOGRAPHIE

Les études sur Fernand Léger ayant progressé depuis la parution de *Fonctions de la peinture* en 1965, la bibliographie ici présentée se veut sélective. Nous nous bornons donc à signaler les principaux ouvrages de référence et les publications les plus récentes.

1. Principaux textes de Fernand Léger

Léger, Fernand, *Fonctions de la peinture*, Paris, Gonthier, Médiations, 1965. Préface de Roger Garaudy, textes classés thématiquement.

Functions of Paintings by Fernand Léger, New York, Viking Press, 1973. Edition Edward Fry, préface, George L. K. Morris, textes classés chronologiquement.

D'autres textes repris ou présentés comme inédits dans :

Léger, Fernand, *Mes voyages*, préface de Louis Aragon, Paris, Éditeurs français réunis, 1960.

Garaudy, Roger, *Pour un réalisme du XXe siècle. Dialogue posthume avec Fernand Léger*, Paris, Grasset, 1968.

Le Noci, Guido, *Fernand Léger, sa vie, son œuvre, son rêve*, Milan, Éditions Apollinaire, 1971.

Fernand Léger, numéro spécial de la revue *Europe*, n° 508-509, 1971.

Hommage à Fernand Léger, numéro spécial de xx° *siècle*, Paris, 1971.
Fernand Léger 1880, Staatliche Kunsthalle, Berlin, 1980.
Fernand Léger et la poésie de l'objet 1928-1934, Musée national d'Art moderne, Centre Georges-Pompidou, 1981.
Bauquier, Georges, *Fernand Léger, Vivre dans le vrai*, Paris, Adrien Maeght, 1987.
Derouet, Christian, *Lettres à Simone*, préface Maurice Jardot, Genève, Paris, Skira-Centre Georges-Pompidou, 1987.
Derouet, Christian, *Fernand Léger, Une correspondance de guerre à Louis Poughon 1914-1918*, Paris, Les Cahiers du Musée national d'Art moderne, Centre Georges-Pompidou, 1990.

2. *Principaux ouvrages et catalogues de référence*

Cooper, Douglas, *Fernand Léger et le nouvel espace*, Genève, Éditions des Trois Collines, 1949.
Descargues, Pierre, *Fernand Léger*, Cercle d'Art, 1955.
Cassou, Jean, Leymarie, Jean, Richet, Michèle, *Fernand Léger, dessins et gouaches*, Paris, Le Chêne, 1972.
Fernand Léger, Paris, Grand-Palais, 16 octobre 1971-10 janvier 1972.
Golding, John, *Fernand Léger, The Mechanic, Le Mécanicien*, Ottawa, The National Gallery of Canada, 1976, édition française, Paris, 1977.
Green, Christopher, *Fernand Léger and the Avant-Garde*, New Haven, Londres, The Yale University Press, 1976.
Schmalenbach, Werner, *Fernand léger*, New York, Harry N. Abrams, 1976.
Laugier, Claude, Richet, Michèle, *Léger, Œuvres de Fernand Léger (1881-1955)*, Paris, collection du Musée national d'Art moderne, 1981.
Fernand Léger 1881-1955, Staatliche Kunsthalle, Berlin, 24 Oktober bis 7 Januar 1981.
Léger et l'esprit moderne, une alternative d'avant-garde à l'art non

objectif (1918-1931), musée d'Art moderne de la Ville de Paris, 17 mars-6 juin 1982 ; Museum of Fine Arts, Houston, 9 juillet-5 septembre 1982 ; musée Rath, Genève, 4 novembre 1982-16 janvier 1983.

DE FRANCIA, Peter, *Fernand Léger*, New Haven, Londres, The Yale University Press, 1983.

BAUQUIER, Georges, *Fernand Léger, Vivre dans le vrai*, Paris, Adrien Maeght, 1987.

Fernand Léger, The Later Years, Prestel-Verlag, 1987.

Fernand Léger, Rétrospective, Saint-Paul, Fondation Maeght, 2 juillet-2 octobre 1988.

Fernand Léger, Palazzo Reale Milan 11 novembre 1989-18 février 1990.

NERET, Gilles, *Fernand Léger*, Paris, Nouvelles Éditions françaises, 1990.

Fernand Léger, Villeneuve-d'Asq, Musée d'art moderne, 3 mars-17 juin 1990.

Fernand Léger, Le rythme de la vie moderne, 1911-1914, sous la direction de Dorothy Kosinski, Kunstmuseum Wolfsburg 29 mai-14 août 1994 ; Kunstmuseum, Bâle, 11 septembre-27 novembre 1994, Munich, New York, Prestel-Verlag, 1994 ; Paris, Flammarion, 1994. Bibliographie très complète.

Fernand Léger et le spectacle, Musée national Fernand Léger, Biot, 20 juin-2 octobre 1995 RMN, Paris, 1995. Scénarios et textes inédits sur le spectacle.

Fernand Léger, Paris, Centre Georges Pompidou, Musée national d'art moderne, 29 mai-29 septembre 1997 ; Madrid Museo nacional Centro de arte Reina Sofia, 28 octobre 1997-12 janvier 1998 ; New York, Museum of Modern Art, 11 février-19 mai 1998. Paris, Éditions du Centre Georges Pompidou, sous la direction de Christian Derouet, 1997 ; New York, The Museum of Modern Art, 1998, sous la direction de Carolyn Lanchner.

BAUQUIER, Georges avec la collaboration de Nelly MAILLARD, *Catalogue raisonné de l'œuvre peint de Fernand Léger*, I : 1903-1919 ; II : 1920-1924 ; III : 1925-1928 ; IV : 1929-1931 ;

V : 1932-1937 ; VI : 1938-1940, Paris, Maeght, 1990-1997 ;
VII : 1944-1948, Paris, Maeght, 2000 ; VIII : 1949-1951,
Paris, Maeght, 2003. À paraître IX : 1952-1955.

INDEX DES NOTIONS[1]

Abstraction (peinture, motifs ou rapports abstraits), 58, 65, 84, 107, 148, 152, 177, 190, 191, 233, 241, 258, 279, 280, 281, 286, 287, 290, 291, 296, 300, 301, 307, 309, 310, 316.
Acrobate (et jongleur), 70, 71, 72, 73, 80, 118, 120, 264, 265, 267, 268, 271, 272, 275,
Affiche (panneau-réclame), 41, 42, 43, 44, 49, 64, 84, 106, 129, 141, 142, 239, 240, 255, 274, 292, 299, 311.
Architecture (et architectes), 34, 35, 36, 38, 63, 64, 83, 87, 88, 89, 90, 104, 105, 106, 107, 120, 130, 133, 152, 153, 155, 157, 158, 159, 161, 174, 175, 176, 177, 178, 179, 180, 182, 183, 184, 193, 199, 209, 210, 211, 212, 213, 214, 217, 228, 234, 235, 239, 240, 241, 242, 244, 245, 254, 257, 258, 259, 266, 277, 279, 287, 289, 290, 291, 295, 296, 297, 300, 301, 302, 309, 310.
Argot (poésie du peuple), 202, 203, 215, 225, 231, 248, 283.
Art des devantures (ou des vitrines), 62, 82, 93, 94, 113, 134, 137, 142, 143, 144, 159, 192, 201, 209, 218, 240, 254, 292, 299, 318.
Artisan, 91, 94, 95, 98, 99, 100, 104, 290.
Artistes-créateurs (et artistes professionnels), 31, 33, 40, 44, 52, 61, 65, 66, 67,

1. Établi par François Le Ténaff.

82, 83, 91, 94, 95, 97, 98, 99, 100, 101, 103, 104, 112, 114, 115, 117, 119, 123, 153, 154, 171, 173, 175, 181, 183, 189, 190, 192, 195, 196, 200, 203, 215, 216, 219, 222, 223, 225, 227, 228, 230, 231, 232, 234, 285.

Bal, 75, 76, 77, 78, 79, 80, 116, 199, 200.
Ballet, 69, 75, 116, 118, 122, 123, 133, 270, 271.
Beauté (des objets; plastique; sentiment de; plan de; besoin de), 61, 62, 65, 66, 71, 72, 73, 81, 82, 84, 87, 89, 90, 95, 97, 98, 99, 103, 104, 105, 106, 114, 116, 119, 121, 127, 134, 142, 148, 153, 154, 155, 159, 184, 191, 192, 195, 198, 200, 201, 211, 214, 215, 216, 224, 225, 233, 245,
Bourgeoisie, 37, 43, 53, 54, 67, 197, 222, 232, 250, 278, 279, 283.

Cercle (boule, rond, roue, sphère), 56, 58, 59, 71, 73, 109, 118, 121, 127, 263, 264, 265, 266, 267, 268, 269, 274, 275, 307.
Chorégraphie, 69, 75, 80, 118.

Cinéma, 36, 37, 55, 56, 57, 58, 59, 60, 71, 109, 115, 121, 123, 124, 125, 126, 133, 134, 135, 136, 137, 138, 151, 155, 163, 164, 165, 166, 167, 168, 169, 188, 189, 200, 208, 223, 255, 282, 311.
Cirque, 72, 116, 120, 126, 264, 266, 267, 270, 271, 272, 273, 274.
Collaboration (du peintre, de l'architecte et du sculpteur), 34, 104, 105, 175, 176, 181, 182, 184, 185, 209, 210, 211, 217, 244, 258, 280, 290, 291, 295, 296, 300, 301, 309.
Contraste (mise en, jeu de, ou loi du), 32, 33, 41, 42, 43, 44, 45, 47, 48, 50, 51, 58, 59, 63, 64, 71, 81, 83, 84, 88, 101, 106, 111, 121, 133, 137, 144, 157, 227, 228, 229, 234, 281, 286, 288, 293, 299, 307, 310, 311, 314.
Couleurs, 26, 27, 28, 29, 31, 32, 33, 37, 45, 46, 47, 48, 49, 50, 51, 57, 62, 64, 73, 82, 83, 90, 91, 92, 93, 101, 102, 105, 107, 112, 113, 114, 120, 127, 130, 131, 145, 146, 147, 152, 153, 156, 164, 172, 179, 181, 182, 184, 185, 188, 196, 200, 201, 205, 206,

207, 208, 210, 211, 212, 214, 218, 231, 234, 239, 240, 241, 242, 243, 244, 252, 253, 254, 258, 259, 260, 264, 269, 279, 280, 281, 287, 288, 290, 291, 292, 293, 295, 296, 297, 298, 299, 300, 301, 302, 303, 307, 310, 313, 314, 315, 316.
Cubisme, 146, 309, 314.

Danse (et danseur), 69, 71, 75, 76, 78, 79, 80, 105, 112, 117, 118, 207, 253, 265, 269, 272.
Décor (décoration, élément décoratif, vie décorative, art décoratif), 27, 43, 69, 70, 71, 91, 105, 117, 118, 119, 120, 121, 122, 159, 167, 168, 179, 189, 191, 192, 193, 196, 205, 214, 217, 218, 220, 228, 229, 239, 241, 254, 257, 267, 269, 301, 311, 316, 317, 318, 319.
Dessin (et dessin d'enfant), 29, 30, 31, 32, 46, 84, 139, 173, 188, 189, 216, 251, 252, 253, 282, 310, 316.

Esthétique (Beau), 61, 88, 89, 90, 91, 92, 96, 97, 98, 100, 101, 106, 128, 129, 131, 172, 174, 181, 195, 201, 203, 212, 216, 217, 220, 223, 225, 245, 249, 319.
Exposition, 196, 219. (de 1925), 241, 254, 257, 258, 290, 296, 297; (de 1937), 209, 252, 259; (Foire de Paris), 98, 99.

Fauvisme, 314.
Formes, 26, 28, 29, 30, 31, 32, 33, 40, 45, 46, 48, 49, 51, 58, 62, 63, 82, 83, 96, 101, 107, 127, 130, 141, 151, 172, 173, 174, 178, 191, 196, 199, 202, 210, 231, 248, 267, 269, 310, 311, 315, 316.
Futurisme, 33.

Guerre, 78, 107, 108, 115, 116, 123, 158, 164, 206, 207, 208, 232, 247, 253, 259.

Image, 40, 57, 58, 103, 124, 125, 126, 134, 135, 138, 139, 215, 277, 278.
Imitation, 25, 27, 28, 29, 30, 45, 57, 65, 66, 87, 96, 97, 103, 105, 136, 151, 172, 174, 202, 216, 220, 225, 248, 249, 282, 313, 314, 315, 316.
Impressionnisme et néo-impressionnisme (peintres et œuvres), 27, 28, 29, 31, 32, 33, 37, 38, 44, 47, 48,

50, 51, 101, 145, 146, 148, 175, 188, 196, 218, 220, 225, 227, 292, 298, 300, 309, 313, 314.

Individualisme, 175, 176, 177, 198, 219, 223, 278, 289.

Lignes, 26, 28, 32, 33, 38, 45, 46, 48, 49, 59, 62, 63, 82, 83, 88, 89, 106, 152, 160, 172, 196, 234, 266, 275, 277, 288, 310, 315.

Livres (et imprimerie), 36, 123, 124, 125, 223, 232, 238, 278.

Loisirs, 67, 107, 115, 116, 198, 200, 201, 208, 215, 224, 225, 230, 231, 232, 250, 279, 281.

Lumière, 53, 66, 69, 71, 73, 90, 93, 97, 98, 106, 108, 112, 113, 114, 116, 119, 120, 121, 122, 127, 130, 131, 141, 149, 152, 153, 155, 157, 159, 165, 168, 172, 177, 178, 190, 199, 201, 205, 206, 208, 210, 234, 240, 242, 243, 257, 259, 264, 267, 268, 269, 271, 272, 275, 302, 303, 307, 318.

Machine (mécanique; élément ou milieu), 36, 42, 49, 55, 56, 58, 59, 61, 62, 64, 67, 69, 70, 71, 81, 82, 85, 87, 88, 89, 90, 91, 92, 93, 95, 97, 98, 99, 101, 102, 103, 104, 106, 108, 111, 116, 119, 122, 126, 133, 134, 136, 154, 165, 200, 214, 228, 243, 264, 266, 288.

Mouvement (dynamisme, rythme, vitesse), 28, 32, 33, 35, 42, 49, 50, 56, 57, 71, 77, 80, 88, 104, 107, 111, 119, 120, 121, 126, 130, 134, 137, 138, 149, 155, 157, 158, 163, 164, 172, 181, 188, 196, 200, 201, 202, 208, 221, 222, 228, 234, 235, 239, 240, 245, 269, 272, 275, 288, 306.

Moyens d'expression, 34, 35, 36, 37, 46, 52, 84, 117, 118, 121, 122, 124, 126, 135.

Mur (mural(e); peinture sur), 42, 83, 88, 102, 104, 105, 106, 107, 127, 131, 142, 178, 179, 182, 198, 199, 200, 206, 207, 209, 211, 212, 217, 234, 235, 240, 241, 242, 243, 244, 245, 250, 252, 257, 258, 259, 260, 277, 279, 280, 281, 285, 287, 288, 289, 290, 291, 292, 295, 296, 297, 299, 300, 301, 302, 309, 310.

Musée, 29, 30, 37, 53, 88, 99,

38, 39, 84, 87, 134, 172, 190, 191, 215, 224, 290, 301, 313, 316, 317.

Salons (des Artistes Français), 100; (de l'Automobile), 99; (d'Automne), 101; (de l'Aviation), 99, 101; (des Indépendants), 41, 47, 51, 52, 53, 54; (de la Machine), 99.

Sculpture, 106, 107, 141, 174, 184, 199, 209, 210, 219, 244, 245.

Sujet, 27, 28, 35, 36, 37, 44, 45, 48, 49, 50, 63, 64, 65, 66, 83, 96, 97, 103, 104, 133, 134, 137, 143, 187, 188, 215, 227, 228, 258, 278, 279, 280, 282, 286, 292, 293, 309, 310, 313, 314, 316, 317.

Surréalisme, 218, 314.

Tableau de chevalet, 175, 176, 181, 196, 209, 217, 218, 234, 241, 244, 250, 277, 280, 281, 289, 291, 292, 293, 295, 300, 301, 310.

Tapisserie, 293, 317.

Théâtre, 36, 56, 57, 58, 59, 114, 116, 119, 136, 144, 163, 164, 165, 166, 167, 202, 229.

Travail, 76, 107, 116, 131, 169, 197, 198, 202, 231, 250, 279, 302.

Présentation	7
Avertissement de l'éditeur	23
Les origines de la peinture contemporaine et sa valeur représentative (1913)	25
Les réalisations picturales actuelles (1914)	39
« La Roue », sa valeur plastique (1922)	55
Notes sur la vie plastique actuelle (1923)	61
Le ballet-spectacle, l'objet-spectacle (1923)	69
Les bals populaires (1923)	75
À propos de l'élément mécanique (1923)	81
L'esthétique de la machine, l'objet fabriqué, l'artisan et l'artiste (1923-1924)	87
L'esthétique de la machine, l'ordre géométrique et le vrai (1924)	103
Le spectacle, lumière, couleur, image mobile, objet-spectacle (1924)	111
Autour du « Ballet mécanique » (1924-1925)	133
La rue, objets, spectacles (1928)	141

De l'art abstrait (1931)	145
New York (1931)	151
À propos du cinéma (1930-1931)	163
Le mur, l'architecte, le peintre (1933)	171
Un nouveau réalisme, la couleur pure et l'objet (1935)	187
Le nouveau réalisme continue (1936)	195
Couleur dans le monde (1937)	205
À propos du corps humain considéré comme un objet (1945)	227
L'œil du peintre (1946)	237
L'architecture moderne et la couleur, ou la création d'un nouvel espace vital (1946)	239
L'art et le peuple (1946)	247
Un nouvel espace en architecture (1949)	257
Le cirque (1949)	263
Peinture murale et peinture de chevalet (1950)	277
Comment je conçois la figure (1952)	285
Nouvelles conceptions de l'espace (1952)	287
De la peinture murale (1952)	289
La couleur dans l'architecture (1954)	295
Les Spartakiades (1955)	305
Le problème de la liberté en art (non daté)	309
Peinture moderne (non daté)	313
Notes	321
Biographies de Fernand Léger et des personnalités citées	361
Bibliographie	373
Index des notions	377

*Tous les papiers utilisés pour les ouvrages
des collections Folio sont certifiés
et proviennent de forêts gérées durablement.*

*Composition Interligne
Impression Novoprint
à Barcelone, le 17 mars 2023
Dépôt légal : mars 2023
1er dépôt légal dans la collection : mai 1997*

ISBN 978-2-07-032921-2 / Imprimé en Espagne

598499